东北师范大学教育科学

DONGBEI SHIFAN DAXUE JIAOYU KEX'

BOSHI LUNWEN WENKU

博士论文文库

U0878448

中日近代道德教育理念比较研究

王凌皓 著

ZHONG-RI JINDAI DAODE JIAOYU LINIAN BIJIAO YANJIU

东北师范大学出版社
长 春

图书在版编目（CIP）数据

中日近代道德教育理念比较研究/王凌皓著. —2 版.
—长春：东北师范大学出版社，2015. 3(2025.7重印)
ISBN 978-7-5681-0296-4

Ⅰ. ①中… Ⅱ. ①王… Ⅲ. ①品德教育—对比研究—中国、日本—近代 Ⅳ. ①D691 ②D731. 39

中国版本图书馆 CIP 数据核字（2015）第 267397 号

□责任编辑：吴东范 □封面设计：李冰彬
□责任校对：王 红 □责任印制：张允豪

东北师范大学出版社出版发行
长春净月经济开发区金宝街 118 号（邮政编码：130117）
网址：http：//www. nenup. com
东北师范大学出版社激光照排中心制版
河北省廊坊市永清县晔盛亚胶印有限公司
河北省廊坊市永清县燃气工业园榕花路 3 号（065600）
2015 年 3 月第 2 版 2025 年 7 月第 3 次印刷
幅面尺寸：170mm×227mm 印张：13. 75 字数：200 千

定价：40. 00 元

自　序

《中日近代道德教育理念比较研究》一书是在作者长期研究的基础上，确切地说是在作者博士学位论文的基础上，在吸收答辩委员会专家的意见的基础上，经过反复修改而成就的一部学术专著。这部学术专著不仅凝结着作者本人的汗水和智慧，凝结着导师的劳动，而且吸收了国内在该领域最有影响的专家、学者的聪明睿智，因此可以说，这本书是集体智慧的结晶。本书所研究的核心问题是道德教育的问题，这是一个既传统又具有开拓性、创新意义的课题。说它传统，是因为对道德教育问题的研究是一个亘古以来人们不曾中断的热门课题；说它具有开拓性，是一个创新性的课题，是因为对中日近代道德教育理念进行比较研究，学者们尚未涉足，它需要作者进行创造性的工作。本书的意义与价值主要体现在对道德教育问题进行不同角度的分析与研究的过程中，以及研究过程中所得出的富有创见性的观点与见解。

首先，作为思想研究的课题，它对丰富道德教育思想，指导道德教育实践是有重大意义的。正像学者们所说的那样，思想在人类历史上产生过巨大的作用，它推动着人类社会发生历史性变化和转型。思想是人类知识的结晶，是人类智慧的体现，是人类发现世界、解释世界、说明世界的产物，是一代代人类思想家的文化积累的结果。思想是人类行动的指南，是社会转型的先声，是制度创新的先导。中日近代道德教育理念研究为思想研究的范畴，它将为道德教育体系的建立与完善提供思想上的启迪与借鉴。

其次，作为历史研究的课题，中日近代道德教育理念的比较研究是有重大意义的。正像罗荣渠教授所说的那样，“历史学是各门社会科学的基础”。历史研究是进行任何课题研究的最基本的方法，离开这种方法，便很难得出富有说服力的结论。

再次，作为比较研究的课题，它是道德教育现代化的课题，实际上是一个对中日近代早期道德教育现代化进行比较研究的课题。这种比较研究不是进行简单的对照、类比，其主要目的也不只是评价中国和日本道德教育现代化中的同质与异质，或称共相与殊相（Universality 和 Particularity），而是要发现一些全新的问题，从而得出比较有价值的结论。

本书研究中不仅实现了在选题上的立意创新，而且从研究视角、研究方法上亦尽力开拓进取。在研究视角上，分别从中日近代道德教育理念形成演进中对东方道德的弘扬与摒弃和对西洋道德的摄取与改造这样的崭新角度对中日近代道德教育理念的共性特质与个性差异进行了深入的研究与比较。在研究方法上，采取了历史研究与比较研究结合，宏观把握与微观梳理结合，一般研究与个案考察结合，整体关联与单项发展结合等交叉并用的研究方法，对中日近代道德教育理念进行分析、综合与概括，揭示了中日近代道德教育同质与异质特征及道德教育理念形成演进的内在规律。

本部著作由六部分内容构成。

第一部分为引言，主要论述了课题的研究意义，课题研究的现状及设想。此部分界定了写作过程中所涉及的一些基本概念，诸如理念、道德、道德教育理念等，把理念界定为居于主导地位的思想，把道德教育理念界定为：“反映着道德教育的精神实质，是支配道德教育行为的指导思想，是道德教育主客体之间关系的反映。”本部分对课题的研究现状进行了系统的梳理与概括，对该书的选题意义，研究方法，研究过程中的重点、难点和创新之处，总体构思进行了较为详尽的介绍。

第二部分对中日前近代道德教育理念的共相与殊相进行了认真的梳理与研究。这里所说的“前近代”指的就是近代之前，具体说来，中国是从先秦到洋务运动，日本是从大化革新至明治维新。追溯这个时期中日道德教育理念上的发展变化，比较其异同特点，是为进行中日近代道德教育理念的比较研究寻找历史依据和思想渊源。由于中国和日本是深受儒家文化影响的国家，儒家义理对中国人与日本人的民族心理、民族道德产生了十分重要的影响，自古代至近代，乃至于现当代，儒家义理在中国和日本的社会生活中仍然发挥着重要的作用，所以，本部分对中日前近代儒家道德教育理念的共相与殊相进行了条分缕析的梳理、比较与概括。由于佛教对中国文化与日本文化的影响仅次于，或在某些历史时代相当于儒学，佛教作为社会化的力量，其道德精神在人们的头脑中和平民百姓的生活中影响巨大，所以本部分亦重点对中日前近代佛教道德教育理念进行了同样的梳理、比较、总结与概括。以上两个方面的比较研究为后续研究作了必要的铺垫。

第三部分为中日近代道德教育理念的孕育。这部分对中国洋务派思想家和日本洋学家的道德教育理念进行了深入的研究与探讨，揭示了“中学为体，西学为用”与“东洋道德西洋艺”的同质与异质。

“东洋道德西洋艺”是日本洋学家处理日本传统文化与西方文化之间关系的纲领性口号。它代表明治维新前后日本在思想文化和伦理道德、社会制度上依然奉行着东方传统，而在科学技术上却仰仗、汲取西方，力图在中西兼容的情况下实现富国强兵。

中国的洋务教育诞生于19世纪60年代，洋务派创办洋务教育的根本目的是“自强”、“求富”、“御侮”。在办理洋务教育的过程中，他们本着“中学为体，西学为用”的办学原则，主张在学习西方的语言、科学技术，用西艺武装中国人御侮图强的能力的同时，用中国的纲常名教、仁义道德整肃人心。“中体西用”是洋务运动的指导思想。

本部分重点分析了“东洋道德西洋艺”与“中学为体，西学为用”的同质特征与异质差异，分析了“和魂洋才”与“中体西用”分别作为日本和中国由传统社会向现代社会转型中的纲领性口号所发挥的重要导向作用。

第四部分为中日近代道德教育理念的形成与展开，这是本书的核心部分。

日本明治维新时期（1868—1912）与中国晚清新政时期（1898—1911）是中日近代道德教育理念的形成与展开时期。在这个历史时期，各种理论思潮错落，流派纷争，异彩纷呈，在矛盾斗争中此消彼长，极大地丰富了中日近代的伦理思想，为近代道德教育理念的形成与确立提供了重要的理论基础与思想参照。因此本部分对日本明治时期的启蒙思想家与中国晚清新政时期的资产阶级维新派思想家的道德教育理念的共相与殊相进行了深入的分析与探讨，揭示了中日近代道德教育理念的本质内涵。

中日近代启蒙思想家所提倡的道德教育理念有许多同质的因素，也有许多反映各自民族性的异质特征。本部分主要在以下几个方面对日本明治维新时期与中国晚清新政时期的道德教育理念进行了详明的比较分析，得出了富有创建性的结论：1. 理论基础的异同。可以说中日近代启蒙思想家所建构的道德教育理念的理论基础是相同的，他们对抗顽固派清肃旧道德所用的理论武器是基本相同的。那就是皆以爱国主义、国家主义为核心，以自由、平等、独立、权利、责任、义务等近代资产阶级的新道德理念为内容建立起资产阶级的道德教育体系。但是各国思想界的注意力、侧重点又各自不同。例如，中国和日本的启蒙思想家在利用卢梭的天赋人权、社会契约、自由、平等等思想学说进行近代国民道德改铸的过程中，几乎都作了具有各自民族性的改造。2. 形成过程的异同。中日维新派思想家建构近代新道德教育理念的过程是基本一致的，都走过了一个破旧立新的过程。不过日本自《教育敕语》颁布之后，思想道德上的启蒙开新基本偃旗息鼓，整个国民道德教育被迅速纳入具有强烈扩张性的军国主义教育轨道；而中国却在更加广泛的基础上，在软弱的清政府颁布了具有中西结合，但又具有强烈复兴儒学色彩的教育宗旨之后，引发了更加广泛的、深刻的对旧道德的批判与对资产阶级新道德的融通、传播。3. 基本精神的异同。中日启蒙思想家的近代道德教育理念所蕴含的基本精神是大体相同的。但日本启蒙思想家和自由民权者走向了以皇国主义为核心的极端国家主义，把日本引向了军国主义的侵略扩张，而康有为、梁启超、严复，也包括后来的资产阶级改革派却把中国引向了建立资产阶级的民主共和制，把中国引向了对科学、民主、自由、平等、博爱的追求。

第五部分为中日近代道德教育纲领之比较，这部分亦是本书的核心部分，重点分析了日本从《学制令》到《教育敕语》颁布的过程中道德教育理念的嬗变及实质，中国晚清时期道德教育理念的发展嬗变的趋向，比较二者之间的同质与异质，揭示了中日近代道德教育理念的不同发展路向。

综观日本明治维新时期道德教育纲领中所体现的道德教育理念与中国晚清新政时期教育宗旨中所体现的主体道德精神，确实表现了同质与异质的特点。

首先表现在对儒家传统道德的提倡上，两国皆希望在近代这一国家民族生存环境极为险恶的情况下，通过提倡传统道德来增强民族认同，增强民族凝聚力，以抵御来自西方社会的生存压力。

其次，表现为强烈的爱国主义精神，中日近代道德教育的服务方向皆为富国强兵。但是日本的爱国主义是以皇国主义为核心的极端国家主义，表现为在已经摆脱了被沦为西方殖民地危险后的强烈的对外扩张，是为军国主义服务的。而中国近代所提倡的爱国主义却仅限于摆脱殖民地命运而实现民族独立，不具有侵略性、扩张性，这是中日近代道德教育理念的最本质区别。

第六部分是总结部分，该部分重点分析了中日近代道德教育理念的同质情愫及成因；日本“新武士道”与中国“新民德”的异质特征及成因。可以说，中日近代道德教育理念同质情愫的形成决定于多种原因，既有主观上的，也有客观上的；既有文化上的，更有政治、经济上的。这就决定了在此基础上所形成、选择的道德教育理念具有诸多同质情愫。但是，由于中日在开始现代化的过程中，面对的内外因素又不尽相同，各自在政治、经济、文化、教育上亦存在着诸多差异，这就决定了二者在道德教育理念上的异质特征。这种异质特征的形成除我们着力分析的文化原因外，还有主观上的方向定位，客观上的国际环境，集中表现在“新武士道”与“新民德”上。本部分就上述问题进行了富有独到观点与见解的分析与研究。

前　言

世纪初开，新风若炽，新人辈出，新作频仍。沐浴着改革开放的春风，立足于东北师范大学的沃土，不辜负时代的期望和祖国的重托，东北师范大学教育科学学院的一批中青年教师在教育科学研究中成长迅速，成果喜人。近年来，一批中青年教师勤奋努力，孜孜以求，立教不忘治学，攻读博士学位，成为终身教育立交桥上的佼佼者。这批中青年教师攻读博士学位期间，选择了立意深刻，具有重要理论和实践价值的题目，结合自身的研究方向，试图探讨和解决我国教育和心理学界的重要课题。在他们多年的潜心研究和导师的悉心指导下，完成了一篇篇具有较高学术价值的博士学位论文。

为使这些博士学位论文发挥更大的社会效益，展示东北师范大学教育学科的研究成果，我们专门设立东北师范大学教育科学博士文库。博士文库的设立一方面可以鼓励中青年教师从事科学研究，希望他们能够在已有研究的基础上再接再厉，奋发有为。另一方面是为了丰富学术研究，为学术研究注入新鲜血液。教师的成长发展是一所学校和学院发展的关键，有好教师才有好大学。好教师或大师是培养出来的，倘若通过我们的激励与培养能够塑造出一批引领学术发展，成为教育科学研究中坚的教师或大师来，那将是日后发展的巨大财富。愿博士文库的设立为中青年教师的成长与发展铺路搭桥。中青年教师基础扎实，思想敏锐，学术视野宽阔，他们看问题的视角、解决问题的思路，对问题的观点往往打破常规，具有开拓意义，这对丰富学术研究，启迪、砥砺后学皆有重要的意义。即便是他们在学术研究中所存在的缺点和问题，也同样具有重要的警示或启发意义，这是一笔无形的财富。我们希望将这笔无形的财富累积起来，以此进一步丰富我国教育科学研究的学术园林，使其更加丰富多彩，绚烂多姿。

首批获东北师范大学教育科学博士文库专项基金资助的优秀博士论文有：

王小英：《儿童游戏的意义》。王凌皓：《中日近代道德教育理念比较研究》。李力红：《认知风格的理论与实证研究》。杨兆山：《马克思人的解放思想的时代价值——科技革命视野中人的解放问题探索》。张明：《青少年感觉寻求人格特质的研究》。姚伟：《论儿童观的时代性转换》。路海东：《小学生数学应用题解决的认知与元认知策略及其训练研究》。

衷心祝福这批中青年学者撒下辛勤劳动的汗水，收获硕果累累，衷心祝愿更多的中青年教师蓬勃向上，早成栋梁。

东北师范大学教育科学博士文库编委会

目　　录

第一章

绪　　论

一、中日近代道德教育理念研究的意义

道德教育理念的转换、改变是道德教育总体发生变革的先决条件，是道德教育发生实质性变化的内在精神动因。理念研究属于思想研究的范畴，牵涉到文化的深层结构，是一个十分复杂、敏感的问题，在进行这样一个复杂、敏感的问题研究之前，有必要界定几个基本的概念。

1. 基本概念的界定

“科学研究的首要任务，便是对概念进行分析。”①“概念……是我们认识事物的工具。”②当代美国人类学家 E. 霍贝尔教授在其代表作《原始人的法》中，对概念的重要性作了这样的说明：“一个探索者在任何领域中的工作总是从创造该领域中有用的语言和概念开始。‘语言和我们的思想是不可分割地联系在一起，在某种意义上，二者是统一的’。开始工作时，人们总是企图把新思想装入原有的思想框架中。但当他扩大了知识领域或加深了某一观点时，他必然发现旧词的意义实际已经变更，或者新词已从新现象中被锤炼出来。而这些概念同旧概念所包含的意义是不

① 刘作翔. 法律文化理论. 北京：商务印书馆，1999：8.

② 费孝通. 乡土中国.“重刊序言”. 北京：三联书店，1985：3.

大一样的。新的事实和新的思想总是在召唤着新的词汇。实际上科学工作者也是一个教师，他们总是以熟悉的措词、以似乎更好的方式在表达着自己的思想，假如这不影响事实及其意义的真实性的话。”[①] 正像霍贝尔教授所强调的那样，在科学研究中概念是重要的，“概念如同语言一样，是思想表达不可缺少的工具”。如果不能看清基本的概念，实际上课题研究者本人就不知道自己要研究的问题是什么；通过研究要得出什么结论，即要达到什么目的；怎样才能达到目的。因此，弄清基本概念，解释清楚“关键词”，这是打开科学研究大门，进入研究领域的钥匙。可以说，概念是科学研究的起点，科学地认识与界定一事物的概念，是科学地认识该事物的前提。概念的内涵与外延，标示着事物质的规定性，这种规定性限定了它所包含的特定范畴和研究对象。所有这些对科学研究都是至关重要的，因此，我们在进行中日近代道德教育理念比较研究之前，首先必须厘清几个基本的概念。

道德：道德“是社会意识形态之一。一定社会调节人与人、人与社会、人与自然之间的行为规范和行为准则的总和[②]”。在中国传统文化典籍中，“道”原指人行走的道路。把其上升到哲学范畴，则指事物发展变化必须遵循的规律，包括“天道”与“人道”。宇宙或自然运动的规律称“天道”，社会运动规律称“人道”。“德”与“得”相通，意谓作为主体的人对“道”的获得，指人立身行事合乎规则，妥帖、适宜的意思。孔子告诫弟子要“志于道，据于德”[③]，其中的“道”，指的是要实现的“天下为公，讲信修睦”，老有所安，少有所养，朋友之间以忠诚信实相待的理想大同社会和为实现这种理想社会而努力完善的理想人格——“圣贤”。其中的“德”指的是为人处世、立身行事应该把握的分寸与准绳，是立身的根据和行为准则。据此，孟子提出了“居仁由义”的主张，

---

① ［美］E.霍贝尔. 原始人的法. 严存生等译. 贵阳：贵州人民出版社，1992：17.

② 中国教育大百科全书. 北京：中国大百科全书出版社，1985：234.

③ 论语·述而.

鼓励学生“尊德乐道”[①]。道家提出“尊道贵德”的主张。道家所强调的“道”指事物运行的自然规律。“德”是这种规律的自然表现。《老子·五十章》中说：“道生之，德蓄之……万物莫不尊道而贵德。”庄子强调“通乎道，合乎德”，并把“道德”概括为：“恬淡寂寞，虚无无有，此天地之平而道德之质也。”《礼记·中庸》把道与德具体概括为：“君臣也，父子也，夫妇也，昆弟也，朋友之交也，五者天下之达道也。知、仁、勇，三者天下之达德也。”即把“道”与“德”完全规范在伦理的范畴。宋代理学家把德说成是“理”与“气”。北宋张载认为德是气的本质，道是气的变化过程，道与德皆统一于气。南宋朱熹把“德”诠释为“天理”，认为人心识得天理就是“德”。在西方，morality 源于拉丁语的 mores，意为风俗、习惯，引申为规则、行为、品质和善恶评价。

道德教育：道德教育简称德育。在我国现代教育中，道德教育属于全面发展教育的组成部分。《教育大词典》将其概括为“形成人们一定的道德意识和道德行为的教育”，是“学校教育的组成部分”。任务是“提高道德认识，陶冶道德情感，锻炼道德意志，确立道德信念，培养道德行为习惯。”[②] 理念：《辞海》把理念解释为旧哲学名词。柏拉图哲学中的“观念”通常译为理念；康德、黑格尔等人的哲学中的观念指理性领域内的概念。《中国教育大百科全书》把它诠释为“一种理想的、永恒的、精神性的普遍范型”。“理念”一词源于古希腊语，原意为见到的东西，即形象。柏拉图排除了它的感性意义，把它引申为能理解到的东西，“指一种离开具体事物而独立的精神实体”。概括地说，理念即观念，是指导人们行为的指导思想，是人们对客观事物的理性思考。理念既反映客体的属性，又反映主体的需求，是人们对客观属性与主体需求之间关系的反映。道德教育理念反映着道德教育的精神实质，是支配道德教育行为的指导思想，是道德教育主客体之间关系的反映。

道德教育理念作为重要的文化要素，是支持民族心理、民族道德形

---

① 孟子·公孙丑下.

② 顾明远主编. 教育大词典（增订合编本）. 上海：上海教育出版社，1998：236.

成与发展，维系社会稳定与变革的精神根基。

本课题所涉及的中国近代道德教育理念的研究范畴，主要指从19世纪60年代洋务运动至20世纪初（辛亥革命前后），中国传统道德教育理念向近代新道德教育理念发展嬗变过程中居主导的、支配地位的道德教育思想的形成过程及精神实质。日本近代道德教育理念的研究范畴，主要指1868年明治维新至大政时期居于主导、支配地位的道德教育思想的形成、演进过程及精神特质。中日近代道德教育理念比较研究即是对在上述时限内，中日两国居于主导地位的道德教育思想的同质与异质特征的比较、分析与研究，希望通过这种比较、分析与研究，解读中日近代道德教育发展变化的内在机理。

2. 课题研究的意义

中日近代道德教育理念比较研究既是一个思想研究的课题，一个比较研究的课题，又是一个历史研究的课题。它的意义与价值主要体现在对问题进行不同角度的分析与研究的过程中。

首先，作为思想研究的课题，它对丰富道德教育思想，指导道德教育实践是有重大意义的。

正像学者们所说的那样："思想在人类历史上产生过巨大的作用，推动着人类社会发展历史性变化和转型。思想是人类知识的结晶。是人类智慧的体现，是人类发现世界、解释世界、说明世界的产物，是一代代人类思想家的文化积累的结果。思想是人类行动的指南，是社会转型的先声，是制度创新的先导。"科学家提出了一个'物质不灭'的定理。其实，思想和精神，尤其是反映了人类社会发展规律，曾经对人类的文明进程产生巨大推动作用的思想和精神也是不灭的，它给人类以启迪，给后来者以借鉴，给行动者以志铭，具有永恒的意义与价值。没有思想观念的变革、更新，道德实践上的立意创新是不可能的。

道德教育理念作为进行道德教育的主导思想，其形成演进与多种文化事项，确切地说是与社会的政治思想、经济思想、哲学思想、伦理思想等紧密地交织在一起，要想对道德教育思想进行卓有见地的分析与研究，得出某种有参考价值的意见或结论，就必须综合运用多学科的理论与方法进行跨学科的研究，而且必须紧紧围绕一个核心内容、主题鲜明地展开，才能不断地拓宽道德教育的研究领域，深化道德教育研究的内涵。

其次，作为历史研究的课题，中日近代道德教育理念的比较研究是有重大意义的。正像罗荣渠教授所说的那样，“历史学是各门社会科学的基础”。历史研究是进行任何课题研究的最基本的方法，离开这种方法，便很难得出富有说服力的结论。

我国是一个具有悠久历史的文明古国，素有重视道德教育的传统。我们的先辈在进行道德教育的过程中，积累了丰富的经验与智慧，对其进行研究无疑有助于今天的精神文明建设，有助于推动精神文明的现代化。日本作为深受中国传统文化影响的国家，在摄取、改造中国文化，接受中国传统道德理念影响的过程中，亦形成了颇具特色的道德教育思想，并有力地指导了日本的道德教育实践，具有很大的研究价值。我国自建国以来，尤其是20世纪80年代实行改革开放政策以来，在道德教育过程中，面对改革开放之后所出现的新情况、新问题，党和政府高度重视道德教育，极为关注精神文明建设，不仅鼓励在马克思主义基本原理指导下的学理研究，而且鼓励通过多种途径，开展多种形式的道德教育实践，使我国的道德教育理论与实践取得了辉煌的成就。以德治国，建设高度文明、民主的社会主义现代化国家，已经成为全国人民的共同奋斗目标。但是，伴随着改革开放之后，由计划经济向市场经济的转变，社会转型期的“道德碰撞”在所难免，而且十分剧烈，这意味着道德教育中出现了需要解决的新情况、新问题，有了必须完成的新任务。对新情况、新问题的解决，急切地呼唤人们给予理论上的指导与实践上的帮助，为此，积极进行道德教育理论问题研究与实践的探讨就显得十分必要。许多理论工作者与实践工作者为解决我国目前道德教育的危机，走出德育误区作了辛勤的努力，取得了很大的成绩。但是，在事关道德教育的根本问题、核心问题，即如何建构与我国社会主义现代化建设相适应的道德教育理念和运作体系，从而树立符合我国社会现代化实践要求的现代价值观念与伦理精神，如何处理继承中华民族优秀的道德教育遗产与吸收西方进步道德教育理念之间的关系等重大理论与实践问题的研究上，还有许多没有很好解决，但又是必须解决的问题。要在这些问题的理论研究与实践研究上取得突破性进展，加强对道德教育现实问题的研究是十分必要的。事实上，学者们对这些问题的研究也确实十分关注。但是，仅仅停留在对现实问题的研究上，便有可能限制人们的视野，影响对具有普遍性的规律性问题的探寻。因此，在对现实的道德教育问题进行研究的同时，有必要从历史的、民族文化传统的角度去追根溯源，去汲取智慧。因为今天中国道德教育中出现的问题，归根结底是中国道德教育现代化中出现的问题，而现代化是一个渐进的文明过程，对这样的渐进文明过程的考察，离不开如何弘扬与摒弃东方的固有文化（当然包括东方传统道德，尤其是传统的儒家伦理），也面临着如何摄取与改造外来文化（当然包括摄取西洋道德，尤其是欧美国家的资本主义伦理精神）的问题，是“中学为体，西学为用”，还是“西学为体，中学为用”，是“东洋道德西洋艺”，还是“西洋道德东洋艺”。在道德教育发展演进中，如何处理弘扬东方民族优良的道德传统与摄取西洋道德之间的关系，如何选择和确定健康有益的德育思想，如何建构符合本国发展方向的道德教育体系等等。诸如此类的问题，是中国和日本在近代道德教育转型期面临的共同问题，通过对中日近代道德教育嬗变中上述问题解决的历史研究，有助于为我国解决现实的道德教育问题提供直接或间接的参考；有助于我们“站在人类文明的高度，检讨过去，策励将来”[①]。

再次，作为比较研究的课题，诚如恩格斯曾经说过的那样，在研究德国历史（它完全是一部苦难史）时，我始终认为，只有拿法国的相应的时代作比较，才可以得出正确的标准，因为在那里发生的一切正好和我们这里发生的相反。这个道理恰好说明了中日近代道德教育理念比较研究的适宜与必要。中日近代道德教育理念比较研究这个课题，是道德教育现代化的课题，再把它作一个相对确定的范围界定，实际上是一个

---

① 杜维明．现代新儒学辑要丛书·杜维明新儒学论著辑要·儒家传统的现代转化．北京：中国广播电视出版社，1992：316．

对中日近代早期道德教育现代化进行比较研究的课题。这种比较研究不是进行简单的对照、类比，其主要目的也不只是评价各自道德教育现代化中同质与异质，或称共相与殊相（Universality 和 Particularity），而是要发现一些全新的问题，从而得出比较有价值的结论。

正像学者们所说的那样，中日两国在现代化的起步阶段，即“早期现代化”时期，欲实现的现代化的大目标是共同的，现代化的内容以及实现它的前提条件，确实也具有许多共性；但是实现这个目标并为之创造前提条件的道路与方法却又必然千差万别，具有各自特殊的个性。这种“共性”和“个性”往往在现代化的最深层结构，即道德教育领域中表现得最为明显。因此可以说，中日近代道德教育理念的比较研究，对丰富现代化理论，丰富道德教育现代化的内涵与外延是一个必不可缺的课题。

比较研究作为社会科学的基本研究方法，其意义重大。道德教育理念比较研究有助于丰富、弥补现代化研究的不足。研究现代化的学者认为，现代化是传统社会向现代社会的转变过程。它是多层面同步转变的过程，是涉及人类生活所有方面的深刻变化。概括起来，现代化可以看做经济领域的工业化，政治领域的民主化，社会领域的城市化以及价值观念领域的理性化的互动过程。“价值观念领域的理性化”作为社会现代化的重要组成部分与其他表征现代化的要素“互动”共生，推动着整体现代化进程的发展。过去人们对道德教育理念作为引导、支持“价值观念领域的理性化”这一重要因素并没有给予类似对“经济领域的工业化”和“政治领域的民主化”那样同等的重视，人们对工具理性给予了超出价值理性的关注，这就使得现代化研究中出现了缺陷和不足。本研究希望能够在弥补这些“缺陷和不足”上有所作为。中国与日本启动道德教育现代化的过程中积累了诸多方面的非常具有可比性而又极具启发意义的经验和教训，这对丰富现代化理论与实践，乃至于今天中国和日本进一步实现道德教育的现代化都是非常有意义的。这个意义表现在本课题不是对中国和日本某一个单独个体的单项研究（因为单项研究业已有人做过，而且取得了很有启发意义的结论），而是在两个极具个性的个体的比较的基础上寻找适合于现代化发展的精神动力。

美国提出现代人理论的心理学家阿历克斯·英克尔斯的现代化理论对支持鼓励我们所做的“中日近代道德教育理念比较研究”确实是令人振奋的。英克尔斯在《走向现代》一书中指出，在现代化研究过程中，经济学家倾心于用人均国民收入来衡量现代化的水平；政治学家关注从政治结构和组织的结构与功能来诠释社会的现代性。从经济、政治角度研究现代化固然是重要的，但是如果忽视了现代化进程中所需要的那种类型的人，不去探讨他们的精神质愫和心理特征是否能够适应现代化的要求，跟得上现代化的步伐，这从方法论的角度来说，就是严重的错误，因此，也不可能对现代化的各种问题作出满意的回答。他说，如果一个国家的人民缺乏能够赋予先进制度以生命力的广泛的现代的心理基础，如果掌握和运用先进制度的人本身在心理、思想、态度和行为上还没有经历一场向现代性的转变，那么失败和畸形的发展就是不可避免的。如果我们把这段话对号入座为中日现代化起飞期的国民心理状况与中日现代化的成败关系，则一点也不过分。它恰恰能够作为一种原理来说明中日近代道德教育理念对中日现代化起飞时所起的双重作用，也更进一步地论证了我们所进行的课题研究的意义和价值。英克尔斯先生强调：在任何社会和任何时代，人都是现代化进程中最基本的因素。离开了对人的道德精神、心理特征、人格因素的研究，现代化研究就失去了承载它的主体。

二、中日近代道德教育理念比较研究的现状及设想

1. 研究现状

对道德教育问题的研究是一个亘古常新的课题，更是社会转型期的热门课题。可以说在理论界对道德教育问题的研究，已经取得了可喜的成果，这些成果无论对丰富道德教育的学理研究，还是指导道德教育实践都是颇有裨益的。分别对中国和日本的道德教育思想进行历史研究，

尤其是伦理思想史的研究也引起了学界的关注，有诸多著述问世。关于中国德育思想史的研究，有张锡生主编的《中国德育思想史》，该书对中国德育思想进行了分期、分类的阐释与介绍，“近代中国的德育思想”是其重要的组成部分；有罗炽、简定玉等编写的《中国德育思想史纲》，其内容包括对先秦、汉唐、宋元、明清、近代、现代六个不同历史时期中国德育思想的议论与阐发。中国近代的德育思想是其重要组成部分。关于中国伦理思想，尤其是伦理思想史研究的著述，自蔡元培先生的《中国伦理学史》问世以后，不断有新作问世，这些新作从不同角度、不同侧面对中国的伦理道德思想进行梳理、概括和总结。尤其是改革开放后，随着伦理道德教育领域新情况、新问题的不断涌现，不断有伦理学史或德育思想史的著作问世，既丰富了对德育思想史问题的学理研究，也在一定程度上为解决我国现实道德教育存在的问题提供一种历史智慧与有益的参考。20 世纪 80 年代以来，有关中国伦理思想研究的著述不断问世，比如有张岱年先生的《中国伦理思想研究》，方克立的《现代新儒学与中国现代化》，沈善洪、王凤贤的《中国伦理学史》，蔡尚思的《中国礼教思想史》，陈少峰的《中国伦理学史》，张岂之、陈国庆的《近代伦理思想的变迁》，徐顺教等主编的《中国近代伦理思想研究》，罗荣渠主编的《从西化到现代化》等著述，这些著述皆对中国近代伦理道德及道德教育思想的发展嬗变进行了颇有成就的阐释、概括，为我们理解、掌握中国近代道德教育的思想脉络提供了有益的借鉴。但是这些研究的共同缺陷是缺少共时性的参考系。单项研究本身的局限性使我们难以把中国近代道德教育理念的发展变迁放在一个更加广阔的背景材料中进行整体性的对比式研究，这就使得上述研究结果的启发和借鉴意义受到了方法论上的限制，降低了实际的应用效能。

关于日本近代道德教育思想个案式的国别研究，同样取得了较大的成就。比如有日本学者源了圆的《日本文化与日本人性格的形成》、《伦理与人情》，中国学者吴潜涛博士的《日本伦理思想与日本现代化》，李卓的《家族制度与日本近代化》，周颂伦博士的《近代日本社会转型期研究》，［美］埃德温·奥·赖肖尔的《当代日本人——传统与变革》，中国学者王家骅的《儒家思想与日本的现代化》、《儒家思想与日本文化》，洪祖显的《日本公民道德教育》，[日] 丸山真男的《福泽谕吉与日本近代化》、《日本的思想》，[日] 山本七平的《日本资本主义精神》，[日] 永田广志的《日本哲学思想史》，日本近代思想史研究会著《近代日本思想史》，村上重良的《国家神道》，新渡户稻造的《武士道》，[美] 赖肖尔的《近代日本新观》，中国学者武安隆的《文化的抉择与发展——日本吸收外来文化史说》，[日] 村井实的《教育改革的思想——从国家主义到人文主义》，[日] 田村荣一郎的《日本的教育与民族主义》，[日] 河原美耶子的《日本近代思想与教育》，[日] 崛尾辉久著《天皇制国家与教育——近代日本教育思想史研究》，[日] 胜郭真长的《道德教育的历史——从修身科到"道德"》，[美] 鲁思·本尼迪克特的《菊与刀》，[日] 稻富荣次郎的《日本的道德教育》等等有关日本道德教育的著述，对日本近代道德教育进行了卓有成效的研究，对我们理解日本近代道德教育转型期的道德教育理念是有巨大帮助的。在这些著作中虽然也一定程度地涉及与中国近代道德教育的比较内容，但往往一带而过，很少进行深入的探讨。至于单独进行中日近代道德教育理念的比较研究就更是凤毛麟角了。虽然最近若干年来关于中日之间的比较研究的著作颇丰，比如，有平野义太郎的《中国和日本的现代化比较》，依田熹家著《中日两国现代化比较研究》，盛邦和著《内核与外缘——中日文化论》，汪向荣的《中国的近代化与日本》，王克非的《中日近代与西方政治哲学思想的摄取》，马家俊、汤重南的《中日现代化的比较》，彭泽周的《中国的现代化与日本明治维新》，尚会鹏的《中国人与日本人》，[日] 松本一男的《中国人与日本人》，[日] 陈瞬臣的《日本人与中国人》，梁忠义的《日本教育》，王智新的《中日教育比较研究》等，可以说，以上研究都取得了很大的成绩，为我们从事中日近代道德教育比较研究提供了重要条件，奠定了一定的基础。但是，学者们对中日近代道德教育理念进行系统比较研究的投入却严重不足，以至于迄今为止，没有一本中日近代道德教育理念比较研究的著作可供参考，就是与此直接相关的有分量的论文也并不多见。在学术研究领域这是一片有待开垦的土地，这就是课题研究的现状。

由于学者们对中日近代道德教育理念比较研究的关照严重不足，致使本研究可直接参照的有价值的资料十分有限，需要作者进行的是大量的开拓性工作。可以说，选择中日近代道德教育理念的比较研究作为自己博士学位的论文是给自己出了一个很大的难题，为此，我也曾有过犹豫和彷徨，在反反复复阅读了大量的资料仍然难以落笔的时候，曾经想过另起炉灶。但是，该课题研究中所蕴涵的深层价值、博士论文选题必须有所创新的客观要求、导师的激励和鼓舞以及我本人在内心深处对这一课题的浓厚兴趣和强烈钟爱，又使我无论如何也割舍不断对它的关照情怀。这样，当我真正落笔写作的时候，便不再犹豫徘徊，而是“策励此心，勇猛奋发，拔出心肝与他去做。如两边擂起战鼓，莫问前头如何，只认捲将去”[①]。

2. 研究设想

下定了决心并坚定了信心之后，关键是如何把理想中的目标完成好，这是一个繁难复杂的操作过程。为使这一过程的每一个步骤都按照科学合理的操作过程进行，就必须首先设计、规划好“施工”的蓝图，做好总体设计。

（1）需要克服的困难

对中日近代道德教育理念进行比较研究是一项艰巨的，很有价值的研究工作，是学者们尚未涉足的极其复杂的领域，进行这样一项研究，而且要有所洞见，无疑是十分困难的，其难点在于：

一是研究对象本身的复杂性。道德教育作为一种精神文化现象，它的形成、发展、演进是十分复杂的过程。道德教育的本质、功能、道德教育与其他社会事项之间千丝万缕的联系等等，都决定了研究道德教育的问题不能仅仅从对道德教育本身的研究入手，它涉及对多种社会事项的研究，这对像我这样文化底蕴并不丰厚的初学者来说，确实是一项具有挑战性的工作，需要我竭尽全力。

---

① 朱子语类．卷八．

二是中日这两个国家的特殊性。中国和日本是两个极具典型意义的东方国家，二者皆有漫长的封建社会的历史，自身包含的社会成分十分复杂，理所当然地使得对其道德教育问题的研究具有复杂性。

三是近代这个历史时期的纷纭多变。无论中国近代还是日本近代，都处于一个头绪纷繁，迷雾重重的大变革、大转型的特殊时期。在这个特殊的历史时期，各种社会思潮风起云涌，各色人物粉墨登场，各种社会实践和实验交相进行。这是一个险象环生的时代、生存与毁灭并存的时代、机遇与挑战同在的时代。在这样一个风云变幻的时代，各种道德教育思潮错落，流派纷争，驳难蜂起，进行着激烈的辩鸣，此消彼长，各种道德教育实践更是千姿百态，这就为比较研究增加了巨大的难度，不用说是把这两个国家的道德教育理念进行比较，就是对它们分别进行国别性的研究都不是一件容易做好的事。它要求作者具有多方面的知识与智慧，而这正是本人所缺乏的。

四是多种复杂情感的交织缠绕。研究中日近代道德教育理念牵涉十分复杂的情感问题，如何最大限度地用理智驾驭情感，同样需要作者付出艰辛的努力。虽然，进行任何研究都可能渗透研究者的一定感情因素，但是，进行中日近现代道德教育理念比较研究的感情因素却可能比任何研究的情感因素都更为复杂和激烈。中国近代屈辱的历史使学者对它的研究挣扎在理智与情感的矛盾纠葛之中，日本作为享受中国最大恩惠的亚洲国家，在近代之后对中国的巨大伤害使“中国学者在试图对日本人和日本社会进行研究和了解时常常挣扎在理智与情感的冲突之中。对于一个受害者来说，让他在认识伤害过自己的人时排除感情因素的确是很困难的”①。但是，我们要想客观地认识本民族和他民族，理解不同民族的文化特征，又“需要一种超越的立场”和理性的态度。因为科学研究要得出较为成熟的结论，必须尽力排除情绪化的因素，“不管这种因素有多么充足的理由……这是对我们民族理性思维的考验。”② 当然，这种

① 尚会鹏．中国人与日本人．北京：北京大学出版社，1998：2.

② 同上．

“超越的态度”和“理性的思考”不是对日本军国主义的宽容与谅解，而是为了找寻到日本军国主义过去发动全民战争，今天某些右翼分子依然为军国主义招魂、为慰安妇问题辩护、为修改历史教科书问题而行动等的深层次的民族性原因。当然这种原因的找寻，并不是为了说明、论证日本人天生就是富于侵略和死不悔改的，也不是为日本侵略行为、不悔过行为进行辩护，而是为了揭示形成日本民族性的“原质要素”。对中日近代道德教育理念进行比较研究就在于寻找到影响中日民族性的核——“原质要素”的共性与个性。这是一项需要抛弃复杂情感要素，进行理性研究的繁难工作。

但是，知难而上是学者应该具备的品质，有难度才有益处，有时难度与价值成正比。正因为如此，我选择了这样一个难度颇大的研究课题，我将尽最大的努力答好这份试卷。

（2）研究框架

中日近代道德教育理念比较研究将由六大部分搭成总体框架。第一部分作为绪论，旨在阐明课题研究的意义、现状及基本设想，对课题难度作出正确的分析，同时确定具体的研究方法。第二部分，主要对中日前近代的道德教育理念作必要的历史追溯，从文化、历史继承的层面探讨中日近代道德教育理念的同质与异质或称共相与殊相的民族根基。第三部分，侧重于对日本明治维新前的洋学家所提倡的“东洋道德西洋艺”与中国洋务派思想家所提倡的“中学为体、西学为用”的比照分析，旨在通过对文化纲领的分析，探讨“和魂洋才”和“中体西用”在道德教育理念的选择和确定上那种表面看来相似，但骨子里实质却不同的历史事实。第四部分，为日本明治维新时期的启蒙思想家所提倡和建构的道德教育理念与中国戊戌维新时期的维新思想家所提倡的近代新道德教育理念的比较，分析其同质与异质特征。第五部分，为明治维新与中国新政时期国家道德教育纲领之比较。第六部分对中日近代道德教育理念比较研究的结果进行分析、概括。

博士论文必须有创新，我想，自己对上述难点问题的突破本身就是一个创新。此外，该论文的创新之处主要表现在以下几个方面：

一是选题具有开拓性。迄今为止，对中日近代道德教育理念进行比较研究尚未有人系统做过，这是一项富有挑战性的工作。开展这项富有挑战性的研究工作，没有固定的模式可套，没有成例可循，只有独立地进行创造性的研究与探索。

二是研究视角具有创新性。分别从中日近代道德教育理念形成演进中对东方道德的弘扬与摈弃和对西洋道德的摄取与改造这两个崭新的角度对中日近代道德教育理念的共性特质与个性差异进行比较，这可以说是找到了观察问题的新视角，是发现新问题和得出新结论的重要前提。因为它使我们跳出了传统习惯的藩篱，站在一个新的制高点上去审视道德教育的精神动因，从而为实现道德教育理念现代化过程中人们处理传统性与现代性的关系问题提供经验教训。

三是研究方法的独特性。采取历史研究与比较研究结合，宏观把握与微观梳理结合，共性研究与个案考察结合，整体关联与单项发展结合等交叉并用的研究方法对中日近代道德教育理念进行分析、综合和概括。这种既不同于一般的历史研究，也不同于一般比较研究的方法，有利于使课题研究获得突破性的进展。

爱因斯坦曾经说过："提出一个问题往往比解决一个问题更重要，……（因为它）需要创造性的想象力，而且标志着科学的真正进步。"[①]但人们一旦提出问题，选择科学适当的研究方法对解决问题就显得至关重要了。任何研究都离不开方法论的指导。正像俄国杰出生理学家巴甫洛夫所说的那样，"方法是最主要最基本的东西。研究的严肃性如何，就完全依赖于方法，依赖于行为方式。一切都在于良好的方法"[②]。道德教育的研究必须依靠方法论的支持，才能获得突破性的进展。胡适在介绍清代学者的治学方法时，把它概括为两点：一是大胆的假设；二是小心的求证。他说："假设不大胆，不能有新发明，证据不充足，不能使人信仰。"这对我们从事中日近代道德教育理念比较研究是很有启发的。在课题研究中，我们将本着"实事求是"的原则，用求真的精神、客观的态度，审慎严密、一丝不苟地进行科学的研究与论证。

---

① ［美］A. 爱因斯坦. 物理学的进化. 周肇威译. 上海：上海科学技术出版社，1962：66.

② 转引自王海山，王续琨. 科学方法辞典. 杭州：浙江教育出版社，1992：2.

第二章

中日前近代道德教育理念之比较

这里所说的“前近代”指的就是近代之前，具体说来中国是从先秦到洋务运动；日本是从大化革新至明治维新。追溯这个时期中日道德教育理念上的发展变化，比较其异同点，是为进行中日近代道德教育理念的比较研究寻找历史依据和思想渊源。这是一个十分必要的铺垫，没有这个必要的铺垫，我们所见到的异同就只是浮在水面上的表象，无法理解其深层的内涵，更无法找到导致各自异同的作用机理。因此，在进行中日近代道德教育理念比较研究之前，我们有必要对作为影响“早期现代化”启动的重要文化精神力量的儒学和佛教作重点的系统梳理与概括。

一、中日前近代儒家道德教育理念的共相与殊相

中国和日本是深受儒家文化影响的国家，儒家义理对中国人与日本人的民族心理、民族道德产生了十分重要的影响。自古代至近代，乃至于在现当代，儒家义理在中国和日本的社会生活中仍然发挥着重要的作用。那么儒家义理究竟在哪些方面发挥了作用，怎么发挥作用，为什么能发挥作用，要对这些问题做出圆满的解答，我们必须首先对在儒家义理影响下形成的具有独特风格的中日传统道德教育理念予以深入具体的剖析。

1. 中国传统的儒家道德教育理念

(1) 形成与演进

儒家道德教育理念指的是儒家学者对道德教育的目的、内容、原则、方法的总体认识，体现着儒家学者对道德以及道德教育问题的特殊关注和独到见解。

道德教育理念是道德教育的核心内容，反映着主体文化的基本精神，是对道德思想的选择与接受，这种选择和接受旨在形成一种文化认同和民族认同。而这种文化认同与民族认同是通过灌输、渗透一定的道德意识、培植共同的道德情感和形成一定的道德行为模式来实现和完成的。不同民族，由于选择、接受了不同的道德理念，形成了不同的文化认同，便形成了不同的民族心理与民族道德。

中国的儒家伦理不仅是封建官僚、士大夫普遍遵从的道德哲学，而且它影响中国社会的各个阶层，形成了中华民族共同的人生追求和价值取向，形成了共同的民族心理与民族道德。对此，马克斯·韦伯在其《世界诸宗教的经济伦理》的研究中指出："儒教是士大夫的身份伦理，这些人精通典籍，有着世俗理性主义的特点。如果一个人不属于这个有教养的阶层，他就不值一提。这个阶层的宗教（如果你愿意，也可以说是非宗教）身份伦理决定着中国人而远不止是这个阶层本身的生活方式。"[①]

儒家的道德思想是儒家思想的核心。中国的儒家思想是在春秋时期剧烈的社会变革中产生的。孔子奠定了早期儒学的思想基础与学术基础。孔子过世后出现了"儒分为八"的发展势头。在先秦儒家的八派中，以思孟学派影响最大。思孟学派的杰出大师孟轲继承了孔子思想中的唯心主义成分，以"性善论"为出发点，提出"良知良能"说，十分注重道德教育，把孔子以来注重道德教育的精神作了淋漓尽致的弘扬。荀子学派的杰出代表荀况，完成了自孔子以来纳法入儒的过程，他从"性恶论"出发，提出了道德教育在于"化性起伪"的主张，亦十分注重道德教育，

---

① Gesammelte Aufsatze, I: 239; Gerth and Mills, From Max Weber, 268.

对道德教育的目的、内容、方法进行了深刻的阐发。荀子所强调的礼法兼治的思想为后世儒家思想处于独尊地位奠定了坚实的基础。先秦时期的孔孟荀所创立的早期儒学，已经体现出了注重道德教育的鲜明个性，早期儒学中所形成的道德教育理念对汉唐儒学和宋明理学与心学的影响是决定性的。在春秋战国近500年的百家争鸣中，儒家学者不仅极为关注形成独立的学说体系，确立学术争鸣中的优势地位，而且极为重视创立私学，授徒讲学，扩大儒家学说的传播范围，重视教育便成为儒家学派的突出特点，也成为儒者的美德，这使得儒学在与其他学派驳难争鸣中壮大了学术阵营。早期儒家所具有的开放胸怀和兼容并包的学术品格，又加速了儒学吸纳其他各家学术思想的进程，促进了儒学的完善与成熟。到西汉初年，儒家学者董仲舒纳阴阳五行学说入儒，完成了儒学的神学化改造过程。经董仲舒改造的儒学，从天意在“尊阳抑阴”的天人感应学说出发，论述了君权、父权、夫权的绝对权威，完善了儒家的三纲五常理论。由于神学化的儒学尤其适合维护封建中央集权制的国家需要，因此，在汉武帝时确立了“独尊”的统治地位。自此，儒家思想成为官方的正统思想，儒家所强调的道德理念也成为全社会必须普遍遵循的最基本的道德准则，它不仅是君主治国的政治理念，国民必须遵循的道德理念，而且具有了法的强制力。国家颁布的各种诏书以儒家思想为教化之根本；上自太学，下至村塾的学校系统，对学生进行教育必须以研习儒家经典为主，接受儒家义理的熏陶；察举选士专设明经、孝廉科，作为对彰显儒家义理的士人的奖励与提拔；各种文学作品也以弘扬“主旋律”为主，宣传儒家伦理道德，进一步强化了儒家义理的教化作用。三国、两晋、南北朝时期虽然由于政治动荡，佛道二教的冲击，儒家思想的影响力减弱，但作为主流文化的地位依旧没有丧失。隋唐统一的封建中央集权制国家建立后，为了重振曾经受到冲击的儒学，奉行了重振儒术，兼重佛道的文教政策，儒家思想的统治地位得到巩固与加强。此时，韩愈极力强调儒家的道统思想，强调儒家道统的独尊地位，曾写下了《原道》等文章阐述儒家道统，倡言儒家伦理道德。唐代在重振儒术，兼重佛道的文教政策影响下，政府对儒学，对佛、道二教采取的是自由开放的研习政策，这就加快了唐代中后期儒、佛、道三教融合的速度，为宋初纳佛道二教入儒营造了宽松的、自由的社会环境。在这样的社会环境下，儒家学者虽然在思想情感上排斥佛道二教，并竭力批判佛道二教，但在批判排斥的过程中，需要深入到佛、道二教的义理中去，才能击中要害。这样，在批判佛、道二教的过程中自觉不自觉地接受佛、道二教的影响，为宋初理学的形成与发展，即为新儒学的产生准备了社会条件与思想基础。宋代新儒学的诞生，进一步强化了儒家的道德精神，因为宋学，即理学的诞生，本来就是以重振道德为目的的，所以宋明理学突出彰显了儒家的道德思想。朱熹从"存天理，灭人欲"的道德目的论出发，完善了具有绝对禁欲主义色彩的儒学道德新体系。由于这个以重整纲常为目的的学术体系具有了宗教的性质，所以此时的新儒学也被称之为儒教，称之为"理学"。从元代开始一直到清末，理学成为封建统治的正统思想，"三纲五常"成为人们必须遵守的具有宗教戒律色彩的道德信条。科举考试亦以朱注《四书五经》为基本命题范围和评分标准，考生只能"代圣贤立言"，"封建礼教"的消极作用突显出来，成为束缚人们思想、行动的巨大精神枷锁，造成了思想上的禁锢和人们精神家园的孤寂、凋零。在程朱理学发展的同时，陆王心学亦获得了并行发展。陆九渊、王阳明反对朱熹的客观唯心主义理学，否定"即物穷理"、"格物致知"、"知先行后"说，而继承了思孟学派的主观唯心主义观点，提出"心即理"、"致良知"、"知行合一说"，在道德教育过程中强调内省与顿悟。陆王心学成为明清之际的统治思想，加强了统治阶级对人民的思想控制。由于程朱理学和陆王心学自身所存在的矛盾性，在接受程朱理学和陆王心学影响的思想家中，宋元之际诞生了重视经世致用的事功学派和明末清初的启蒙思想家。在道德教育上，启蒙思想家的主旨依然是倡明儒家传统义理，但表现出重视事功，强调经世致用的明显特征，具有巨大的进步意义。由于他们只是理学、心学阴影下的潜流，在封建政权和理学、心学的压制下并没有形成为影响巨大的学术派别。到清代，由于自康熙以来大兴文字狱，学者不敢倡明自己的学术观点，于是在文化专制主义的重压下，大部分学者转向了专事考证训诂的朴学，其道德教育思想只停留在对先秦古典道德义理的阐释、注疏上，没有创新。可以说，自先秦孔子创立原典儒学始，两千多年来，儒学作为主流文化，其所建构的道德理念，对维护中华民族共同体，对形成统一的多民族国家起到了重要作用。儒家提倡德化社会，德化人生，以德治国，内圣外王的思想，对中国人的民族心理、民族道德产生了极为深远的影响，这种影响不仅包括九州华夏民族，而且影响到中国的周边国家和地区，特别是对日本的影响是巨大而深远的。

（2）中国儒家道德教育理念的特质

对于儒学在两千多年发展演变中所形成的道德特性，也可以直接理解为道德理念的体系与特质，刘蔚华先生在他的《中国儒学史·序言》中作了这样的概括："孔子原创的儒学是以礼仁双元统一结构为核心建立体系的，这是形成儒学中礼学传统与仁学传统的肇基。在先秦，孟子主要发展了孔子的仁学传统，荀子则主要发展了孔子的礼学传统。在长期封建社会中居于统治地位的儒学，实际上是以礼学与礼教体系为核心的官方儒学，它把社会秩序文明置于至高无上的位置，从而发展出一种封建性很强的权威主义思想体系。而儒家的仁学体系和传统，则主要被一部分正直的封建官员及在野的儒者所支持。仁学精神集中代表了儒家人文主义和民本主义的价值理性，而礼教体系则主要代表了儒家维护封建宗法制度与等级秩序的工具理性，突出表现为'君为臣纲，父为子纲，夫为妻纲'的封建专制主义。儒学成为官学之后，使孔子思想中统一的价值理性与工具理性发生了裂变，出现了不同程度的道德异化。在这种条件下，伦理道德便由人性的家园蜕变为人性的桎梏。"[①] 既强调价值理性，又强调工具理性，价值理性与工具理性并重，礼与仁结合，既强调规范，又注重理想人格是中国传统道德教育理念的基本特点。

●关于道德教育目的的理念

儒家道德教育的目的服从于儒家总的教育目标——"成圣成贤"。由

① 姜林祥．中国儒学史·儒学：传统文化与现代文明（近代卷）．广州：广东教育出版社，1997：7—8.

于儒家学说是以伦理道德为核心、为本位的，所以儒家的教育目的往往就是其道德教育的目的。

儒家创始人孔子提出“成人”、“圣人”、“仁人”、“君子”的教育目标，强调道德教育是为实现“贤人为政”的政治理想服务的，旨在塑造学生的理想人格。孔子要求学生“志于道”，“志于仁”，道德教育的目的就是培养“笃信好学，守死善道”的“圣人君子”、“志士仁人”。这种圣人君子、志士仁人的标准范型，首先应该具有“仁以为己任”的道德自觉。他们能够做到“行己有耻，使于四方，不辱君命”，能够顺天知命，做到“修己以敬”、“修己以安人”、“修己以安百姓”。其次善于处理义利之间的关系。“义利兼求”、“义然后得”、“见得思义”。孔子强调在义利关系上的道德觉醒，教育人们以义取利，以义制利。甚至当义利冲突的时候，应该杀身成仁，舍生取义。再次，培养人们强烈的道德义务感和社会责任感。正像明末清初的启蒙思想家黄宗羲所概括的那样，儒家学说是“经天纬地”之说，儒家培养的也是经天纬地、利济苍生、心系天下国家的栋梁之材。这种学说和这种学说涵养之下的儒家的道德理想是“修身、齐家、治国、平天下”。因此，儒家道德教育所要培养的理想人格也是建立在充分的道德自觉的基础上，要求人们必须能够自觉地履行在家庭、社会、国家中的责任与义务，具有强烈的道德义务感和社会责任感，积极入世，敢于面对错综复杂的社会矛盾，敢于应对一切艰难困苦的条件和挑战，得官不欣，失位不馁，富贵不淫，贫贱不移，威武不屈。孟子说：“老吾老以及人之老，幼吾幼以及人之幼”，“披恩以保四海”。张载强调“民吾同胞也，物吾与也”，要求人们必须仁民爱物。儒家要求建立一种由己及人，由人及物的道德实践体系，使后学具有“思天下之民，匹夫匹妇有不与被尧舜之泽者，若己推而内之沟中”的“自任天下之重”[①] 的社会责任感、义务感。这种责任感、义务感又被张载高扬为一种无比庄严崇高的历史使命——“为天地立心，为生民立命，

① 孟子·万章上.

为往圣继绝学，为万世开太平”[①] 的人生理想。这种人生理想，也可以称之为道德理想，教育人们不仅要继承祖先创造的宏图伟业，弘扬古老的文明，而且要迎接现世社会的一切冲突与挑战，为民族、国家的未来竭忠尽虑，立德、立功、立言。而追求立德、立功、立言之三不朽，又成为儒者的终极理想。第四是顺天知命。儒家道德教育的目的还在于培养学生具有顺天知命、尽心知性的道德自觉。儒家道德的最高范畴是“天”或“命”，孔子说自己“五十而知天命”，主张“尽人事，听天命”。孔子所强调的“听天命”是一种超越人与自然的客观必然性，他把顺从、体认这种客观必然性作为主要的德育目标。孟子在孔子“天命”观的基础上，提倡道德教育的目的应该是“尽心知性”，即“致良知”。孟子说：“尽心知性则知天矣，存心养性所以事天也。”[②] 进一步确立了道德的最高境界，就在于“知天命”。而孟子所强调的天命，从其本意上说，并不是对客观的神秘的“天”的崇敬与体认，而是对乱世下人们失却的良知的呼唤，是对社会正义与公理的提倡。宋代理学家朱熹则诠释、界定了“天命”的内涵，把“天性”内化为人的道德本性。儒家道德人格中顺天知命、尽心知性的精神追求，在不同层面、不同方向上被理解，可能导致两种结果：一种是“听天由命”，随遇而安；一种是“向内探寻”，挖掘内力，自强不息，刚健有为。后者是儒家道德精神的主流，孔子即“知其不可为而为之”，孟子也“行法以俟命”，[③] 程颐“知命之当然也，则穷塞祸患不以动其心，行吾义而已”[④]。朱熹称“听天命者，循理而行，顺时而动，不敢用其私心”[⑤]，表现的皆是儒家所要实现的超越而又内在的道德理想。儒家道德教育所要实现的理想目标是服务于“大同理想”的终极目的。因此，儒家的道德理想是其道德思想的核心与灵魂，它在整个儒家思想体系中居于主导的核心地位，它统领着儒家道德教育

---

① 朱熹，吕祖谦．近思录．卷二．

② 孟子·尽心上．

③ 孟子·尽心下．

④ 伊川易传·困．

⑤ 朱文公文集．卷六十四．答或人．

理念的路径与前进方向。

●关于道德教育的地位、作用的理念

孔子强调德育为首，“行有余力，则以学文”。他十分注重道德教育，强调道德教育与国家治乱兴衰的密切相关。他说：“为政以德，譬如北辰，居其所而众星拱之。”① 他强调德化的政治作用：“子为政，焉用杀？子欲善而民善矣。君子之德风，小人之德草，草上之风必偃。”② 为此，他要求对百姓“道之以德，齐之以礼”③。他说：“道之以政，齐之以刑，民免而无耻；道之以德，齐之以礼，有耻且格。”④ 他认为通过教化可以使百姓耻于为恶，道德教育可以发挥防奸止邪，协调人际关系，稳定社会秩序的重要作用。

孟子继承了孔子重视道德教育的思想，不仅十分强调道德教育的作用，而且把统治者是否有德，实行德政视为能否“得民心”，从而实现“王天下”的先决条件。他说：“得民心者得天下。”因此，其教育的核心就是道德教育。道德教育的根本目的和主要作用就是以“善教”辅“善政”。为了说明“善教”的作用，他提出“性善说”，强调人人皆有“恻隐之心”、“羞恶之心”、“辞让之心”和“是非之心”。这是仁、义、礼、智等美德的源泉，即善端。孟子视道德教育是全部教育的核心，是实现善政的基础。他说：“善政，民畏之；善教，民爱之。善政得民财，善教得民心。”“得天下有道，得其民，斯得天下矣，得其民有道，得其心，斯得民矣。”孔孟的思想影响中国教育两千多年，它使中国传统教育成为一种典型的伦理教育。

其后，成书于秦汉之际的《大学》明确地阐明了“大学之道，在明明德，在新民，在止于至善”。强调大学教育的首要目的就在于发扬人固有的善性，发挥道德教育的辐射作用，实现君贤臣忠，父慈子孝，兄友弟恭，夫倡妇随，朋友有信，实现道德理想，突出了道德教育的至尊地

---

① 论语·为政篇第二.

② 论语·颜渊篇第十二.

③ 论语·为政篇第二.

④ 孟子·离娄章句上.

位。《大学》着重于个人道德与社会道德的完善。它所阐发的思想成为汉及汉以后中国古代官学、私学和书院等共同遵奉的指导思想。

西汉的董仲舒继承了这一思想，甚至把道德教育提升到“天意”的高度。董仲舒用神学化的儒学阐发“天意在任德教而不用刑罚”的观点，十分重视道德教育，他把道德教育作为防奸止邪的堤坝，提醒统治者要以“教化为大务，立太学以教于国，设庠序以化于邑，渐民以仁，摩民以谊（义），节民以礼”，使“刑罚甚轻而禁不犯者，教化行而习俗美也”①。他把道德教育与治国安邦联系在一起，认为加强道德教育可以减少犯罪，提升社会文明水平。

“学者仰之，如泰山北斗”的唐代思想家、教育家韩愈志在实现的古道，也是强调恢复儒家的道统，恢复儒学的独尊地位。他强调诵习古圣先贤之书，首先在于遵守先王之法，明乎人伦，本乎人生，这是教育的根本任务。他甚至把儒家的道德理念伸展到君、臣、民三者的等级社会的政治关系中，从而借此巩固封建秩序。他在《原道》中说：“君者出令者也，臣者行君之令而致之民者也，民者出粟米丝麻、作器皿、通货财以事其上者也。”否则，“君不发令，则失其所以为君；臣不行君之令而致其民，民不出粟米丝麻、作器皿、通货财以事其上，则诛”②。充分体现了政教合一，儒家伦理政治化、政治伦理化的特点。

朱熹继承了孔子以来德育为首的道德教育思想，提出：“立学校以教其民，……必始于洒扫、应对进退之间，礼乐射御书数之际，使之敬恭，朝夕修其孝悌忠信而无违也。然后从而教之格物致知以尽其道，使知所以自身及家，自家及国而达之天下者，盖无二理。”强调学校教育必须把道德教育放在首位，“以是为先”。朱熹又说：“圣人千言万语，只是教人明天理，灭人欲。”“学者须是革尽人欲，复尽天理，方始是学。”③ 把教育的任务概括为道德的任务，“存天理”成为教育的全部目的，成了教育的唯一功能。在“存天理”这一教育理念影响下，理学家虽然也非常重

① 汉书·董仲舒传.

② 韩昌黎全集·原道.

③ 大学或问，卷一.

视知识的教学，但知识的教学却是服务于道德的目的，是为实现“天理”搭桥铺路的。

王守仁则从主观唯心主义心学出发，阐发孟子以来的“致良知”、“明人伦”的教育主张。王守仁认为道德教育的根本目的就是“致良知”、“明人伦”。“良知”就是“天理”，是人所固有的善性；“人伦”就是人际关系。“致良知”和“明人伦”的实质即是在倡扬“三纲五常”之道。道德教育就是全部的教育。王守仁说：“古圣贤之学，明伦而已。……人伦明于上，小民亲于下，家齐国治而天下平矣。是故明伦之外无学矣。外此而学者，谓之异端，非此而论者，谓之邪说。”

●关于道德教育内容的理念

儒家学者在确立了道德教育的理想目标，明确了圣人君子的责任、义务的同时，为使儒家的道德理想变为美好的现实，建构了一个博大精深的道德教育内容体系，用以规范人们的行为。孔子所强调的道德内容的核心是“仁”与“礼”。“仁”是最高尚的道德品质，包含着极为丰富的内容，诸如忠、孝、诚、信、智、勇、温、良、恭、俭、让、廉、和、宽、敏、惠、中庸、忠恕等。在这些优秀的道德品质中，“忠”是由“孝”引申出来的，指的是处理君臣上下关系时应该遵守的道德信条，强调的是尽职尽责，竭诚奉公，“不辱君命”，爱国爱民，强调的是社会的责任与义务。“孝悌”是处理家庭内部父子、兄弟之间关系的行为准则。孔子强调“孝悌也者，其为仁之本欤”，他要求“弟子入则孝，出则悌，谨而信，泛爱众，而亲仁”，即在家要孝敬父母，在外要尊重兄长，做事严谨认真，诚实守信，博爱大众。孔子强调孝悌是人伦之本，即孝悌是人伦道德的根本，是人们必须普遍遵守的最基本的道德原则。他强调“君子务本”，即注重最基本的道德品质的塑造与养成。而且孔子经常把“孝”与“忠”进行有意的链接。他说，“事父母能竭其力；事君能致其身”。在孔子看来，在家能做孝子，在朝才能做忠臣；在家能养成孝敬父母的良好品质，在朝廷才能具有忠君的高尚品格。孔子在强调忠与孝的过程中，亦阐释了“贤”与“慈”的道德精神，他提出：“君君、臣臣、父父、子子。”即做国君的应该像国君的样子，尽君道，做贤君；做臣子的应该像臣子的样子，尽臣道，做忠臣；做父亲的应该像父亲的样子，尽父道，做慈父；做儿子的应该像儿子的样子，尽子道，做孝子。在这里，孔子要求贤君与忠臣、慈父与孝子在道德上是互守的，君臣父子之间各有自己应该恪守的道德信条。孔子并不单纯强调某一方对另一方的片面的道德义务，这就使“贤”与“慈”成为约束君父的重要道德信条。这种道德精神是积极的，进步的，具有原始民主的特点，也成为儒家后学津津乐道的道德内容。孔子认为从个人对待父母的态度，可以推断他对他人、对国家、对社会的态度，只有对父母尽孝，才能对国家尽忠，“求忠臣于孝子之门”的取士原则是这一观点的合乎逻辑的发展。孔子把君臣关系喻为父子关系，把“君”与“父”并提，建立了由个人至家庭，至社会这样一个由亲到疏，由近及远的人际关系网络，这种人际关系网络在小农经济为主体的封建社会极大地增强了皇权的凝聚力。儒家以忠孝为核心的伦理道德体系的最大特点是：一、儒家伦理注重家庭，注重家庭成员之间的友爱相亲。二、儒家伦理始于家庭，但又不囿于家庭，而是由家到国，家国相联，这就形成了中国人（也包括日本人和韩国人）的“家国”观念，以家为国，以国为家，注重国家意识和家族观念。“诚”与“信”是指与他人交往时应该具有的坦诚态度和诚实守信，不自欺、不欺人的品格，往往指的是朋友相交之道。《中庸》中对诚有明确的解说：“诚者，天下之道也。”把诚说成是“天道”。其他如“智”，指的是“自知知人”，不惑于个人的私利、小利；“勇”指的是勇挑重任，临危授命的气概；“温良恭俭让”指的是为人处事应有的不卑不亢、节俭自律、清正廉洁、谦和恭谨的儒雅态度；“宽”强调的是对人对事以开放胸襟宽容谅解；“敏”指的是聪颖勤奋；“惠”指的是博爱恩惠。这些都是儒家道德的基本条目，是规范人们行为的重要准则，也是儒家进行道德教育的重要内容。至于“中庸”，则被孔子称为“至德”，即最高尚的道德品质，强调的是人们的立身行事应该把握住恰切的分寸和准绳，不要“过”，也不能“不及”。他说，“过犹不及”。孔子所强调的“中庸”是人们努力的方向。不过在孔子的整个德育体系中，其道德教育的核心是“仁”。孔子说：“志士仁人，无求生以害人，有杀身以成仁。”孔子所强调的“仁”，具有“仁者爱人”的品质。孔子要求统治者能够“博施于民而能济众”，“其养民也惠，其使民也义”，“节用而爱民，使民以时”，“因民之所利而利之”。孔子要求人们应该仁民爱物，具有博爱天下之心，主张人们要珍惜人的生命价值，尊重人的生存权力，反对和限制一切残民、虐民、扰民的非人道的行为。孔子的“仁爱”哲学被孟子所继承，孟子明确提出“仁民爱物”的观点。并把这种观点发展为“仁政”的政治学说，具有鲜明的政治民主色彩。孟子强调“恻隐之心，仁也”，“亲亲，仁也”。孟子的仁爱思想与他的“性善说”紧密地联系在一起，更具有道德自觉的特点，更充分地体现着对人性的尊重和对人的价值的张扬。韩愈明确地把“博爱”概括为仁，他说，“博爱之谓仁”。宋代的理学创始人程伊川继承了孟子的“仁民爱物”思想，告诫“学者须先识仁，仁者浑然与物同体，义、礼、智、信皆仁也”。[①] 儒家要培养的“仁民爱物”思想，既包括对人的仁爱，也包括对自然的尊重与呵护。

在道德教育中，儒家强调礼教。孔子提倡“克己复礼”。孔子所强调的“礼”主要是指遵守社会的政治制度和伦理道德规范。中国是礼仪之邦，中国历史文化典籍中所说的礼起源很早，到奴隶制鼎盛时期的西周，已经发展成完备的礼制。西周的礼制包括政治等级制度、伦理道德规范和人际交往的一切礼仪规程等。周礼可以协调人伦社会关系的各个层面，用它可以定亲疏，别贵贱，决嫌疑，明是非，使人改过迁善。“礼”是维护等级社会统治秩序的重要工具，所以孔子说：“安上治民，莫善于礼。”为了培养学生具有遵礼、守礼以及“安仁”、“执礼”的品德与能力，孔子十分重视礼教，要求学生“非礼勿视，非礼勿听，非礼勿言，非礼勿动”，做到“克己复礼”。他说：“克己复礼为仁。”但是孔子所强调的“礼”，已是被改造的周礼，他把周礼注入了“仁”的内涵，使礼更富有人文色彩，更能体现丰富的人文关怀。他说：“礼而不仁如礼何?”他强调道德的他律“礼”与人的自律“仁”的有机结合。荀子继承并进一步发展了孔子的礼教思想，并将礼注入了法的内容，完成了自孔子以来纳法入儒的过程。荀子甚至比孔子更重视礼教。他强调“故学至乎礼而止矣，夫是之谓道德之极”、“治辨之极”、“强国之本”、“成行之道”和

---

① 程颢，程颐．二程集．北京：中华书局，1981：16－17．

"功名之总"。他把礼提升到政治、法律的地位来极力提倡。他说："故学也者，礼法也。"成书于汉初的《礼经》更强调"礼"的制度规范作用。《礼记》的作者认为，春秋战国以来天下大乱是由于社会失范造成的，为了维持封建社会秩序，保持社会和谐稳定的发展，必须建立严格的纲纪，"以著其义，以考其信。若有过，刑仁讲让，示民有常"。《礼记》特别强调"辨君臣、上下、长幼之位"，"定亲疏"，"供鬼神"，"别同异"，"别男女"。认为只有"纲纪既正"，"天下"才能"大定"。《礼记》把"礼"作为规定社会规范，建立社会制度的基本依据，作为区分上下、尊卑、贵贱的基本原则。它说："礼义以为纪，以正其君臣，以笃父子，以睦兄弟，以和夫妇。""礼"是封建道德确定的根本原则和主要依据。《礼记》强调："道德仁义，非礼不成；教训正俗，非礼不备；分事辨治，非礼不决；君臣、上下、父子、兄弟，非礼不定；宦学事师，非礼不亲；班朝治军，莅官行法，非礼威严不行；祷祠祭礼，供给鬼神，非礼不诚，不庄。"[①] 这样，《礼记》便把政治道德化，道德政治化，把法律道德化，也把道德法律化了，使道德具有了政治与法律的强制力，使儒家所强调的道德教育观念也成为治政、治军和治国的政治理念，极大地强化了礼的制约、管理功能。这对中国历史的影响是巨大而深远的，尤其是自汉武帝始，儒家思想居于独尊地位，儒家经典成为实施社会教化和上自太学、下至私塾的所有教育机构研习的主要内容之后，"礼"的教育几乎成为封建社会教育的全部，它作为一种规范的体系，要求人们必须按照"父慈、子孝、兄良、弟悌、夫义、妇听、长惠、幼顺、君仁、臣忠"来立身行事。董仲舒在汉代官定教科书《白虎通》中进一步把"礼"的内容丰富和细化为"三纲六纪"。三纲即为"君为臣纲，父为子纲，夫为妻纲"；六纪就是诸父、兄弟、族人、诸舅、师长、朋友。而且董仲舒从阴阳五行学说出发改造儒学，经董仲舒改造后的神学化的儒学把人们必须遵守的三纲六纪，或三纲五常称为不变的天道。他说："天不变，道亦不变。"使封建道德具有永恒性，具有神的威慑力，成为人们必须遵守的、具有宗教色彩的戒律或信条。董仲舒所强调的"王道三纲"发展到后世，即宋代，便成为"纲常名教"的伦理学基础。朱熹说："三纲五常，礼之本也；""君臣父子，定位不易，事之常也。君令臣行，父传子继，道之

① 礼记·曲礼.

经也”。理学家把封建礼法永恒化为“天理”。在理学家的政治思想和观念中，“天理”就是“礼”的新解，是“礼”的代名词。宋明理学家无论是讲心言性，还是说命论理，都是在论证“礼”的神圣，于是“克己复礼”、“存天理，灭人欲”、“居敬穷理”就成了支撑、决定理学家精神世界和教育实践的支柱。随着理学统治地位的确立，明清之际的教育便成了以“礼”为核心的礼教。再随着理学对中国周边国家与地区的影响和渗透，礼教成为支配日本、朝鲜等亚洲伦理文化区教育的主导思想，成为其道德教育必须遵循的核心理念。所以就像马克斯·韦伯所说的那样：“儒教”的规范体系对深受新儒学——理学影响的国家与地区是巨大而深远的，形成这些国家道德教育在思想精神与内容体系的大体相同。不过，日本在引入中国的“礼教”的过程中，更多的是把礼作为一种文化教养和礼仪制度来传授的，它限制了礼的适用范围，淡化了礼的强制力。日本在强调“存天理”的时候，并不强烈地反对、遏制“人欲”。

●关于道德教育的方法论原则

儒家的道德教育理念体现在道德教育的实践环节上，即训练原则与方法上形成了不同的特色。

强调立志，形成坚定的信仰体系。

从孔子开始，儒家就十分注重鼓励学生立志、言志，形成坚定的信仰体系。孔子说自己“十有五而志于学”。他强调：“三军可夺帅也，匹夫不可夺其志。”他经常鼓励学生要“志于道”、“志于仁”、“志于学”。孟子继承了孔子的思想，极力强调立志的重要，提出“士尚志”。他所要培养的“大丈夫”就是有高尚志节的人。荀子同样鼓励学生要重德操，讲志节，心利天下，使“成人”、“君子”做到“权利不能倾也，群众不能移也，天下不能荡也。生乎由是，死乎由是”。

强调立志是儒家道德修养的重要特点。东汉的王充就鼓励人们学成鸿师硕儒，立下既“知大圣之意”，又“晓细民之情”的“大臣之志”。唐代的韩愈以“卫道为己任”，告诫学生必须“学所以为道”，达到“业精”，“行成”。范文澜在评价宋学的兴起时这样说：“宋学的兴起，是由于安史之乱及五代的大乱，伦常败坏。宋学的目的是整顿伦理道德。”以整顿伦理道德为目的的理学家，尤其是南宋的朱熹尤为强调立志，他认为立志关系着个人成长发展的目标和方向，对人的发展至关重要。他说：

“书不记，熟读可记。义不精，细思可精。唯有志不立，直是无著力处。而今人贪利禄而不贪道义，要做贵人而不做好人，皆是志不立之病。”因此，修身和治学都必须有明确的方向，只有如此，才能志坚意猛，“一味向前”。否则方向不明，只是“听人言语，看人文字，终是无得于己”。王守仁也强调治学、修身、成业都必须以立志为本。他说：“志不立，天下无可成之事，虽百工技艺，未有不本于志者”。道德教育尤然。同时，王守仁还强调“立志贵专一”，他说：“立志为圣人，就要全神贯注，勇往直前”，“如猫捕鼠，如鸡孵卵，精神心思，凝聚融结，而不复知有其他”。王守仁所强调的志，就是“存天理”，他要求“立志者长立此意念而已”。明末清初的启蒙思想家颜元教育学生要立志担荷圣道，转移风气，成就“真才真器”，“为天地造实绩”，做创造新世界的“转世人”。王夫之则明确地教导学生，读书学习必须心怀“当世之急务”，把“有为于当世”作为大丈夫的“平生之志”。顾炎武也明确提出“明道救世”的人生理想。可以说，中国传统儒学在道德修养论上，确实始终强调立志，即强调理想、信念的重要，强调精神、气节、人格的修养，这是它的主要特色。

强调推己及人、克己内省。

儒家所主张的道德教育不是个人的独善其身，而是希望学生明确个人在家庭、社会、国家及自然界中的责任与义务，借以促进人伦关系和天人关系的和谐与稳定。尤其是在协调人际关系上，以孔子为代表的儒家学者所强调的“仁”学，本身就是关于如何协调人际关系的学问。为了实现仁德，孔子要求弟子在道德修养的过程中要将心比心，设身处地，做到推己及人，忠恕爱人。他说：“夫仁者，己欲立而立人，己欲达而达人，能近取譬，可谓仁之方也已。”同时，孔子等儒家学者在指导学生进德修业的过程中，十分强调克己内省。

所谓克己内省就是要求学生在自我修养上下工夫，自省自克，提高道德主体的自觉性。孔子告诫学生要“见贤思齐焉，见不贤而内自省也”。在克己内省的过程中要注意主动防范，“吾日三省吾身”，把错误思想与错误行为消灭在未生或萌芽状态之中。再就是当个人与他人发生矛盾时，要反求诸己，从自己身上找原因，做到“自省自克”，“躬自厚而薄责于人”。董仲舒、韩愈、朱熹都一再重复这些德育原则。董仲舒强调“仁者，人也；义者，我也”，“以仁安人，以义正我”，即在处理人际关系的时候，应该用仁爱的精神对待他人，“求诸人谓之薄”；用高尚的道德标准要求自己，“求诸己谓之厚”。韩愈认为，“业患不能精，无患有司之不明；行患不能成，无患有司之不公”，要求学生严于律己，宽以待人，自省自克，做到“业精”、“行成”。朱熹继承了孔子以来“克己内省”的传统，要求学生“无时不省察”。朱熹要求人们时时省察自身，处处谨慎小心。他十分赞赏曾参“吾日三省吾身”的修养方法，认为那是“得为学之本”。朱熹尤其强调在两种情况下的自我省察：一是“省察于将发之际者，谓谨之于念虑之始萌也”；二是“省察已发之后者，谓审之于言动已见之后也”。朱熹强调“克己”，其“克己”的过程就是“存天理，灭人欲”的过程，他要求“克己”必须坚决彻底。王阳明亦强调“省察克治”的“克己工夫”。他说：“省察克治之功则无时而可间。如去盗贼，须有个扫除廓清之意。无事时将好色、好货、好名等私，逐一追究，搜寻出来，定要拔去病根，永不复起，方始为快。”强调道德修养过程中的自我反省、自我检查，反映了儒家学者对道德修养的主体的道德自觉性、主动性的认识，是很有见地的。

强调知行结合，注重道德实践。

在道德教育过程中，儒家学者强调把道德认识、道德理想付诸道德实践。强调知与行的结合，这是儒家道德教育理念在方法论上表现的又一突出特色。比如自孔子始，即强调言行一致，表里如一。孔子提出“君子学以致其道”和“行以达其道”，要求学生无论是治学还是修身都必须身体力行，注重实践。他要求学生“言必信，行必果”，“慎于言而敏于行”，要求实施教化的统治者必须严于律己，以身作则。荀子继承了这一思想，亦强调道德教育中的言行一致，表里如一。他说：“本仁义，当是非，齐言行，不失毫厘，无它道焉，已乎行之矣。故闻之而不见，虽博必谬；见之而不知，虽识必妄；知之而不行，虽敦必困。”荀子充分肯定“行”的重要性，提出高尚的道德情操必建立在道德实践的基础上。

荀子强调“知之不若行之”，“学至于行之而止矣”。他把行作为修身治学的最高阶段，主张“君子之学也，入乎耳，箸乎心，布乎四体，行乎动静”。董仲舒继承了这一思想，提倡“强勉行道”，鼓励人们在道德实践上下工夫。颜之推亦强调“修身利行”。理学家朱熹尤其强调“力行”。他说：“夫学问岂以他求，不过欲明此理，而力行之耳。”“故圣贤教人，必以穷理为先，而力行以终之”。在“知”与“行”的关系上，朱熹既反对知而不行，认为知而不行与“不学无异”，也反对不知而行，盲目实践。他说，“行而未明于理，则其践履者又未知其果为何事”，“穷理不深，则安知所行之可否哉”，强调在深刻道德认识的指导下有目的地进行道德实践，提出了“知先行后”说。同时，朱熹又强调“行”有检验“知”的作用。他说：“欲知之真不真，意之诚不诚，只看做不做，如何真个如此彻底，便是知至意诚。”由此不难看出，朱熹视“知”，即道德认识为“行”，即道德实践的前提，“行”则是检验道德认识正确与否的实践标准。朱熹强调知行结合，反对知行脱节，注重把道德认识转化为道德行为的观点是符合道德教育规律的。朱熹的“知先行后”说引领着中国人对道德知识的体认和对道德义理的践履，其意义是道德上的，而日本的朱子学则据此分化为对经验科学的关注，突破了道德的界限。在道德教育过程中，王守仁则提出了“知行合一”说，作为其道德教育的理论基础和道德实践的出发点。在知与行的关系上，王守仁认为知与行不可分割，是一个工夫。“知中有行，行中有知”。他说：“知行原是两个字说一个工夫。”“知是行之始，行是知之成。若会得时，只说一个知，已自有行在，只说一个行，已自有知在。”意思是说，道德认识是道德行为或道德实践的出发点，道德行为或道德认识是道德实践的最终结果和归宿。“知”与“行”是相互制约的一个过程的两个方面，知行并进。他说：“知是行的主意，行是知的功夫。”“知之真切笃实处，即是行；行之明觉精察处，即是知。”从哲学的角度看，王守仁的“知行合一”说是混淆了道德认识与道德实践之间的区别与联系，是有严重缺陷的。但是，他却从“知行合一”的理论观点出发，对朱熹的“知先行后”说进行了批判与纠正，对宋明以来“文盛时衰”和“知行脱节”、言行不一的社会痼疾进行了有力的针砭。从“知行合一”的哲学观点出发，王守仁对道德实践给予了充分的重视。他强调良好的道德品质不能只靠“澄心”静养，而必须在“事上磨练”获得。王守仁强调道德实践的务实精神对丰富儒家注重知行结合的道德教育理念是有重要意义的，而且其重视道德实践的思想对中国明末清初启蒙思想家和日本江户时代的启蒙思想家强调实学实用，注重经世致用，强调“习行”、“主动”，注重经验科学的思想皆产生了重要的启发作用。但是我们必须看到，王守仁的思想中虽然潜在地包含着“行而后知”的思想，他强调躬行实践，在事上磨练，但磨练的根本不在于社会智慧，而在于磨练人们的“心”，即成就人们的道德感。

2. 日本传统的儒家道德教育理念

中国与日本同为亚洲国家，是一衣带水的邻邦。日本的古代文明深受中国传统文化的影响，中日传统道德教育理念中包含许多同质因素，又有许多不同的特点，形成了很大可比性。就同质因素而言，中国与日本同受儒家文化、佛教文化、道教文化等的影响，有共同的文化基因，在某种意义上，形成了颇为相似的民族心理与民族道德。但是，由于中国和日本分属于两个不同的国度，各自处于不同的自然环境与人文环境之中，人们在吸收儒家文化、佛教文化、道教文化的过程中，经历了不同的发展历程，有本国特殊的国情，各自进行了不同侧面、不同方式的文化选择，因此，又形成了不同的文化特点，形成了鲜明的个性。这些个性化了的思想与精神又不断地积淀为新的文化要素，成为新的“遗传基因”，在新的文化胚胎中表现出来并持续发挥作用，最后发展为不同的文化植株。应该说，日本这一“文化新植株”的形成，首先是中国的传统儒学东传扶桑后发生了“遗传变异”，经过了消化吸收后形成了日本儒学的特质。确切地说，是日本传统道德理念的特质。因为日本儒学的核心依然是伦理道德，儒学在日本古代社会发挥的是文化提升，尤其是道德提升的功能。

大约在公元6世纪前后，儒学经朝鲜半岛传入日本之后，儒家思想就成为滋养日本文明的重要精神养料，对日本的文明进程与发展方向产生了决定性的影响。儒家的道德教育理念被日本继承与吸收，成为日本古代道德教育思想的直接源泉。

（1）“早期儒学”的传入及其道德理念所发生的影响

儒家思想在日本的传播，大致可以分为三个重要的时期，一是从公元6世纪儒学传入，经奈良，到12世纪的平安末期，此时儒家思想由社会上层逐渐向各个阶层渗透；二是从镰仓幕府开始到江户时期，以朱子学和阳明学为代表，尤其是朱子学占据统治地位，成为官方的统治思想，此时的儒家思想传播达到极盛阶段；三是从明治维新到日本帝国主义战败投降，儒家思想被极度地篡改与恶用，成为军国主义、国家主义的宣传工具。

“早期儒学”是日本学者的称谓，主要指从公元6世纪初至12世纪末从中国传入日本的汉唐儒学。汉唐儒学传入日本之后，改变了日本原始道德意识含混、浅陋的弊端，丰富了日本人的道德精神。在汉唐儒学传入日本之前，日本没有明确的道德思想，也没有独立的文字用以表述日本的尚处于朦胧阶段的道德意识。据王家骅先生在《儒家思想与日本文化》中的观点，“在中国形成儒学时，日本仍处于野蛮社会早期的母系氏族公社阶段”。成书于公元720年的日本第一部正史《日本书纪》和成书于712年的日本历史上的第一部历史和文学著作《古事记》等典籍皆记载了儒家经典最早传入日本的史实。最早传入日本的儒家经典约为孔子的《论语》和魏晋南北朝时期周兴嗣所作的蒙学课本《千字文》。《论语》、《千字文》等儒家典籍传入日本之前，日本人把感官上的愉悦与否作为评价善恶的道德准则，他们把能够引起人们快乐、愉悦的东西称之为善，并没有明确的善恶观念，谈不上道德反思，没有形成自觉的道德意识，更谈不上进行明确的道德教育和有明确的道德教育理念了。据有关史书记载，在公元前1世纪前，当中国早已建立了强大、统一的封建中央集权制的汉大帝国，确立了儒家思想为统治思想的时候，日本尚处于原始社会阶段，当时的道德教育是在祭祀活动中通过对神的崇拜来体现的，人们把善恶等同于吉凶。随着农耕文明的出现，原始的善恶观染上了道德的色彩，并在祭祀活动中表现出来，这种原始道德即是“清明心”。所谓“清明心”也叫“赤心”或“善心”，它与“黑心”、“浊心”、“邪心”相对，强调的是祈祷神灵时平和无私的心理状态。“清明心”道德包括“绝对服从神或者作为天照大神化身的天皇的权威；尊重人间的慈爱；尊重社会的正义”。它要求人们的心灵与神相通，忘却“自我”，放弃包括生之利害在内的“我之利害”，“似清澈流水，如明亮太阳”①；作为日本人原始道德的“清明心”虽然具有了初步的道德意识，但是却处于原发的水平，没有形成明确的道德理念，更没有达到善恶反思的地步。日本人古朴、朦胧的道德意识向道德反思阶段的转变，得益于来自中国的儒家思想和佛教思想的传入。正像学者们所说的那样：“日本伦理思想是在中国伦理思想的刺激下、结合本民族原始信仰和习俗发展起来的。”② 从儒家思想对日本传统道德教育理念的影响来看，虽然在公元6世纪，儒学就已传入了日本，但由于当时日本自身“消化”这种外来文化的能力较低，中日之间的文化落差太大，因此，儒家所宣传的道德教育理念与整体的儒家思想一样，只在极小的范围内被传播，被知晓。直到7世纪前，儒家经典对日本社会生活的影响还仅仅局限在上层社会对儒家经典的信仰与崇拜上，儒家的教义伦理还没有渗透到日本社会的道德生活之中。到了7世纪初，圣德太子接受大陆文化的影响，在公元603—604年间，推行了所谓的“推古朝改革”，在改革中制定了《冠位十二阶》和《十七条宪法》。《冠位十二阶》的十二个冠位，就是用儒家所提倡的“德、仁、礼、信、义、智”为名称（每个德目分大小两阶，如大智、小智等），反映了圣德太子以儒家思想作为统治国家政治理念的意向与决心。《十七条宪法》是圣德太子对政府官吏的道德训诫，也是圣德太子进行推古改革的指导思想，它集中反映了当时社会所提倡的核心价值理念。《十七条宪法》规定了贵族、官僚在社会活动中应该恪守的十七条政治道德。十七条以儒家的“和”为中心，吸收了佛教的“慈悲”，儒家的“仁”、“义”、“礼”、“忠”等道德教育理念以作为治国的政治理

① 吴潜涛．日本伦理思想与日本现代化．北京：中国人民大学出版社，1994：4.

② 李萍．东方伦理思想简史．北京：中国人民大学出版社，1998：184.

念。比如，其中的第十二条说："国非二君，民无二主，率土兆民，以王为主。"这一政治理念是取典于《诗经》的"浦天之下，莫非王土，率土之滨，莫非王臣"和《孟子》的"天无双日，民无二主"，借以表明圣德太子试图依据儒家"王土王民"的思想实现天皇的土地所有权和建立以天皇为中心的中央集权政治制度的政治理想。第三条、第六条明确规定了处理"君、臣、民"之间关系必须遵循的道德准则："君言臣承"、"忠于君"、"仁于民"。圣德太子提出治国必须遵循"以礼为本"、"礼之用以和为贵"、"上和下睦"、"背私向公"、"君言臣承"、"使民以时"等"德政礼教"的政治思想。虽然圣德太子的改革因种种原因而未取得预期效果，但他所提出的思想，他所提倡的道德教育理念，却对日本社会产生了极为深刻而久远的影响。不仅《十七条宪法》颁布40年后的大化革新深受儒家思想影响，把儒家提出的具有鲜明道德伦理色彩的政治理念作为整个社会必须遵循的核心价值体系，而且此后所进行的历次政治改革都在以各种不同的方式发展、强化着儒家的道德精神，并将其日本化。比如，大化革新后，新政权建立伊始，孝德天皇便召集群臣向天神地祇盟誓："皇天假手于我，诛殄暴逆，今共沥心血，而自今以后，君无二政，臣无二朝。"① 从今而后，日本天皇发布的诏书，政府公布的法律条文，乃至于各种文学作品都把天皇描写成受命于"天"的"天子"。这种状况的形成，一方面表现儒家思想已经被日本统治者作为统治思想、治国理念加以改造与吸收，另一方面表现为这种政治理念作为全社会普遍信仰的道德理念的传播程度。众所周知，儒家的天命观是与"德"紧相联属的，儒家认为"天命"的得失取决于最高统治者是否有"德"，是否"得民心"，《尚书·尧典》说"天命有德"；孟子说"得民心者得天下，失民心者失天下"，因此，统治者必须修身养德，加强自身的道德修养，以正己率正人。在建立了大化革新政权的第二年，孝德天皇就训喻中央与地方的群臣："凡将治者，若君如臣，先当正己，而后正他。如不自正，何能正人。"孝德天皇显然是继承了孔子的"仁政"、"德治"思想。

① 日本书纪·孝德天皇即位前纪.

此后元明女帝（707—715年在位）执政期间，也明确提出“为政之道，以礼为先”的政治主张，她还根据孟子“明君制民之产”的思想诏令各地方官要“抚导百姓，功课农桑”。同时，日本统治者还利用汉儒所宣传的灾异谶纬之说进一步强化了儒家的天命观，并以此说明天皇统治的神圣不可侵犯。对此，王家骅先生这样评价儒家文化对日本在政治上废除氏族世袭制，而建立以天皇为首的中央集权官僚制度的过程中，在“经济、政治变革即经济、政治权力的再分配，需要新的思想理论依据，需要新的秩序原理和信仰、价值中心”的时候，儒家思想所起的作用“要像隋唐那样，实行天皇通过官僚直接统治与剥削人民的中央集权封建制度，要建立新社会秩序，传统的血缘性原理已不敷需用了。在新体制下，土地和人民成了天皇统治、剥削的直接对象。如何说明‘君’与‘国土’、‘人民’的关系，如何确立‘君’（天皇）、‘臣’（官僚）、‘民’（农民）之间相互关系的政治原理，如何从这些关系中说明天皇统治的正当性，总之，如何确立新社会秩序原理和信仰体系，即成为当时迫切需要解决的最重要的理论课题。但是，除了表现于祭祀与神话中的血缘性原理和习惯性行为法则之外，当时的日本人还没有其他的政治理论和道德规定。而且在短时期内，仍然视‘神事’重于‘人事’的日本人也不可能创建自己的政治理论。于是已经传入日本的中国儒学的‘天命’观以及‘王土王民’、‘德治’、‘仁政’思想恰好符合了当时社会变革的理论需要”。

另外，8世纪以后，日本统治者开始把儒家道德理念向日本社会各个阶层渗透。比如从前所说的孝道，被明确地写进701年制定的《大宝律令》和718年制定的《养老律令》中。上述法律都有奖掖官吏与平民奉行孝道的条文，譬如《赋役令》规定：“凡孝子、顺孙、义夫、节妇志行闻于国郡者，申太政官奏闻，表其门闾，同籍悉免课役。”《赋役令》对孝子、顺孙、义夫、节妇的表彰、奖励不仅在于家庭和地方，这种同户籍者受奖并享有免除课役的待遇作为一种惩戒与约束，还有惩罚“不孝”的规定。为了使“孝道”能够切实成为指导日本人家庭生活的道德准则，日本统治者在其执政的具体实践中也曾践履上述规定。比如公元

714 年 11 月，元明天皇曾表彰了三位奉行孝道的平民，免除了他们的课役。孝谦天皇在位期间极力提倡孝道，在公元 757 年 4 月，孝谦天皇下诏曰“治国安民必以孝理，百行之本莫先于兹。宣令天下家藏孝经一本……”①，此外，“忠”、“信”道德理念也逐渐成为日本人普遍遵奉的持生准则。这样，中国儒家所提倡的道德精神开始渗透到日本社会的各个阶层，成为指导日本人精神生活的主导思想，为日后儒家道德理念的本土化奠定了一定基础②。不过，在对社会进行道德教育的过程中，日本统治者虽然继承了中国儒学的“德政”、“仁学”思想，但却作了明显的取舍。比如：他们抛却了“德政”、“仁学”中的原始民主主义思想，抛却了天行有常，顺天承义，得民心者得天下，失民心者失天下的替天行道的民本思想，而是把儒家的德政、仁学改造成下对上的绝对的“忠”和“义”，即绝对服从的“和合”理念，形成了非理性的绝对服从。

与中国儒学谋求积极的入世精神一样，日本的早期儒学也积极参与社会生活，成为日本律令制国家制定政治原则和法律原则的基础。正像学者们所说的那样，“律令国家的法律、政治原则都是建立在道德劝戒上”。这也形成了日本文化具有伦理文化的特点。

儒家道德理念的传播依赖于日本统治者建立的儒学传播体系和其他实施教化的途径。仅从此间日本的儒学教育体系中的课程设置来看，儒学已经成为日本官学教育的主要内容，儒家的道德理念是贵族、官僚必须接受的最基本的持生信条。

自 7 世纪大化革新到 12 世纪的平安末年，日本一直存在着较完整的学校教育体系，在中央有设在京城的大学寮。大学寮是日本古代的中央官学，是日本古代官学的样板学校，类似于中国古代的太学和国子学。与唐代的国子监有相类似的教育与管理职能。日本大学寮中所用的教科书基本以《周易》、《尚书》、《周礼》、《仪礼》、《礼记》和《毛诗》、《春秋左氏传》、《孝经》、《论语》等儒家经典为主。地方有国学（当时日本

① 续日本纪·孝谦天皇，天平宝字元年条.

② 以上内容参见梁忠义主编. 日本教育. 长春：吉林教育出版社，2000：30—52.

的地方最高行政单位称“国”)，此外还有大学寮别曹和私学。这些学校既是培养官僚的教育机构，又是日本早期儒学的传播体系。他们的教学内容也主要是儒家经典。

在奈良、平安时代的几百年间，数以万计的日本青年在上述各类学校中诵读《论语》、《孝经》以及其他儒学经典。7—12世纪的日本学校教育体系实际上就是早期日本儒学的传播体系。通过这样的教育体系把儒家所倡导的政治思想、经济思想、哲学思想和道德理念传播开来，奠定了日本文明的基础，规定了日本社会的性质与发展方向，提升了日本的道德教育水平。

实际上，儒家的道德理念的传播还不限于上述途径。日本统治者，日本的文学家、史学家还通过发布律令、诏敕，写作史书、文学作品等宣传儒家的伦理思想。前面所叙述的《十七条宪法》是典型的具有法律效力的政府道德训诫，成书于8世纪的日本现存的最早的汉诗集《怀风藻》，不仅表现了孔孟注重“立志”、“言志”的思想，王道的理念，而且继承了儒家注重教化的可贵思想，主张通过文学达到“调风化俗”，“润德光身”的道德教化功能。中国传统的文学突出强调其教化功能，比如：《周易》就强调“观乎天文，以察时变；观乎人文，以化成天下”。《诗经》进一步强调“诗，可以兴，可以观，可以群，可以怨”。即通过文学唤起人们的比喻、联想的能力，唤起人们的道德情感和道德意识，形成一种道德自觉；通过文学，培养人们的观察力，观察社会风俗、人情世态；通过文学，培养人们的合群性，改变人轻薄嫉妒的恶习，实现人际关系的和谐；通过文学，培养人们讥谏的民主权力，实现君臣关系的融洽、和谐，倡扬一种君贤臣忠的道德理念，从而维系社会政治的稳定。成书于公元前2世纪的《诗大序》更强调文学的“正得失，动天地，感鬼神”的作用。《诗大序》强调：“先王以是经夫妇，成孝敬，厚人伦，美教化，移风俗。”中国传统文学的这一“文以载道”，“劝善惩恶”的思想特点，在日本的文学作品中得到了不折不扣的继承与弘扬。在嵯峨天皇即位的平安时代初期（9世纪）问世的三大汉诗集——《凌云集》、《文华秀丽集》、《经国集》在日本文学史上占据统治地位，其指导思想是儒家的伦理精神："经国治家以文为善，立身扬名以学为尚。"三部敕诏的汉诗集都标明经邦治国的思想，比如《凌云集》和《经国集》的编纂者都引用魏文帝的"文章者经国之大业，不朽之盛世"的诗句，阐明文学的使命，其受儒家道德教育理念影响的痕迹和倡扬儒教道德理念的意图十分明显。其后，佛教徒空海在他的《三教指归》中，在宣传道教的长生思想、佛教的无常思想的同时，宣传了儒教的忠孝思想，他在《文镜秘府论》中再次宣明了"文章便是建立国家社会秩序的第一义"。9世纪末，儒学世家出身的菅原道真在《菅家文草》、《菅家后集》中所表现的主题也是儒教和佛教的教化功能，他强调诗赋应该"欲陈人主思政之道"，"欲叙人臣履贞之情"，"国可以为花胥之国，民可以为尧舜之民者也"，而且最早提出"和魂汉才"的思想，预示日本吸收儒家道德理念并使其与日本固有文明结合，从而达到日本化的新时代的来临。虽然由于古代日本社会教育程度较低，受教育的范围只限于官僚、贵族和极小部分的庶民，能够阅读到上述文献，直接接受其影响的人员十分有限，但是由于文学作品自身所具有的巨大辐射力、穿透力，加之统治者的极力提倡，就使得儒家的道德理念成为古代日本社会核心的价值理念，成为人们普遍信守的道德信条。

对于早期儒学对日本的影响，学者们并未给予足够的重视。学者们大多认为，早期儒学对日本社会的影响不大，因为此时的儒学不像江户时代那样出现了彼此独立的学术体系，有大量的学术著作问世。此时的日本儒学尚处于移植、消化、吸收中国儒学的初级阶段，无创造性地发展和表现出日本特色。甚至有的日本学者认为，"儒教毕竟是儒教，是中国思想，是文字上的知识，还没有进入日本人的生活"，"儒教的政治思想，对日本人的政治实践也几乎未曾发生影响"。那么与此紧相联属的儒家的道德教育理念对日本社会的影响，学者们也没有给予充分的估计。但是正像王家骅先生在《儒家思想与日本文化》一书中所说的那样："上述认识似乎过低估价了中国儒学对日本文化的影响。"王家骅先生认为："早期日本儒学，是日本儒学发展史上不可或缺的一个重要阶段，它对日本文化的影响程度虽不及江户时代的儒学，但却超过了其他时代的儒学。

散在政治文献、法令、历史著作与汉诗文中，世代相传于博士学官家，在中央到地方的各级学校中讲授传习，正是日本早期儒学的存在形态。尚无日本特色而有明显模仿痕迹，恰为日本早期儒学的特征。”这一形态和特征也基本代表了此时儒家道德教育理念在日本社会的存在形态和表现特点，即接受和模仿。梁忠义先生在他的《日本教育》中对日本早期儒学的传播体系和儒家道德理念在日本政治生活中所发挥的重要作用给予了系统的介绍和客观的评价，对我们理解早期儒学对日本的影响是颇有启发的，更为我们理解王家骅先生“早期日本儒学，是日本儒学发展史上不可或缺的一个重要阶段，它对日本文化的影响程度虽不及江户时代的儒学，但却超过了其他时代的儒学”的观点①提供了有力的证据。我认为，这一评价是比较贴切的，因为此时的儒家思想正是在日本奠定基础，寻找根基的时候。早期儒学中的道德教育理念也在寻找着适合于自己的土壤扎根发芽，此时是根已扎下，芽已发出。

（2）朱子学的道德教育理念及其本土化

日本早期儒学的兴起与发展在于维护律令制国家的需要和政治力量的提倡与维持，但到了9世纪后半期，中央集权制日益衰落，动摇了早期儒学赖以存在与发展的政治基础，使其出现了衰败的趋势。10世纪末以后，由于大学寮教官的世袭化，儒学萎缩为少数博士学官的世传家学——“家业”，受教育的范围骤然缩小，儒学连同儒学的道德教育理念的影响力亦逻辑性地降低。

早期儒学的特点是得到了官方的极力提倡，其道德教育理念是作为日本社会的核心价值理念受到了高度重视。但是，由于早期儒学的传播过程是伴随着日本文化的初步萌生的孕育过程，日本本土文化尚未完全形成，中日之间的文化落差较大，日本还不具备对儒学和儒家的道德教育理念进行真正意义上的创造性转化的能力，只是进行了持续不断的移植与模仿，这都构成了与中国儒学的不同点，形成了12世纪末叶以前中日儒学的差异。这种表面看来仅是接受程度、接受范围上的差异与其他

① 王家骅．儒家思想与日本文化．杭州：浙江人民出版社，1990：27．

文化事项发生不同程度、不同方式的碰撞与交融，便沿着不同的路径走下去，形成了渐次明显的异质特征。但由于二者毕竟是同源的，因此异同又都是相对的。表现在道德教育上，日本早期儒学以对中国儒家义理的移植为主，在吸收中开始了初步的改造，作了有明确方向性、目的性的取舍，经过日本统治者取舍后的早期日本儒学，成为日本文化发展的重要基因。

“早期儒学”统治地位的降低并不意味着割断了儒学的传播血脉，在日本“早期儒学”走向衰微的时候，“新儒学”——理学开始在大陆中国逐渐确立起自己的统治地位，并开始传入日本，逐渐地取早期儒学而代之，成为在日本居于统治地位的官方思想。中国朱子学的道德教育理念被改造吸收并日本化，对日本封建社会中后期道德教育产生了重要的影响，并折射到近代。

自平安末期（12世纪末）到明治维新前（1867年），中国的朱子学传入日本，并对日本的社会生活产生了深刻而持久的影响。尤其是在道德教育上，朱子学家所宣传的道德教育理念启发日本思想家形成不同的道德教育倾向，形成日本两大不同的朱子学派，两派各有侧重，表现出较为鲜明的日本特色，并规范了日本近代道德教育理念形成与发展的基础。

公元12世纪末，关东武士首领源赖朝在镰仓（今东京附近）建立了武士中央政权——幕府，日本封建社会发展到镰仓幕府统治的新时期，即被日本的史学家所称的“中世”。此后，镰仓幕府（1192—1333）和室町幕府（1336—1573）实际上掌握了日本社会的统治权，天皇的权力被架空。此时是中国朱子学的传入和日本朱子学派的形成分化阶段。江户时代（1603—1867）是日本学者所称的“近世”，是日本朱子学的极盛时期。日本朱子学在吸收中国朱子学的道德教育思想的同时，发生了类似中国又明显优于母国的分化，形成了鲜明的特色。

中国的朱子学是以“重整伦常”的面貌出现的。中国朱子学的主要目的在“存天理，灭人欲”。

中国的朱子学，即学界所说的“程朱理学”、“新儒学”。“程朱理学”

或“新儒学”产生于宋代。宋初的儒学家周敦颐、张载、二程以先秦原典儒学为本宗，吸收董仲舒神学化儒学的思想方法，以儒家的安贫乐道、克己复礼的道德信条，吸纳佛道二教的禁欲主义修养原则，形成具有绝对禁欲主义特点的思想体系或学说体系。南宋的朱熹是理学思想的集大成者。朱熹把孔子所提倡的安贫乐道、克己复礼与佛道二教所提倡的清心寡欲结合起来，使儒学的禁欲主义色彩达到了登峰造极的地步。理学，即朱子学的核心思想即是它的伦理道德思想，“理”即“礼”，也叫“天理”，它以封建的伦理道德为核心，构成了中国封建社会的信仰体系，因而也被称为“儒教”。“理”是朱子学的最高哲学范畴。在对“理”的体认过程中，理学家主张居敬持志，格物穷理。

13世纪初（镰仓时代中期），中国的朱子学传入日本。首先把朱子学传入日本的是中日两国的僧人，他们传播儒家义理的根本目的不在于弘布朱子学，而在于借助朱子学弘布禅宗，使受教育者皈依禅宗。因此，最初朱子学是作为“助道之一”的工具而存在的。从总体来看，镰仓、室町时代的朱子学仍然处于佛教的势力之下，没有脱离佛教而独立存在，但它的流播却为江户时代（1603－1867）朱子学的独立与全盛打下了坚实的基础。进入江户时代，日本朱子学的发展进入黄金时期，其道德教育理念也表现出鲜明的日本特色。日本朱子学是中国程朱理学在日本的再生与变异，日本的朱子学在哲学上基本沿袭了程朱理学的哲学思想，没有大的建树。在道德教育上，在基本沿袭程朱理学的道德教育理念的同时，作了适合日本社会发展的甄别取舍。这一特点，我们通过剖析日本朱子学家的思想可以看清楚。

藤原惺窝（1561－1616）是江户时代朱子学的开创者，他出身禅僧，但却出于佛而叛佛。他批判佛教的出世思想，提倡儒家的“人伦皆真”，并以朱子学的观点，用日语注解全部四书五经，既有利于朱子学的传播，又使朱子学从佛教中独立出来，向社会开放。藤原惺窝对朱子学的兴趣主要集中在道德教育上。他把朱熹的“理”诠释为伦理道德性质的“义理”或“道理”。他说“是人事即天理”。藤原惺窝吸收朱熹把“理”作为最高哲学范畴的思想，并借用朱熹的“理一分疏”说论证了封建等级秩序和封建伦理道德的权威性和合理性。他说："夫天道者，理也。此理在天，未赋予物曰天道。此理具于人心，尚未应事曰性，性亦理也。"[①]藤原惺窝在推崇程朱理学的同时，并不反对陆王心学，对王守仁的致良知说也兼收并蓄。藤原惺窝提倡学术自由，为日本吸收外来思想树立了良好的学风，更为不断更新日本的道德教育理念奠定了心理上和学术上的雄厚基础。

林罗山（1583—1657）是藤原惺窝的弟子，也是从批判佛教的立场出发阐发儒教义理的。他与藤原惺窝一样，把儒学从明经博士的家学中解放出来，从佛教的附属地位中提升上来，努力倡明儒家义理。与其老师不同的是林罗山对陆王心学持否定态度。所以王家骅先生说"日本朱子学派名副其实的开创者是林罗山"。林罗山崇尚朱熹，赞叹朱熹是"儒门第一集成功，道统传来垂不穷"，是儒家道统的真正传人。但由于朱熹的思想是一个博大精深的学术统绪，包含着极其丰富的内容，准确掌握并非一件轻而易举的事情，所以，在阐发朱熹的理气说时，他则游移于朱熹的"理气分殊"和阳明学的"理气一元"之间。林罗山与藤原惺窝一样，对朱熹的思想并无新的发展，但他却适应日本的国情，对朱子学的某些观点有所强调和侧重，表现出鲜明的日本特性。比如，在忠孝观上，中国儒学强调"孝为百行之首"，"孝悌为本"；"移孝作忠"。而林罗山则从维护幕府统治的需要出发，特别强调"忠"，强调封臣对主君的效忠。他认为忠孝"二者不可得而兼也，舍轻而取重可也"。[②] 在他看来，"孝"为"父家之私事"，为"轻"，"忠"为"君国大事"，即公事，为"重"。这进一步强化了日本人自古以来就极其重视的伦理观念——"忠"，形成了中国以血缘关系为基础的道德伦理与日本以非血缘的主从关系为基础的伦理道德教育的巨大差异。

林罗山确立了朱子学在日本的官学地位，但却对朱子学作了纯日本式的解释，把"理"说成是日本的神道。他说："神道就是理。理之外不

---

① ［日］源了圆．近世初期实学思想的研究．东京：创文社，1980：170．

② 转引朱谦之．日本的朱子学．北京：三联书店，1958：164．

存在任何事物。理是自然的真实。”神道就是天照大神传下来的维护封建统治秩序的皇道。他说：“除了君臣父母之道以外，我从来没有听说过还有什么东西可以称之为‘道’”。“理”或“道”是人们必须遵守的“天地道理”，自然法则。为了论述这种自然法则的合理性、永恒性，他曾经作了这样的说明：“有羽者之所以飞翔，有鳞者之所以泳跃，是何故乎？天地之间，道理炳然。故天尊地卑，上下尊位，君君、臣臣、父父、子子，其余亦然。”[①]

林罗山日本化的朱子学无疑有利于维护幕藩政治体制的需要。因此，林罗山自1607年经藤原腥窝介绍谒见了德川永康之后，便入仕为官，历仕四代将军，为官50余载，在第三代将军德川家光执政其间，“大受宠任，起朝议，定律令，大府所需文书，无不经其手”。[②] 德川家光等为林罗山在忍冈建学塾孔子庙。林罗山逝世后，江户幕府的第五代将军德川纲吉于1690年在汤岛建圣堂（即孔子庙）、建昌平坂学问所（该学问所后来成为幕府的直辖学校），任命林罗山的孙子林风冈为大学头，负责掌管全国的教育事业。自此之后，林家便世袭此职。日本的地方教育也多由朱子学者把持。根据学者们的统计，自1630年到1871年，在各藩担任教授的1912人中，朱子学派的学者为1388人，占76%，直接出自林家学塾和昌平坂学问所的541人，占28%[③]。这些人通过掌握教育权来贯彻自己的教育主张，传播自己的学术观点，弘布朱子学的道德教育理念。

林罗山去世之后，日本的朱子学沿着两个不同的方向前进，形成了两个不同的学术派别，一派继承了朱子学“即物穷理”、“格物致知”的思想，发展了朱子学的具有唯物主义思想倾向的合理内核，注重经世致用之学和自然科学的研究，启发了日本封建社会后期经验科学的发展，为明治维新前后学习西学作了较好的铺垫。其主要代表人物是贝原益轩、佐久间象山等。另一派则主要发展了朱子学的道德哲学，并强化、密切了朱子学与日本神道教的同盟关系。主要代表人物是山崎暗斋。

---

① 转引朱谦之．日本的朱子学．北京：三联书店，1958：162．

② ［日］丸山真男．日本政治思想史研究．东京：东京大学出版会，1953：12．

③ ［日］田村园澄等．日本思想史基础知识．东京：有斐阁，1974：280．

贝原益轩（1630—1714），出身于黑田藩的医官之家，自14岁起开始接受儒学教育，他极为推崇朱子学，但在研习朱子学的过程中渐渐生疑，他接受朱熹“大疑则大进，小疑则小进”的治学思想，对朱子学提出疑问与批评，并在去世前一年完成了《慎思录》、《大疑录》两部光辉著作，把对朱子学的疑问与批评公诸于世。他不把朱熹的著作当成金科玉律。在他看来，“六经语孟”虽然是义理与物理的源泉，但并非完美无缺，他认为：“天下义理无穷，圣人蕴奥难尽。是以宋之诸贤所说，虽义理明备，然其细微曲折之余意，尚待后人议论，有益详审者。”① 这种怀疑的发展观形成了中日朱子学道德教育理念的重大差异，形成了对理学体系的批评、怀疑态度，为人们否定理学家的道德思想作了精神启蒙。表现在他自己的思想中，在道德教育理念上，贝原益轩反对朱熹所强调的“敬”的工夫。朱熹认为：“圣门之学，别无要妙，彻头彻尾，只是个敬字而已……若能持敬以穷理，则天理自明。”② “持敬是穷理之本”③，“敬者一心之主宰，万事之本根也。”④ 与此不同的是，贝原益轩认为“敬”只是“存心”的工夫，并不是心之主宰，较之“居敬”，贝原益轩更重视“格物穷理”。与朱熹极力强调道德伦理的“理”比较，贝原益轩强调的是研究万事万物的规律——“天地道理”。他重视“穷理”的客观性与合理性，提倡学者治学必须“博学洽闻”，他强调“宇宙内事，皆吾儒分内事”，“学术所以经世也”⑤。他把认识客观事物及其规律视为人生的一大乐事，说：“满天下事物众多，其理亦无穷。为学而得逐一通晓其理而无可疑，是人生一大快事，其乐可无穷。”⑥ 在这里，贝原益轩把朱熹的“格物致知”、“即物穷理”引向了广阔的研究领域，把人们引向对

① ［日］日本思想大系·34·贝原益轩·室鸠巢．东京：岩波书店，1977：467.

② 朱文公文集：卷41.

③ 朱子语类：卷9.

④ 大学或问：卷1.

⑤ 转引源了圆．近世日本朱子学的两个系谱.

⑥ 转引源了圆．近世日本朱子学的两个系谱.

自然、对社会问题的广泛关注，是极具进步意义的，这是中日朱子学的最大差异。

山崎暗斋（1618－1682）与贝原益轩的怀疑观、发展观不同的是，他把朱子学奉为金科玉律，甚至提出极端的观点——“学朱子而谬，与朱子共谬”。山崎暗斋早年就学佛门，25 岁时脱佛入儒，31 岁著《辟异》，抨击佛教，自 38 岁始在京都收授门徒，设席讲学，教育内容“先小学，次近思录，次四书，次周易程传”。55 岁始专事著作与讲学，弟子逾 6 千余人，教育影响力巨大。以山崎暗斋为代表的山崎学派延绵不绝，其影响不仅贯穿整个江户时代，且延续到明治维新以后，其思想非常典型地反映了日本朱子学中孤陋、停滞的一面。山崎视朱熹是“孔子以来一人”，对朱熹崇拜到痴迷与狂热的程度，甚至要“学朱子而谬，与朱子共谬”。[①] 推崇朱子学的“居敬”说，倾向于朱熹的禁欲主义，主张“主一无适”、“整齐严肃”，断绝情欲，党同伐异。但他却致力于朱子学与神道的折衷，创立了“垂加神道”。山崎强调神道是日本的独特之道，具有独特神道的日本是神国。他尤其强调朱子学的正名思想，把垂加神道与日本的神国思想、朱子的正名思想有机结合，提倡一种狭隘的民族主义思想，后发展为一种极端的皇国思想，对日本近代皇国主义思想形成产生了重要影响，比如，山崎暗斋在给学生讲课时提问：如果中国以孔子为大将、孟子为副将率兵数万来进攻日本，那么我们这些学孔孟之道的人应该怎么办呢？当学生们茫然不知如何做答时，山崎明示：“不幸若逢此厄，则吾党身披坚，手执锐，与之一战，以报国恩。此即孔孟之道也。”[②] 在此，山崎已经完全背叛了儒家一贯倡导的仁爱思想和“礼之用，和为贵”的非攻思想，以中国为假想敌，形成了日本军国主义者“以怨报德”的道德理念的思想渊源，为明治维新以后，日本军国主义思想的形成与扩张，为日本发动一次又一次的侵华战争提供了恶劣的历史支持。

---

① ［日］日本思想大系·31·山崎暗斋学派．东京：岩波书店，1977：563.

② ［日］原先斋．先哲丛谈．东京：平凡社，1994：卷 3.

（3）阳明学派的道德教育理念

德川幕府统治时期，也称江户时代（1603—1867），是日本封建制度最稳固的时期，在此期间，日本大量引入朱子学，并把它立为官方的正统思想，使儒学在日本历史上第一次取得了压倒佛教、神道教的地位。朱子学派的道德教育思想成为上层武士道德的核心。在朱子学成为日本官方提倡的正统思想，朱子学派的道德教育理念被普遍提倡，并成为武士道的核心内容而走向繁荣的同时，阳明学也获得了较大的发展。日本的阳明学是从朱子学中分化出来的，它对日本前近代的道德理念的形成发生了广泛的影响。

日本的阳明学直接源于中国明代的主观唯心主义心学。作为一个学术流派，日本的阳明学形成于17世纪，主要代表了下层武士和市民的意识形态。阳明学派的道德理念亦被下级武士和市民阶层所信奉、遵行。

阳明学在日本的发展势头弱于朱子学，处于在野地位，而且是非连续性的。一般认为，中江藤树（1608—1648）是日本阳明学派的创始人。中江藤树早年就学于朱子学家林罗山，33岁接受阳明学影响，开始转信阳明学。37岁时读了《阳明全书》，决意信奉阳明学。其《大学解》和《中庸解》明确地表明了他的阳明学观点。中江藤树与王守仁强调主观唯心主义哲学相一致，认为人"心"即人的主观认识是天地万物的本源。他说："心，统体之总号，太极之异名也。合理气，统性情……其大无外，其小无内。"[①] 最能反映其主观唯心主义体系的道德教育理念的是"全孝心法"。

"孝"是中江藤树最高的哲学范畴，也是他道德教育的核心理念。他认为天地万物皆由孝生。"义，孝之勇也。礼，孝之品节也。智，孝之神明也。信，孝之实也。"[②]

继中江藤树之后，熊泽蕃山（1619—1691）扩大了阳明学派在日本的传播与影响。熊泽蕃山自23岁始受中江藤树的影响，接受阳明学的渍

① ［日］井上哲次郎．日本阳明学派之哲学．东京：富山房，1938：34．

② 同上书，73．

染熏陶，以“致良知为宗”，致力于阳明学的宣教工作，后受林罗山的陷害，使阳明学在日本的传播受阻。熊泽蕃山死后，日本的阳明学进入沉寂阶段，直到18世纪末19世纪初才开始出现复兴之势，并影响、启发了吉田松阴等洋学家。

3. 中日儒家道德教育理念的共相与殊相

(1) 中日朱子学派道德教育理念的异同

中国和日本的朱子学家在承认程朱“道统”的前提下，阐发其道德教育理念，他们同视朱子学为“正统”思想，因此，中日朱子学的道德教育思想是同源的，皆源于程朱理学，其基本道德教育理念是大体趋同的。他们假借古圣先贤之说，借助“天理”来论证自己思想的正当性、合理性，都强调“性即理”，相信“性”源于“天命”，认为人的善性源于外在的先验道德本体，表现出共同的人性论基础。

中国和日本逐渐倾向于唯物主义思想的朱子学派大都不赞成朱熹的“天命之性”和“气质之性”的观点，但却大都尊奉“性即理”的客观唯心主义道德理念，反对阳明学派“心即理”的主观唯心主义道德观。

中日朱子学家在道德教育中皆强调“格物致知”、“居敬穷理”，主张“尊德性”和“道问学”，做“内圣外王”的工夫。

中日朱子学派皆有过分化，但分化的速度，各自在思想界中的地位、影响却不同。中国朱子学的分化用了400余年，而且分化之后具有唯物主义倾向的经世致用之学派力量微弱，影响力小；而日本的朱子学分化只用了40余年，且强调经世致用的唯物主义学派在日本思想界占重要地位，影响巨大。

中日朱子学家皆把儒家所强调的“三纲五常”作为封建道德教育理念加以弘扬，并把其高扬到“天理”的高度，具有神圣性和强制性，具有鲜明的禁欲主义色彩。比如自朱子学成为中日两国封建统治者奉行的统治思想、核心道德教育理念后，在君臣、父子、夫妇等人伦关系中，皆绝对强化了臣下对君王的绝对的“忠”，儿子对父亲的片面的“孝”和妻子对丈夫片面的“贞”，只不过各自强调的程度和具体内容略有不同罢了。中国的“忠”是强调臣子对皇帝、对国家事务的尽职尽责，表现的是一元效忠。日本强调的是武士对主君的绝对服从，由于每个武士皆有自己的主君，这样，日本古代的“忠”是武士对主君的“多元效忠”。中国的“孝”强调的是对父母的尊敬、爱养，是一切道德的基础。日本的“孝”必须服务于“忠”，日本人把对主君的“忠”理解为最大的孝，它超出了家庭血缘关系，而服务于主君与武士之间的主从关系。

对婚姻家庭道德，中国和日本皆强调妻子对丈夫的绝对服从，从一而终，“夫为妻纲”、“夫唱妇随”。日本的《和俗蒌子训》中也强调“妇女别无主君，诚以为夫为君，可敬慎事之”，且把一夫多妻制和对妇女的单方面的贞操视为天理。但日本却没有强化到“饿死事小，失节事大”的程度。接受朱子学的道德教育理念，日本倾向于积极向上的“格物穷理”式的向外探求，中国倾向于谨小慎微的“居敬”、“尽性”，即内省式的向内搜寻。

(2) 中日阳明学派的道德教育理念的异同

第一，“孝德即明”、“孝是人根”。日本的阳明学派重视孝道，把孝作为万事的根本。比如中江藤树提出孝是“三才至德之要道，生天，生地，生人，生万物”，“我心之孝德即明”，“天地万物皆在我本心孝德之中”，“孝德”是“万物一体之本体”。日本的阳明学派不仅把孝道作为全部道德教育的核心，把孝道说成是人类社会最高的道德准则，并把它上升到哲学的高度，说成是万事万物的根本道理和宇宙万物的本源。中江藤树的“全孝心法”把“孝”作为最高的哲学范畴。他说：“孝是人根，若灭却此心，则其生如无根之草木。”[①] 他不仅强调对父母要孝，还要追根溯源，对祖先、对天地、对太虚都要尽孝。[②] 其弟子熊泽蕃山继承了他的思想，进一步阐发了“天地万物皆从孝生”的观点，把孝作为万善之源，百行之本。为了宣传孝道，中江藤树做了《孝经启蒙》。为了践履孝道，熊泽蕃山简化了儒家尽孝的礼仪，把儒家礼法中有关丧葬、祭祀、婚娶等活动中“不合日本之水土、不中人情”之处作了因时因地的取舍、

① ［日］藤树先生全集 1. 卷之五. 杂著.

② 中江藤树. 翁问答. 日本思想大系. 29. 中江藤树. 东京：岩波书店，1980：34.

简化，强调以“心法”尽孝，简化了“孝”之道德理念的践履程序，有利于孝道的普及。

日本阳明学派所提倡的孝道与中国王阳明所提倡的孝道是有一定区别的。中江藤树的“全孝心法”，虽然其出发点也是主观唯心主义，归向心学，但在逻辑结构上却有自己的特色。比如：王阳明把孝看成爱亲的本性，是出于血缘伦理，是最基本的道德品质，是人伦关系的基础，是“良知”。而中江藤树的“全孝心法”却把“孝”当成最高的哲学范畴，认为：“天地万物皆由孝生”，“孝以太虚为全体，经万劫无终而无始。无无孝时，无无孝者。”① “义，孝之勇也。礼，孝之品节也。智，孝之神明也。信，孝之实也。”② 大盐中斋（1793—1837）也主张以孝为本，孝是至德，把“孝”引向宗教，变成了类似于宗教的戒律与信条，强化了日本自古以来的祖先崇拜。日本的孝道以报恩为核心。日本以报恩为核心完善了孝道，不似中国以血缘关系为核心的孝道，而且日本强调孝，也不是以父慈为前提的，而是强调晚辈对祖辈无条件地顺从。中江藤树在《翁问答》中说：“欲明孝德，宜先思父母之恩。”“父母积慈爱，辛劳养育子之身，故父母千辛万苦厚恩达于人子之一身，一发。即使如何愚痴不肖之男女，也知报一饭之恩。”③ 而中国的“孝”是以“父慈”为前提的，强调“父慈子孝”。

第二，固守儒家伦理与“合适处位”、“人情时变”的道德教育理念的区别。日本的阳明学派反对朱子学者把封建伦理道德固定、外化为一种人们必须遵守的礼仪法度，而主张人们的道德观念是因时因势而变更的。阳明学者从“心即理”的主观唯心主义哲学观点出发，提出了道德教育上的“合适处位”、“人情时变”的“时处位论”，用以反对朱子学把维护封建社会稳定的礼仪法度绝对化为“上下定分之理”。中江藤树认为

① ［日］翁问答．见井上哲次郎．日本的阳明学派之哲学．东京：创文社，1980：45.

② 同上书，72.

③ ［日］中江藤树．翁问答．日本思想大系．29．中江藤树．东京：岸波书店，1980：34.

礼仪法度是“圣人”根据“时处位”而制定的。他说：“凡经济所遇谓之时。时有天地人三境：曰时，曰处，曰位。”[①] 道出了一定的道德教育理念是随着社会政治、经济文化等的发展变化而改变的规律性。在道德教育上，没有亘古不变的教条。中江藤树提出“时中”的概念，即要求人们能够根据自己所处的境遇，作出行为上的正当调整，使自己的行为符合应该遵循的法则（或“天则”）。“时中”是其道德教育目标。他认为只有圣人才能实现它。因此，他又把“时中”称为“圣之时”，体会“圣之时”是修身治学的根本目的。他强调道德的相对性和发展性，反对礼仪法度的固定不变和绝对权威。他认为：“纵无违，实行儒书所载礼法，若不合时处位，非行儒道，异端也。”[②] 熊泽蕃山继承并发展了这种变化观、相对论，明确提出道德教育应该做出“人情时变”的观点。他认为善政是“谋时处位之至善”。日本阳明学派这种发展的、适时应变的道德教育理念启发了吉田松阴等思想家对旧体制、旧规范的反叛与批判，有利于维新变法思想的形成。而中国的阳明学派却始终坚守儒家道德，并将其固定化。

第三，日本阳明学者试图用儒家的道德理念来改造武士道。中江藤树认为武士不是挥刀舞弓的战士，士是统治者，应该是践履仁义道德的有修养的人。士道就是儒道。武道是实现文道的手段，武道的核心是文，文武之道一德也，“士道”的核心是“君子道”，没有独立于社会道德之外的武士道，武士道就是人伦之道。武士道就是人伦道德的楷模。武士只是相对于农工商三民之外的一个独立的阶层。武士必须“明明德，守义理”，发扬“仁义之勇”，做人伦道德的楷模。武士道德的核心是强调“忠”。在日本的传统道德理念中，“忠”是指“臣民对主君的敬爱、尊崇、仕奉”[③]。阳明学派在强调孝的同时，亦非常重视“忠”，提出“忠

① ［日］藤树先生全集·论语乡党启蒙翼传：第1卷．东京：岩波书店，1940：410．

② ［日］翁问答．转见源了圆．近世初期实学思想的研究．东京：创文社，1980：358．

③ 李卓．家族制度与日本的近代化．天津：天津人民出版社，1997：98．

孝一致”、“忠孝一本”的道德教育思想。本来忠与孝是属于不同性质、不同范畴的道德教育理念。如前所述，忠是指“臣民对主君的敬爱、尊崇、仕奉”，属于社会道德；孝指的是子孙对父祖的敬爱、尊崇和赡养，属于家庭道德。但是日本的阳明学派继承了中国传统的道德思想——“移孝做忠”，提出“忠孝一本”的观点，反对朱子学者重忠轻孝的武士道德。幕末时期，日本的阳明学获得了较大的发展，阳明学派注重大义名分，在阳明学派的影响下，水户藩主德川齐昭于 1833 年在《告志篇》中首倡“忠孝一致”论。水户学派的学者藤田东湖提出，“人伦无急于五伦，五伦莫重于君父，然则忠孝者名教之根本，臣子之大节，而忠之与孝异途同归。于父曰孝，于君曰忠。至于所以尽吾诚一也”，进而提出“忠孝一本”的道德教育理念。“忠孝一致”与“忠孝一本”的道德教育理念经改造与发展，成为维新派掀起尊王攘夷运动的理论基础。吉田松阴在“士规七则”中对忠孝一致作了进一步地阐发，他说：“人君养民，以继祖业。臣民忠君，以继父志。君臣一体，忠孝一致，唯吾国独然。”[①] 这样，阳明学派的学者进一步把家庭伦理等同、比附于社会伦理，把武士对父祖的孝、对主君的“忠”引申，扩展到对天皇、国家的竭诚奉献，对日本近代统治阶级极力推行的家族国家观产生了直接的影响。“忠孝一致”、“忠孝一本”发展为日本近代道德教育的核心理念，是日本近代进行道德教育的最高标准，也是日本发动对外战争时进行全民总动员的伦理学基础。

第四，日本的阳明学者继承了王守仁的“知行合一”学说，并进行了日本式的简化与改造。大盐中斋（1792－1837 年）、吉田松阴（1830—1859 年）都是深受“知行合一”学说影响的阳明学者。王守仁的“知行合一”说不仅在中国哲学史上独树一帜，影响久远，而且启发了从朱子学中分化出来的日本阳明学者，对日本思想史、哲学史产生了重大影响。王阳明提出“知行合一”说是为了反对朱熹的“知先行后”说。他批评朱熹的“知先行后”将导致“终身不行”的后果，因此，强

① 引自石井满. 日本的孝道. 90.

调道德认识与道德实践的关系，主张知与行的切合一致，密不可分。王阳明认为“知”是植根于本心的“良知”，是“心之本体，心自然会知，见父自然知孝，见兄自然知弟，见孺子入井，自然知恻隐”。“行”是“一念发动处即是行了”，“行”既指道德思维，又指道德实践。他说：“知之真切笃实处便是行”，[①] “知是行之始，行是知之成”。他“以知代行”，“以知为行”。但从道德实践的角度看，更注重“行”。王学体系的内部矛盾性，表现为既混淆“知”与“行”的界限，“以知代行”、“以行代知”，又强调“行”比“知”重要，在中国引起的分化是一派只是一味向内求心，寻找精神平衡；一派强调经世致用。后者势单力薄，虽然在一定程度上起到了思想启蒙的作用，但没有形成有力的学术思潮。而王学“知行合一”说的矛盾性在日本思想界则起到了巨大的积极作用。日本的阴阳学者继承了王阳明注重道德实践的合理精神，把“行”直观地理解、诠释为道德实践，把知行纠葛不清的阳明学简化成适合于日本人理解与实行的实践哲学。比如，大盐中斋把王阳明的“致良知”解释为不欺“良知”的行动。他认为“圣人之学”是“明体适用之学”，“论学明道而无用者乃背天”，是“异端之教”[②]。他在强调道德意识与道德实践的密切相关时，明确提出道德教育的目的就是“用”，即经世致用。他所强调的道德教育目的，不限于“致良知”式的内求于心，而是要践行于“为善去恶”的社会道义。再比如，吉田松阴是深受阳明学影响的维新运动先驱。他 21 岁时就学于左藤一斋的弟子，成为左藤一斋的再传弟子，他吸收阳明学派“知行合一”的道德教育思想，提出“于动处体认本心”的命题，积极主张社会变革，其思想对其弟子高杉晋作（1839－1867 年）产生了重要影响，阳明学派知行合一的道德教育理念，直接启发了被誉为“维新三杰”之一的西乡隆盛（1827－1877 年），使他努力践行改革弊政，实现有效社会改良的理想。

正像我国近代杰出的国学大师章太炎所说的那样：“日本维新，亦由

① 王守仁．传习录．

② 日本思想史讲座（4）·近世 1．东京：雄山阁，1977：83．

王学为其先导。”[①] 梁启超说：“日本维新之治，心学之为用也。”可以说，“心学”对日本维新变化最有直接启发、推动作用的就是被改造、简化了的“知行合一”的道德教育理念。这种知行合一，尤其强调实践的道德教育理念成为人们实践自己理想的精神动力。

学者们在评价日本阳明学派时，多认为“日本阳明学，其思想渊源虽是中国的王阳明思想，而且在本体论和认识论上也无超出王阳明的新创造，但由于日本阳明学所处的社会历史条件不同，日本阳明学者大多处于在野地位，因而日本阳明学的思想并非王阳明思想原封不动的模写。它更多地表现了否定现存制度规范性和重视行动的倾向，在社会变革中发挥了有益的社会功能”。[②] 这个评价是比较客观的。不过，笔者认为，在道德教育上，日本的阳明学派虽然没有提出新的研究命题，没有拓宽道德研究的领域，但是把阳明学中“知行合一”中“知”、“行”混淆进行纠偏，作了实践性的改造与简化，使其道德教育理念更易于被接受和指导人们的行动，这本身就是一个再创造或者说是大胆革新的过程，也更符合日本文化注重实用的特点。

二、中日前近代佛教道德教育理念的同质与异质

无论是中国佛教还是日本佛教，作为宗教，都具有宗教的共同特点，是关于世界的总的观点和看法。“宗教是人建立神圣世界的活动”[③]，“是人的终极关切”[④]，影响着人的精神气质。

上个世纪杰出的宗教学家，比如德国的狄尔泰、斯本格勒和卡西勒，意大利的克罗齐、比蒂尔，英国的柯林武德和汤因比，美国的乌尔班等皆把宗教作为人类生活的重要因素进行考察。他们在评价宗教时“所根

① 章太炎．答铁铮．民报．1907：14 号．

② 王家骅．儒家思想与日本文化．杭州：浙江人民出版社，1990：127．

③ 转引自．宗教与世界丛书．成都：四川人民出版社，1989：2．

④ 转引自．宗教与世界丛书．成都：四川人民出版社，1989：2．

据的都是宗教在人类精神的历史和表现中所有的价值，而不是宗教涉及超越的神这一类形而上学的宗教假设”①。这种方法被我们借鉴于对中国和日本佛教道德教育理念的研究中。我们是把佛教作为影响中日传统文化的重要因素进行考察的。“宗教是理解文化的关键，在文化的形成中起着重大作用。”② “宗教在任何文化中产生的影响都是深远的”，③ “甚至一种很明显地属于彼岸世界的，似乎是否定人类社会的所有价值和标准的宗教，也仍然会对文化产生刺激作用，并在社会变革运动中提供推动力。”④ 这是我们理解佛教对中日道德教育理念影响的大前提。克里斯托弗·道森说过：“世界各大宗教好像是神圣传统的大河，它们流过各个时代，流过它们浇灌和哺育的变化着的历史场景。”⑤ 研究中日传统的佛教道德教育理念就是从文化的最深层结构中去回顾和再现影响中国和日本民族文化形成的“历史场景”。

佛教对中国与日本的文化的影响仅次于，或在某些历史时代相当于或超过于儒学。佛教作为社会化的力量，其道德精神在人们的头脑中和平民百姓的生活中影响巨大。“佛”即“佛陀”的音译，也作“浮图”，意译为“觉者”。佛经称凡能“自觉”、“觉他”、“觉行圆满者”皆名为佛。后指“佛性”，即成佛的本性。

1. 中国佛教的主要宗派

佛教是世界三大宗教之一，是从西汉末年、东汉初年自印度传入中国的外来宗教。佛教东传至中国以后，经历了一个中国化或者称之为本土化的改造过程，最终形成具有中国特点，符合中国人思维方式和行为方式的中国佛教。佛教作为一种宗教，作为一种信仰体系，它与所有的宗教具有相同的特点，即注重道德的说教，蕴含着极其丰富的道德教育

---

① ［美］克里斯托弗·道森. 宗教与西方文化的兴起. 长川某译. 成都：四川人民出版社，1989：3.

② 同上.

③ 同上.

④ 同上书，5.

⑤ 同上书，2.

理念。佛教中所体现的道德教育理念通过佛教徒的努力，通过与中国固有的学术体系——儒学和宗教——道教之间的碰撞融合，渗透到中国文化的内部机理，尤其影响了儒家的道德教育理念，其集中表现就是新儒学——理学对佛教的拒斥与吸收。对此，梁启超先生在《中国近三百年学术史》中这样评价佛教（也包括道教）对理学，也称“道学”的影响，启超先生认为“道学”是“儒佛结婚的新学派……道学和禅宗，可以说是宋元明思想全部的代表”。“道学派别，虽然不少，但有一共同之点，是想把儒家言建设在形而上学——即玄学的基础上。原来儒家开宗的孔子不大喜欢说什么‘性与天道’，只是想从日用行为极平实处陶养成理想的人格。但到了佛法输入以后，一半由儒家的自卫，一半由时代人心的要求，总觉得把孔门学说找补些玄学的作料才能满足。于是从‘七十子后学所记’的《礼记》里头抬出《大学》、《中庸》两篇出来，再加上含有神秘性的《周易》作为根据，来和印度思想对抗。‘道学’最主要的精神实在于此。”所以研究中国传统道德教育理念的时候，不能不关注佛教。

佛教初传中国之时，只是作为文化的潜流，其道德教育思想对中国教育思想的影响并不大，更谈不上形成为居于主导地位的道德教育理念，但随着魏晋南北朝时期儒学独尊地位的动摇，佛教传播范围的扩大和中国化过程的渐趋完成，佛教逐渐成为有重要影响力的观念体系。这种观念体系的流布传播，影响、改变了中国思想史的构成与进程，使中国传统道德教育理念的发展路向出现了某种改变。

研究、体认中国佛教的道德教育理念，必须把其置于佛教在中国历史的流布传播之中进行考察。佛教在中国的传播发展，大体可以分为三个相互联系的阶段：一是西汉末年、东汉初年到魏晋南北朝时期，佛教初传至初期兴盛；二是隋唐时期达到鼎盛；三是宋元至明清佛教由盛转衰。

（1）西汉末年至魏晋南北朝时期，佛教在我国初传，并达到初期兴盛阶段。

佛教在西汉末年东汉初年传入我国，直到三国之际，发展极其缓慢，影响力很小，起初只在宫廷中流行，西晋时才逐渐推广到民间。此间存在的宗教活动，主要是译经，重点翻译的是禅经和般若经。较有影响的佛教流派为以安世高为代表的小乘禅学和以支谶、支谦为代表的大乘般若学。

东晋、南朝十六国之际，南北分裂，儒学的独尊地位受到了巨大的冲击，佛教空前发展，不仅翻译了大量的佛教经典，还有中国僧侣的佛学论著问世，而且，般若学的不同学派相继问世，在民间的传播也日益广泛，形成了日益广泛与深入的民间信仰。南朝十六国之际是佛教在中国传播的第一个高潮，也是其中国化的时期，此时般若学的不同学派相继出现，一个是以道安、罗什、僧肇为代表的大乘般若学“空”论；一个是以慧远为代表的宣传因果报应和神不灭的“有”论。

●安世高及其小乘禅学

安世高为东汉末期人，原为安息国太子，父亲去世后让位于叔父，出家为僧，他所传入的佛学是小乘佛学，其主要译作是《阴诗入经》和《安般守意经》。《阴诗入经》主要论证人生的无常和无我，修行的目的是为摆脱苦海，达到寂灭。《安般守意经》宣传佛教修行的任务就是内断“六根”（眼、耳、鼻、舌、身、意），外断“六境”（色、声、香、味、触、法），断决人的感官与外部世界的联系，达到寂灭和涅槃。

●大乘般若学空论

大乘般若学空论的世界观是一切皆空，它所宣传的修行方法是中观之道，即所谓的“中道”。其在义理上注重哲学的思辨，在时间与空间上论证了世间万物的有无动静，强调对立面之间的对立统一。其代表人物僧肇的思想系统、深邃而富有哲理。

●大乘涅槃学有论

大乘涅槃学是大乘佛教理论中很有影响的理论思潮，它所依据的佛教经典是大乘《涅槃经》。涅槃学主要是阐发佛性的学说，其主要代表人物是南朝的竺道生。竺道生的理论核心为涅槃佛性说和顿悟成佛说。所谓佛性即指成佛的原因、根据和可能。竺道生强调众生都有“佛性我”。他说：“佛性即我”、“本有佛性，即是慈念众生也。”[1] 他宣传“一切众

---

① 大般涅槃经解.

生，皆当作佛”，[①] 人人皆有佛性，众生皆能成佛。这形成了中国佛教的重要特征。

竺道生在建构了涅槃佛性说的基础上，创造性地提出顿悟成佛说，主张彻悟真理，当即成佛。

另外，在大乘涅槃学“有”论各学派中，东晋的慧远所提倡的“因果报应”和“轮回转世”说的影响颇大。东晋后期的佛教领袖慧远根据印度佛教的业报轮回说和我国自古以来就存在的鬼神迷信观念等建立了因果报应学说和轮回转世说，以此进行道德说教，推行道德教化。

（2）隋唐之际，佛教在中国的发展达到鼎盛阶段

隋唐之际，中国封建社会实现了第二次国家大统一。随着封建经济的恢复和发展，隋唐之际的统治者奉行了重振儒术，兼重佛、道二教的文教政策，使佛教获得空前的发展，诞生了许多新的佛教流派。

●天台宗和三论宗

天台宗是隋朝形成的佛教宗派，因创始人智顗在浙江的天台山创立此宗派，故曰天台宗。又因此宗以《法华经》为教义的根据，因此又称法华宗。天台宗（或法华宗）的重要代表人物除智顗外，还有灌顶和湛然。

三论宗以印度佛教中观派的“三论”，即《中论》、《十二门论》、《百论》为主要经典，阐发其佛教义理，故曰三论宗。

天台宗和三论宗的思想主要表现为对印度佛教“中道”世界观和方法论的继承，注重对原始佛教义理的研究和对诸多哲学问题、人生问题的逻辑思辨。

●法相唯识宗

法相唯识宗又称法相宗或唯识宗。创始人是唐代高僧玄奘（602—664）和窥基（632—682）。它注重对印度佛卷的译介和编纂，大量翻译编纂印度瑜伽行派的佛学典籍，在唐初盛极一时。

●禅　宗

禅宗是典型的中国佛教。由于其主张以禅定概括佛教的全部修习活

---

① 妙法莲花经疏.

动而得名。禅宗的实际创始人是慧能。其基本著作是《坛经》。《坛经》认为“自性生万法”、“凡所有相，皆是虚妄”。人的本性是至善的，但由于被世俗欲念的“浮云”所遮盖，所以显现不出来，使人变得俗不可耐，急待修度。因此，只要拨开妄念之浮云，自悟清净本性，就可以立即成佛。《坛经》宣称：“自性本自清净，……自性本不生灭，……自性本自具定。”①“菩提自性，本来清净，但用此心，直了成佛。”②“何不从自心中顿见真如本性。”③“诸法在自性中，如天常清，日月常明，为浮云覆盖，上明下暗，忽遇风吹云散，上下俱明。”④“自性迷，佛即众生；自性悟，众生即佛”。“一念悟时，众生是佛”。慧能所创立的禅宗宣传众生成佛，人人平等，而且他主张不立文字，“以心传心”，极大地扩大了佛教的传播范围，极大地发挥了佛教的劝善功能。禅宗对日本佛教的影响巨大。

●净土宗

净土宗也叫“莲宗”。创始人为唐代高僧善导。主要依据的佛教经典为《无量寿经》、《观无量寿经》、《阿弥陀经》等，宣称只要一心念佛，人死后就可以得生西方“极乐世界”。唐初善导著《观无量寿经疏》、《往生礼赞》、《观念法门》、《法华赞》、《般舟赞》等重要经典，劝导人们只要一心念佛，唱颂“阿弥陀佛”，就可以借助佛的名号和愿文的外力达到佛国净土，往生西方极乐世界。净土宗的特点是修行方法简便易行，所以吸引了大量信徒，中唐之后与禅宗融合。

●华严宗

以《华严经》为主要经典而得名。其主要创始人是法藏。法藏曾被武则天赐号“贤首”，因此，华严宗也叫“贤首宗”。华严宗以《华严经》为最高经典，在传教过程中“始终贯彻以理、事关系解说教义的原则，

---

① 东方佛教学院二届同学编著. 六祖坛经注释，莆田广化寺佛教经流通处印行.

② 同上.

③ 同上.

④ 同上.

把‘圆融无碍’作为认识的最高境界，为此而提出一多、总别、相即相入等一系列概念”①，而且“进一步调和了佛教内部各派和儒、道各家思想，使佛教宗派中国化的特色进一步增强”②。

（3）宋元明清的中国佛教，呈衰微之势

宋元明清之际中国的佛教发展呈衰微之势，此间最盛行的佛教宗派是禅宗，其次是净土宗。其他如天台宗、华严宗等虽也出现过所谓的“中兴”之势。但总的说来，宋元明清之际是中国佛教文化的大融合时期，各派之间的界限愈来愈模糊，其教派义理趋向融合，首先是其他各派与净土宗之间的汇通融合。紧接着是以禅净合一为中心的各派之间的汇通融合。另外，就是儒、佛、道“三教”之间的碰撞交融和彼此吸收所出现的“三教融合”的特点，使佛教义理更加世俗化。宋代之后，学者治学也强调对三教义理的广采博收。就像德清大师所说的那样：“为学有三要；所谓不知《春秋》，不能涉世；不精老庄，不能忘世；不参禅，不能出世。”③ 三教融合的重要表征就是在道德义理上皆注重“心性”，强调“心得”。

2. 日本佛教的主要宗派

继5世纪儒家思想经朝鲜半岛传入日本之后，佛教亦于公元6世纪经朝鲜半岛传入了日本，对日本的古代文明产生了重大影响。佛教是传入日本的最早的宗教。佛教传入日本之时，正是日本旧贵族矛盾斗争，相互倾轧之际。苏我氏提倡兴佛，物部氏主张立神道。随着苏我氏力量的强大并最后击溃物部氏，佛教得以迅速发展。被卷入政治斗争漩涡的日本佛教形成了“护国镇法”的特点。佛教传入日本后与日本固有的“国神”信仰体系碰撞交融，植根于日本文化的土壤，衍生出新的文化植株。

佛教传入日本之后，对日本社会产生了广泛而深刻的影响。圣德太子就是深受佛教影响的政治家。他自幼信奉佛法，笃信三宝，他所颁布

① 祁志祥著．佛学与中国文化．北京：学林出版社，2001：51—52.

② 同上.

③ 德清．憨山大师梦游全集・说・学要.

的《十七条宪法》中明显地渗透着佛教精神。圣德太子把佛教指定为官方的正统意识形态，把佛教作为政治统治的补充手段，并通过多种途径吸收、弘布佛教义理。《十七条宪法》作为公卿贵族必须遵循的道德准则开宗明义阐发崇信佛教的道德理念：

以和为贵，无逆为宗。（第一条）笃敬三宝。三宝者，佛法僧也，则四生之终归，万国之极宗。何世谁人非贵是法。人鲜尤恶，能教从之，其不归三宝，何以直枉。（第二条）

圣德太子手书的《十七条宪法》上奏天皇后，"天皇大悦，群臣各写一本读传天下，"自此，佛教便以自己特有的姿态，与儒家思想、神道教理念相生相长，共同改造、影响着日本的道德教育理念，构筑日本道德教育多元共生的思想统绪。日本从大化革新开始，统治者就极为重视吸收佛教教义并把它作为丰富日本的统治思想的基础。到了奈良时代（710—794），随着律令制国家的加强，统治者开始重视佛教对维护国家稳定，保卫王室安全的重要作用，开始发布"僧尼令"，把佛教定为国教，使佛教的道德教育理念在道德教育体系中占据主导地位。

在奈良时代，佛教道德教育理念居于主导、支配地位。在奈良时代初期，对日本社会道德生活发生影响作用的佛教教义伦理，基本上是原原本本地从中国移植引进的，没有创新，也谈不上发展和形成特色，它们只是被作为学问进行研究的，其影响也仅限于官僚贵族。到了平安时期，最澄和空海入唐求法回国后，分别创立了天台宗和真言宗，即所谓的"平安二宗"。"平安二宗"的问世，标志着日本佛教道德教育理念的产生。最澄的天台宗融合了中国的天台宗、密宗、律宗、禅宗的教义，强调天台、密宗合一的"圆密一致"，显示了教戒一致、台密合一的特点。最澄宣传人人具有佛性，无论一个人的实际表现有多么邪恶，他都是一个潜在的佛，成佛的途径在于顺从佛的旨意，过道德纯洁和沉思的生活。真言宗基于"即身成佛"的基本立场，视大日如来是宇宙的本体，认为宇宙的全部活动都是大日如来的身密，无论何人，只要修行其身，使自身的身密与大日的身密相应，就能够与大日如来化为一体而幸福生存，即身成佛。

平安时期佛教的道德教育理念不仅表现为教戒一致、台密合一、即身成佛等简易化的特点，而且继承了奈良以来“镇国护法”的传统，表现出鲜明的“护国”色彩，佛教始终向日本社会的各阶层宣传、灌输着护国思想。本来，日本全面引进佛教，接受佛教就是为了统一处于分裂状态的日本社会，因此，历代天皇皆把佛教作为镇护国家的精神武器，这就为日本道德教育理念的更新注入了新的内容，而且镇国护法也成为日本佛教一以贯之的道德精神。这种道德精神充实了日本国民的心理与道德，成为日本人的普遍的道德信仰。被誉为“传教大师”的最澄无论是在创教还是传教的过程中，都始终把“镇护国家”、“积福灭灾”作为祈祷、修行的目的；被誉为“弘法大师”的空海更是抛弃中国式的“看破红尘”、“超脱尘世”，主张出世、消极、遁世式的自我修行，而是十分注重与朝廷的联系，把真言宗传给嵯峨天皇，并上表请在高雄山寺修法，诵《仁王般若经》、《守护国界主经》等，祈祷‘摧灭七雄’（所谓七雄就是指有碍国泰民安的日月失常、星宿失度、火灾、水灾、风灾、旱灾、贼盗等七种祸患—引者注），调和四时，护国护家，安己安他。由此可见，平安时代的佛教表现出了更加现实的终极关怀，具有积极的入世精神。这种以“镇护国家”为宗旨的道德理想一直影响着日本佛教，成为区别于中国佛教和印度佛教的颇具特色的道德教育理念。

平安时代日本佛教的道德教育理念还表现为与儒、道二教合流的特点，日本多元文化并存的特点体现在道德教育上就是儒、佛、道等多种道德教育理念的相互借鉴与彼此吸收。比如空海在其《三教指归》中既宣传了儒家的忠孝、道教的长生不老，又宣传了佛教的无常与生死轮回。在《文镜秘府论》中空海吸收了儒家以文学教化社会的思想。他说：“‘大仙’即佛陀引导众生是以‘名教’，即通过言语之教作为根底；‘君子’即儒者之有德救济时世，文章乃是其根本。因此（佛教的真理）在空中或娑婆作为文字而显示，（儒教《易》的真理）则在龟或龙之背上作为文字而表现。文字便成为教化的根源。将通过教化作为第一义，文章便是建立国家社会秩序的第一义。”这里充分体现了佛教对儒家伦理道德教育理念的利用与肯定，表现出日本道德教育理念的多元交融的特点。

进入镰仓时代（1192—1333），佛教进一步日本化。自公元 6 世纪佛教传入日本，经过 500 余年的演变、发展之后逐渐被消化、吸收到日本文化中，开始了全面民族化的过程。从平安末期到镰仓初期，日本相继出现了净土宗、净土真宗、时宗和日莲宗等颇具特色的新佛教派别，中国化的禅宗也在日本生根发芽，对日本的文明进程产生了重大影响。

宗教作为一种信仰体系，它是劝导人们向善的，宗教的教义伦理集中地反映着它的道德教育理念。日本在镰仓之后，实现了佛教的本土化。本土化之后的日本佛教在教义伦理上既表现出对中国佛教的继承，又表现出在此基础上的演变与发展。

●净土宗

源空是日本净土宗的始祖。源空创立的净土宗提倡口称念佛。源空（1133—1212）号浩然，出身武士家庭，他吸收了中国唐代高僧道绰、善导等人的净土理论，著有《选择本愿念佛集》，宣称只要“称名念佛”即可往生净土。源空的《选择本愿念佛集》集中阐发了净土宗的基本教义，反映了净土宗的道德教育理念。源空继承并发展了善导的口称念佛的净土理论。净土宗的特点是教义通俗易懂，修行简便，容易被众生理解。源空反复强调，口称念佛具有“无上功德”，易解易修，就是要使人们相信只要是口念“阿弥陀佛”，无需出家、住寺、僧侣或仪式，就可以到西方极乐世界，所以深受武士与庶民的欢迎。提倡“称名念佛”是净土宗的最突出特点。净土宗面向民众，强调“一切众生”、“罪恶凡夫”皆可往生净土。源空在创立、传播净土宗的过程中，“有教无类”，把社会各个阶级、阶层，具有不同文化修养以至不同性别的人们作为教化的对象，克服了天台宗、真言宗脱离一般民众的缺点，极大地扩大了佛教的传播对象，扩大了佛教的影响范围，加快了佛教在日本的传播速度，利于佛教伦理与日本固有道德理念的汇通融合。

●净土真宗

亲鸾把源空的净土宗发展为净土真宗，也称一向宗、真宗。它是对中日净土宗的继承与发挥，提出了以绝对相信弥陀本愿他力往生解脱之因的“信心为本”之说；以“恶人”往生为本位的“恶人正机”说。亲鸾强调对弥陀愿力的绝对信念。他反复宣传要往生极乐世界，不须要进行高深的哲理思考和建功积德，只须笃信和依靠大慈大悲的阿弥陀佛。他从烦恼即恶的佛教立场出发，主张通过念佛摆脱烦恼，实现善果。他把一切道德都归入佛的大慈大悲心，他认为只有在佛的慈悲中才能实现人伦道德的和谐。如果不归于念佛，那么只为供养父母而行孝，亦不是真孝。他宣称，一切有情物都是生生世世的父母兄弟，都会依次成佛，都应该相互帮助。最为可贵的是，他认为人是尘世中的成员，必须在生活中承担应尽的责任和义务，因此，"家庭"宗教比"寺庙"宗教更重要。这就使佛教更贴近世俗生活，更加世俗化、生活化。净土真宗把一切"善人"、"恶人"作为教化的对象，把社会上最普通的民众——农民、渔民、商人、武士等皆作为争取的对象，争取了大批的僧众，有利于佛教的传播与普及。

●日莲宗

创始人为日莲（1222—1282）。日莲宗又称法华宗，或日莲法华宗，是日本特有的佛教派别。日莲主张以《法华经》为"唯一正法"，建构了"五纲判教"理论，为日莲宗的发展奠定了基础。日莲主张宗教信仰与爱国主义的紧密切合，他批评佛教内部教派林立，彼此争斗削弱了国家。日莲教崇信日本古代民族神"日照大神"。日莲教由于与日本固有神道的密切结合，因而在日本迅速传播，并助长了日本的民族主义、国家主义情绪，日莲在《立正安国论》中重申了弘通《法华经》护国的主张，表白自己"为君、为佛、为神、为一切众生"的人生价值取向。

●禅　宗

禅宗是典型的中国佛教。中国的禅宗发展到宋代而至极盛。宋代大儒大多参禅，周敦颐、二程、朱熹皆有较深的佛教造诣。12世纪中叶由法僧荣西（1141—1215）将禅宗传入日本。荣西写作《兴禅护国论》、《出家大纲》、《日本佛教中兴愿文》等宣传禅宗的教义。《兴禅护国论》"相当于日本禅宗宣言书"。荣西在《兴禅护国论》中宣传"护国"的意义和价值，受到武家政权的欣赏。1200年，荣西应邀到镰仓幕府传播禅法，此时，主持国政的北条政子（源赖朝妻子）和第二代将军源赖家皈依了监济宗，禅宗在日本与幕府联姻，结合成为新的政治佛教。1227 年荣西的弟子道元（1200—1253）入宋，学习曹洞宗禅法，把曹洞宗传入日本。日本的曹洞宗属于中国禅宗南宗南岳法系。禅宗各派传入日本后，迅速在将军、武士和农民中传播。禅宗在自我修行过程中强调直接的、个人的悟性，以获得直观的真理。禅宗主张抛开卷帙浩繁的佛教经典，不著文字，以心感悟。道元强调个人的品格与戒律，用简单明了的生活贴近自然，摆脱学问主义。在道德教育理念上，道元提出，孝顺是最能体现人伦日用的，但孝顺有在家与出家之别。在家信守孝经，供奉生死，世人皆知。出家也是报恩，出家报恩不在一人，而是视一切众生像待父母一样恩重如山。出家修行能够日日行道，时时参学，顺从佛道，才是真正的孝道。禅宗这种既出世，又入世的道德义理，更适应此时形成的武士的道德要求，因此，受到武士阶层的青睐，武士从禅宗所宣传的绝对服从的道德理念中获得精神力量。

日本的武士道与禅宗关系极为密切。武士道是武士阶层必须遵守的道德原则。日本的武士阶层源于日本的封建社会。1192 年，镰仓幕府成立，标志着日本进入了封建社会。随着庄园制的加强，封建领主为了保卫和扩大自己的利益而建立起僧兵之类的武力团体。各地方为加强治安也加强了武备，这样，一部分庄民被武装起来，成为脱离农业的武士，从而形成了武士阶层。12 世纪末出现了以源赖朝为首的关东武士集团。1232 年（即四条天皇贞永元年），制订了日本历史上的第一部武家法典——《贞永式目》，该法典以封建领主与家臣之间的相互关系为主线规范了武士必须遵守的伦理道德的基本原则。该法典是在禅宗的影响下产生，它明确规定了守护地头等家臣的身分和任务，各级武士必须严守的岗位，它要求武士必须绝对忠诚于自己的主人，严格遵守封建等级制度；提倡儒家的“三纲五章”，即“三纲五常”，以达到臣忠君，子孝父，妻从夫。

禅宗强调心即佛，主张简单朴素，抛弃了卷帙浩繁的经卷和繁琐的修行仪式，强调沉思静坐（坐禅）与大自然浑然一体。在坐禅中严格自律，锻炼坚强的意志和不屈的性格，使人心如木石，“如聋如哑”，内无一物，外无所求。这种极端禁欲主义的修行方式正好适合刚刚形成的武士的生活方式和心理需求。同时，佛教视死如归，临危不惧的精神又满足了武士的职业需求，因而成为武士道德的主要源泉。“以断杀为职业的武士要使自己的意志锻炼得像墙壁那样坚定不移，坐禅是一种最好的方法，所以当时武士纷纷参禅，把它当做锻炼自己的意志的一种手段。”[①]

3. 中日佛教道德教育理念的同质与异质

无论是中国佛教还是日本佛教，都是作为印度佛教的分支体系而存在的。不过从历史渊源来看，中国佛教是对印度佛教的移植与发展，日本佛教是对中国佛教的移植与发展。中国在移植印度佛教的过程中进行了民族化的改造，实现了佛教的中国化。日本在移植中国佛教的过程中也进行了民族化的改造，实现了佛教的日本化。佛教作为中国与日本的外来宗教在进行本土化改造过程中所依据的基本教义伦理是相同的，这就使中日佛教的道德教育理念的形成有了相同的根基，中国佛教与日本佛教皆源于印度的以大乘佛教为主体的“北传佛教”。[②]大乘佛教最核心的道德教育理念是戒恶扬善、爱利他人、普度众生。大乘佛教的戒律《优婆塞戒经》提倡“不念自利，常念利他。身口意业，所作诸善，终不自为，恒为他人，是名实义菩萨”。大乘佛教所宣传的道德教育理念对中日佛教道德教育理念的影响是巨大而久远的。

具体谈到中日佛教道德教育理念的同质与异质，主要表现在以下几个方面：

（1）宣传一切皆苦的人生观

无论是大乘佛教还是小乘佛教，无论是印度佛教还是中国佛教、日本佛教，所宣传的人生观都是相同的。它们认为生命是空幻不实的，人生的真谛就是“一切皆苦”。“生”、“老”、“病”、“死”，以及“求不得”、“怨憎会”、“爱别离”都是苦的，摆脱痛苦的道路就是“无生”、“灭寂”（“涅槃”）。这种人生观、世界观是中日佛教道德教育理念的共同特点。

---

① 郑彭年．日本中国文化摄取史．杭州：杭州大学出版社，1999：185.

② 杨曾文．日本佛教史．杭州：浙江人民出版社，1995．序：2.

因此，中日佛教欲实现的人生理想是相同的，它们追求的最高人生理想就是“觉悟”和“涅槃”，摆脱三世轮回，进入西方极乐净土。

（2）中日佛教皆宣传众生平等，“自我救度”

中日佛教道德教育理念皆吸收印度原始佛教所宣传的众生平等思想，宣传一切众生皆可以通过修行进入极乐世界。中日佛教皆反对世俗的等级差别，主张取消世俗的等级观念，宣传众生（包括诸神）在人性上是平等的。人、鬼与诸神一样，皆有佛性，都能修行解脱。

（3）中日佛教的主导道德教育理念皆是积极上进的

虽然中日佛教皆奉行出世主义的人生观，宣传人生皆苦，把希望寄托在来世，但是，以大乘佛教为主要宗教信仰的中日佛教徒在人生态度上却是积极向上的。佛教教育人们要刚健勤勉、不懈追求，并把它称之为“精进”，这就使得中日佛教皆有某种程度的世俗倾向，表现为既出世又入世、亦僧亦俗的特点。

（4）中日佛教道德教育理念皆表现出兼容性的特点

佛教中国化的过程中，尽量汇通融合儒家和道家的道德教育理念。比如东汉、三国时佛教先是与道家的道德教育理念进行汇通融合，后与儒家道德教育理念进行汇通融合。据称成书于东汉末、三国初的《牟子理惑论》就同时把“佛、儒、道三家加以调和贯通，创三教并立的先声”[①]，用道家的“无为”释佛教的“涅槃”，用儒家的伦理道德“礼”宣传佛教的戒律。其后，魏晋南北朝时期佛教的道德教育理念进一步融通佛道二教，尤其是儒家的伦理原则，把封建礼教与生死轮回、因果报应结合起来，对信徒进行道德说教。隋唐之后这种趋势已经极为明显，宋代之后佛教已经完全归附于儒家，在道德教育理念的形成中已经完全儒学化了。日本佛教这种兼容性亦十分明显，它不仅吸收了儒家道德教育理念，而且吸收了神道教的道德教育理念。佛教道德教育理念与神道教所宣传的尊崇天皇的皇国主义观念结合，表现出“镇国护法”的特点。因此可以说，兼容性是中日道德教育理念的共同特点。

---

① 祁志祥．佛学与中国文化．北京：学林出版社，2001：55．

(5) 中日佛教道德教育观念在方法论上表现出简易性的共同特点

由于中国人与日本人在思维方式上更倾向于感性思维，因此，在实现佛教道德教育民族化、本土化的过程中皆对包括丰富哲学内容的繁琐的印度哲学进行了简化，使得佛教的道德教育理念在思想体系上简单易解，表现在修行方法上的简便易行。比如：最典型的中国佛教禅宗和日本化的佛教禅宗中的曹洞宗、临济宗、一遍宗、日莲宗等皆具有简易化的特点。

(6) 中日佛教道德教育理念皆表现为较鲜明的世俗化的特点

这一特点是与其吸收儒家道德教育理念，即其所具有的兼容性的特点是一致的。儒家道德教育理念是典型的世俗伦理，具有鲜明的世俗化的特点，这就使得吸收了儒家道德教育理念的中日佛教同样具有鲜明的世俗化的特点。比如：它们皆把儒家的孝悌、忠信等家国观念纳入到佛教道德教育理念之中，使得非世俗化的佛教道德教育理念一变而具有了世俗化的同质性。

以上是就中日佛教道德教育理念的共性，即同质性而言。但中日两国在移植、改造佛教道德教育理念的过程中，毕竟面对各自不同的政治、经济、文化环境，因此在移植、改造中又形成了各自不同的特点，即形成了异质特征。

(1) 对儒家道德教育理念的地位认识不同

中日佛教道德教育理念虽然表现为兼容性、世俗性的共同特点和倾向，表现为对儒家道德理念的汇通融合。但是在与儒家道德教育理念汇通融合的过程中，对儒家道德教育理念所拥有的地位却持不同观点。由于儒学是中国的传统学术体系，儒家所宣传的伦理道德观念在中国有极其宽厚的历史文化基础。早在佛教获得广泛传播之前，儒家的道德教育思想就已经成为了中国社会居于主导地位的道德教育理念了，所以佛教道德教育理念只能依附、借助于儒家道德教育理念才能被认同、被接受，因此中国佛教的道德教育理念表现出了明显的皈依儒家道德教育理念的倾向，尤其是宋代之后这种依附更为鲜明。比如：北宋天台宗学者智圆(976—1022)就曾明白地宣称自己以“宗儒为本”，“以儒修身”，[①] 置儒于佛教之上的观点。他说：“非仲尼之教，则国无以治，家无以宁，身无

① 谢吴寺丞撰．闲居编序书，闲居编．卷二十二．

以安”，而“国不治，家不宁，身不安，释氏之道，何由而在于行哉?”[①]北宋名僧契嵩（1007—1072）明确提出把佛教义理皈依儒教的思想，金代著名禅师万松行秀（1166—1246）多次劝诫弟子耶律楚材以儒治国，以佛治心。以上这些皆表现了中国佛教道德教育理念对儒教伦理的认同和依附。与此不同的是，佛教在传入日本时，刚刚从中国传入日本的中国儒学尚未扎下根基。它与佛教一样，对日本人来讲皆是需要进行改铸、消化的外来文化，它们是以平等的身份出现在日本人面前的。所以在佛教初传日本之时，它与儒学处于同等地位，其道德教育理念与儒家道德教育理念被日本人平等吸收，这从圣德太子的《十七条宪法》中看得非常清楚。其后，由于佛教传入日本后即卷入政治斗争的漩涡，具有了鲜明的镇国护法的特点，受到天皇的大力提倡，其地位甚至已经超过了儒学，这就使得儒家道德教育理念借助于佛教的力量，并依附于佛教而传播流布。日本佛教道德教育理念既吸收儒家道德教育理念，力图使佛教伦理世俗化，赢得了更多的信徒，又力图保持其宗教性，使佛教伦理超越现世的道德原则，用神化的佛教取代世俗的道德理想，宣传佛教伦理是永恒的价值体系，用以否定儒家的现世伦理，断定儒家的现世伦理所做的价值判断是间断的，有限的，使儒家伦理依附在佛教伦理的“永恒价值”下而存在。这是中日佛教伦理在吸纳摄取儒家伦理过程中的重要区别。

（2）中日佛教道德教育理念的核心价值理念是有区别的

日本佛教道德教育理念的核心是“镇国护法”，体现为更为现实的人生关怀。而中国佛教伦理的核心是“普度众生”，修行成佛，往生西方极乐净土，体现为较为虚妄的出世追求。虽然中国佛教也强调爱国护法，但较日本却显得绵弱无力，因为中国自汉代“罢黜百家，独尊儒术”之后，儒家思想一直占正统的独尊地位，中国的封建统治者和封建士大夫更多地是从儒家伦理中吸收忧国忧民、治国、平天下的爱国主义思想，而对佛教的爱国主义思想关注不够，因而也限制了佛教爱国护法精神的

① 中庸子传上，闲居编．卷十九．

扩充与弘扬。日本则不然，由于佛教传入日本时，就与政治斗争联系在一起，受到不同政治势力的支持和攻讦，因此，就形成了日本佛教与政治联姻，与国家的发展紧相联属的特点，形成了它一定程度地改变出世，而主张入世的道德精神，形成了对国家命运、政治得失的关注，培养了镇国护法的精神。日本从圣德太子开始，就把佛教置于施政立教的主导地位。继此遗风，历代天皇都把兴隆佛法作为治国安邦的重大国策，这就把佛教的兴衰发展与政治上的治乱兴衰、国家的安危紧密地联系在了一起，自然引起了僧侣对国家命运、政治得失的关注。随着佛教的善恶、因果报应等教义的传布流播，随着天皇、公卿贵族等通过造寺、建塔、诵经等向佛、菩萨祈祷功德利益等活动的频繁进行，朝廷直接下令修造东大寺、国分寺，举办各种护国法令、诵护国经典、祈祷皇室安泰、国家昌隆等活动的开展。从早期的奈良六宗、平安二宗，到镰仓时期的各佛教派别皆倡扬佛法护国、镇国护法的道德教育理念。比如，天台宗的创始人最澄通过“一切众生，皆具佛性”的理论阐明只有众生成佛，才能护国灭灾，实现国泰民安的道德教育理念。最澄以镇护国家为宗旨，他在《显戒论》中强调：“为国念诵，为国祈祷，为国讲《般若》。”他在祈祷书中写道：“主持佛法，镇护国家，愿诸佛、菩萨神祇之心保护日本国。”空海也以镇护国家为宗旨。空海秉承师训：“带回佛法，早归乡国，以幸国家，流布天下，增进苍生之福。然则四海泰，万民乐。此乃报佛恩，报师德，为国忠，在家孝。”[①] 回国后把所有佛事皆与爱国护法联系在一起，无论是修法还是造寺都是为国家的。日本禅宗创始人荣西提倡“顿悟成佛”的根本目的就是为了“专护国家利众生”，为此他专门写作了《兴禅护国论》，强调行道修善与忠君爱国的一致，假借儒学宣传日本禅宗的爱国护国精神。日莲宗的创始人日莲更是强调宗教必须为国家效力，他明确提出“日本 13037 个佛教寺院和 3132 个神社都是为了国家的安稳而受人崇敬”的。他认为，国家的存在发展是佛教存在、兴隆的前提条件。他说：“因为佛法保佑国家，国家才昌盛；因为人民崇敬佛法，

---

① 转引自郑彭年. 日本中国文化摄取史. 杭州：杭州大学出版社，1999：100.

佛法才显得尊贵。如果国家衰亡、人民灭绝的话，那么还有谁来崇敬佛教呢？因此，首先为国家祈祷，然后，佛法才得以确立。”“如果国家不衰微，土地不破坏，你的身体将是安全的，你的心灵将修得禅定。”可以说，强调镇国护法、爱国爱民是日本各佛教派别在传播过程中表现出的共同特点，是他们普遍遵奉的共同的道德教育理念，成为武士道的直接源泉。这种爱国主义教育理念在近代被利用、改造为国家主义道德，成为日本近代国家主义道德的直接思想源泉。

（3）在修行方法上，日本佛教较中国佛教更倾向于心修，更加简便易行

在道德教育的方法论上，日本佛教为了使佛教信仰被更多的民众所接受，始终奉行着简化佛教义理，注重心修的特点，力图使从中国传入的具有深邃哲学思考、丰富思想内含的佛教更适合日本人的思维水平和文化修养，在修持上做到简便易行。这样，日本佛教始终不在于传授印度原始佛教卷帙浩繁的经卷，不在于启发中国佛教的丰富哲学思考，而只在简化其戒规与义理，简化其修行的程序与方法，劝诫众生只要口念心想“南无阿弥陀佛”，不倦地唱诵“南无妙法莲花经”，就可“即身成佛”。源空、道元、日莲等虽然对佛教改革的方式不同，但获得成功的指导思想却是相同的，即注重建立一个简易的，可操作的，实践性极强的，容易被接受的信仰体系，使得佛教所宣传的人生观、世界观被各个不同的阶级、阶层，不同年龄阶段、不同性别的人们所普遍接受，从而影响人们的精神生活，调节矛盾，缓和社会关系。

第三章

中日近代道德教育理念的孕育

一、中国洋务派思想家与日本明治维新前洋学家的形成

关于中国近代史的起始时间，史学界的观点并不一致，有的史学家把1840年鸦片战争作为中国近代史的开端，有的则把洋务运动作为中国近代史的真正开端，还有的学者把1898年的戊戌维新作为中国近代史的真正肇始。笔者在本论文中持第二种观点，把19世纪60年代洋务运动的兴起作为中国开始走向现代化（日本称之为近代化）的肇始阶段。

从19世纪60年代开始，随着洋务运动的开展，西方的器物文明、制度文明开始通过不同的途径、以不同的形式进入古老的东方帝国——中国，影响中国的社会生活。在19世纪60年代，西方资本主义的器物文明、制度文明不断引入中国的情况下，西方的思想文化，即精神文明也在以不可抗拒的力量渗透到中国文化的土壤中，发生着文化渗透和再造新思想、新文化的作用。因此可以说，洋务运动期间是中国实现现代化的起步阶段，也是中国近代道德教育的孕育、萌芽时期。在这个历史时期，虽然洋务派思想家和洋务实践者无论从思想感情上还是就知识结构上来说，还没有对西方资产阶级的道德教育理念进行系统地吸收和介绍，他们钟情和极力提倡的依旧是中国的传统道德，是维护封建专制制

度的纲常名教。他们希望通过恢复旧道德以整肃纲常名教，但是他们在兴办洋务，引进西学的过程中却客观地为人们的观念变更，精神开新开启了一条不大不小的缝隙。他们在促进人们惊叹于西方物质文明的过程中，不由自主地思索能够创造这惊人物质文明的思想和精神，所以中国的洋务运动作为中国近代史的真正开端，其开风气的作用是不可低估的。实际上，它启迪了中国人对西方全部文明的求索，它是中国道德教育理念由传统转向近代的不可切断的必然环节。过去人们对这种潜在的作用估计不足。

中国的洋务运动发起于19世纪60年代，延续到19世纪90年代末。“洋务运动，说到底，是近代中国学习西方文化的运动，在19世纪后半期，它给人以力量，给人以希望。”[①] 在处理中国传统文化与西方文化的关系时，洋务派思想家们提出了“中学为体，西学为用”的文化原则，在道德教育上，依然强调中国的“旧学”，即经史子集、纲常名教，这与日本的洋学家所强调的“东洋道德西洋艺”有其惊人相似的一面，它是洋务派取法日本的结果。中国的洋务派和日本的洋学家在中日近代道德教育理念孕育启蒙时期所起的作用，所持的观点，既相似又不同。通过对中国洋务运动时期著名洋务派思想家所提倡的道德教育理念与日本明治维新前洋学家所奉行的道德教育理念之比较，我们可以更深入地理解中国与日本近代道德教育理念形成过程中的同质与异质特征。

1. 锁国政策下的中国与日本

要探讨中国洋务派思想家与日本洋学家的诞生，必须向前追溯到17世纪以来中日两国所实行的闭关锁国政策。由于闭关锁国，造成了17世纪以来，尤其是18世纪之后中日两国与西方列强之间的巨大落差，并最终导致了中国的洋务派思想家与日本洋学家的诞生。

在17世纪上半叶，当西方人继新航路开辟之后狂热地走出家门，去发现新大陆，寻找新的发迹机会的时候，中国与日本几乎是在同一时刻颁布了锁国令，闭关锁国，把自己封闭在一个密闭的罐子里。1653年

① 胡维革．中国近代社会思潮研究．长春：东北师范大学出版社，1994：102.

(清顺治十年)，清政府连续发布了两道命令：一道是禁海令，规定“片帆不得下海”，“片帆不得出洋”；另一道是迁海令，规定广东、福建、浙江、江苏等地沿海居民一律内迁五十里。清政府颁布锁国令的主要目的在于：第一，扼杀退居台湾的以郑成功为首的反清势力；第二，抵御日益猖獗的海盗掠夺；第三，防止西方商人支持沿海地区的居民反抗清朝统治。马克思在分析中国清政府推行锁国政策的原因时曾经指出：“推动这个新的王朝实行这种新的政策的更重要原因，是他害怕外国人会支持很多的中国人在中国被鞑靼人征服以后大约最初半个世纪里所怀抱的不满情绪。由于这个原因，外国人才被禁止同中国人有任何来往。”而支持清政府实行锁国政策的经济基础就是自给自足的封建经济。闭关锁国是清王朝所采取的作茧自缚的保护措施，他把自己完全封闭在一个不透新鲜空气的铁罐之内，隔绝了与外部世界的交往，不再吐故纳新。

与中国几乎处于相同的社会背景，日本早于中国 14 年，于 1639 年颁布了“锁国令”。和中国一样，在“锁国令”颁布之前，日本曾与世界各国有过广泛的接触。在德川幕府统治初期，日本曾积极鼓励海外贸易，日本商人与中国、朝鲜、东南亚、葡萄牙、西班牙、荷兰诸国有密切的商业往来，但是，由于开国中蕴藏着危机，比如，在与西方的交往中，日本西南的大名除了经济势力增强外，还购进了许多西方的枪炮，这使德川幕府感觉到了手持现代武器，腰包鼓鼓的地方势力对自己的统治构成了威胁。再如，随着与西方的接触，天主教“乘船”而至，天主教“在上帝面前人人平等”的说教，对处于封建主残酷压迫下的日本人颇具吸引力，因此迅速传播，至 17 世纪初，日本天主教徒已达 70 多万之众，遍及日本列岛，尤其以西南部的九州为最多。天主教的传入冲击了日本人的思想文化，威胁着德川幕府的统治，因此，为了巩固德川幕府的封建统治，1613 年，日本下令禁教，开始残酷迫害天主教徒。在九州，不肯改教的人被用锯锯掉头颅。1639 年，德川幕府颁布锁国令，昭示天下：禁止日本人与西方商人贸易；驱逐在日本的外国商人和传教士；住在外国的日本人不准回国。俟后的对外贸易只许中国人和荷兰人在指定的长崎一带通商。德川幕府甚至宣布：“今后，只要太阳照耀世界一天，就一天不准外国人擅自前来日本，纵令以使节身份，也绝不宽恕。其永遵勿违，否则处以死刑。”就这样，中国与日本在西方跨入资本主义飞速发展的时代，先后关上了自己的国门，开始了各自长达二百余年的锁国史，放弃、痛失了最好的发展时机。但客观地讲，锁国政策对中国和日本各自的影响又不尽相同，在中国是弊大于利。它增强了中国统治阶层的“华夷”观念，阻碍了中国资本主义萌芽的生长，切断了中国吸收外来文化以丰富改造本土文化的机遇，使中国固有的封建文化走向成熟后没能进行适时转化获得发展与再生；它阻塞了中国科学进步与技术交流的通道，影响了中国科学技术的发展和生产力水平的提高；它使得中国社会在实现了封建社会的成熟发展之后痛失了向新的阶段转型发展的大好时机。闭关锁国政策下保护起来的强权政治，禁欲主义的道德文化扼杀了中国社会内部一切向着更新更高层次发展的努力。但日本的锁国政策对日本的影响似乎是利大于弊的。从消极影响看，它使日本在国际上陷于孤立境地，隔绝了日本经济与世界市场的联系，影响了日本资本主义的发展，限制了日本的进步。但与此同时，日本的锁国政策对保持日本经济独立，防止西方国家对日本的掠夺，促进日本民族工业的发展，结束封建割据状态，形成长期稳定的和平环境，防止天主教广泛传播后可能引起的教派之争等皆产生了有利的影响。

2. 日本洋学家与中国洋务派思想家的诞生

中国与日本虽然都实行锁国政策，但两国锁国的程度却不完全相同。中国自 1653 年颁布锁国令，彻底闭关 30 年，至 1683 年平定了台湾等地的反清势力后，1685 年才决定开海禁，仅留广州一地，实行对外贸易，但对内对外有种种严格限制。对内，不准铁器、粮食、硝磺等物品出口，限制中国人制造海船，限制中国商人出外贸易等。对外，不准外国人在广州过冬，外国妇女不准来广州居住，外国人不准坐轿子，除规定的日子（每月初八、十八、二十八）外，不准外国人去“夷馆”外游散等。在这种极其严格的锁国政策下所开放的广州犹如铁窗下稍稍可透的一点缝隙，不可能成为中国对外开放的窗口。而日本却指定九州的长崎一带的种子岛作为日本人与中国人和荷兰人的通商之地。日本政府允许荷兰人在长崎的种子岛生活、居住，幕府任命特别政府一级的官员与种子岛上的荷兰人打交道。尤其是1716年日本进行“享保改革”后，德川幕府为了奖励生产，对传统的文化政策作了若干有益的调整，放宽了“禁书令”，准许输入地理、博物、化学、天文、医学、兵学等自然科学知识。由于此时日本对西洋文化的了解是通过荷兰人，并且以荷兰语研究为媒介，因而形成了所谓“兰学”，又称“洋学”。“兰学”，即“洋学”，是指日本在德川幕府实行锁国政策的前提下，通过开放长崎口岸，在长崎，通过与荷兰人接触所获得的有关西方资本主义文化与近代科学技术知识。日本“锁国”，采取的是禁止洋教（天主教），却不禁止“洋学”的政策。“在漫长的江户时代（1603－1868），日本即使双脚狂热地践踏基督教，也双手欢迎西方的科学和医学。中国却没有类似的经历，而在1842年鸦片战争失败，受到不平等对待后，更不可能有这样的奢望了。”[①] 不仅如此，到19世纪中叶，日本幕府政府在长崎任命的特别政府一级的官员就达140多人，他们中的许多人能够熟练地讲荷兰语，他们把所获得的洋学知识和科学技术传播给渴望获得这些知识与技能的青年，这样在长崎形成的“兰学”热，培养了许许多多知识广博，具有现代眼光的“兰学家”，长崎也成了在日本传播西方先进科学技术知识，传播西方文明的发源地，成了日本培养通晓现代科学技术知识，研究西方文化的人才库。到19世纪上半叶，日本从事兰学研究的学者不断增加，出现了许多卓有见地的兰学家，比如有以研究西方的医学、政治学、经济学见长的高野长英，他组织了“尚齿会”，作为传播兰学的中心；有传播兰学中的理论之学，同时兼习历史、农学、地理的佐藤信渊；还有著名的兰学家绪方洪庵。绪方洪庵于1838年在大阪设立了“适适斋”传播兰学，他在研习兰学的24年间，前后培养了3000弟子，其弟子与再传弟子中的许多人成了开国之后倒幕维新运动的中坚力量，比如桥本佐内、大村益次郎、吉田松阴、木户孝允、高杉晋作、伊藤博文等。日本的兰学研究实际上

① ［美］任达．新政革命与日本：中国，1898—1912，李仲贤译．南京：江苏人民出版社，1998：155－156．

早已冲破了幕府的政策限制，它不是仅仅局限在为加强封建幕府统治服务的技术学上，而是涉及较为广泛的学术领域，比如西方的历史、政治学、先进的自然科学，通过涉足这些学术领域，拓宽了人们的视野和思路，萌生了否定封建专制制度的近代思想。这种思想的萌芽在道德哲学上具有新的意义，它预示着一种新思想、新趋势的即将来临。正像吴潜涛博士在《日本伦理思想与日本现代化》中所阐释的那样：第一，强调人际关系的买卖契约性。它承认商人谋利的正当性，否定武士固守厌恶功利的封建道德，深受兰学思想影响的著名兰学家海保青凌甚至认为君臣关系也是一种买卖契约关系而已，“君给臣以采邑，使其服务。臣卖力于君以得米”。这一思想为后来接受卢梭的《社会契约论》奠定了思想基础。第二，主张人类平等思想。司马江汉曾经说：“天子和我们都是同样的人”，“上自天子、将军，下至士农工商、非人、乞丐，皆人也”。第三，反对儒教的华夷观念，提倡对外贸易，主张积极进取的开放精神。这种文化的积淀，道德精神上的启蒙尽管尚没有形成为一种强大的力量，但其作用却是不可低估的。它使得日本早在近代化之舟启动之前就做好了知识、教育和观念上的良好准备。它预示着一种趋势和方向。也正因为这样，从18世纪末期起，幕府就开始镇压兰学，1839年发生了“蛮社之狱”，以莫须有的罪名逮捕了高野长英等兰学家。但是兰学家的思想却在此前早已传播开来。

与日本兰学获得长足发展相比较，中国却相形见绌。尽管自康熙王朝（1662—1720）始，中国就开始引进西方的科学技术，但中国所引进的多是历法，少有自然科学和实用技术，更没有引进西洋的造船技术和政史之学等；另外，西方东渡中国的传教士也远不及荷兰向幕府政府提供各门学科知识的荷兰人那样有较高的文化修养，他们多是与新教、加尔文教、路德教相对的耶稣会传教士，他们所掌握的西方科学技术知识并不是西方最新的科技成果，多是落后、保守的历史陈迹。再就是中国的科举考试制度，它始终牢牢而又无形地钳制着读书士子应考做官的心。科举考试的内容、评卷的标准是四书五经、八股帖括等，它完全把人们的注意力吸引到背诵儒家经典和作八股文、试帖诗上，中国的知识界无暇也无心顾及与科举全然无关的其他学问与技能；再就是处于主导地位的封建统治阶层中所形成的华夷观念和夜郎自大的心理，阻塞了中国的知识阶层接受西学的道路，他们认为中国什么都好，“天朝原无求于人”。这样，近代之前，在中国的知识界没有产生像日本那样站在近代科技发展前沿引领社会发展的“兰学家”，更没有形成传播“兰学”的兰学热。直到鸦片战争之前，中国的知识界没有起到传播新知识，颂扬新文化，开启时代新风尚的作用，因而也就没能像日本兰学发展过程中所形成的为社会转型，即为“维新变革”作好知识、教育、观念及人才的准备，那么在道德哲学上的新意义也就无从谈起了，反而使得在锁国政策下而得到不断强化的封建道德不仅一直禁锢着人们的身心，而且发生了恶变，变得滋生专制、腐败和助纣杀人，它对中国人的毒害远远超过了对日本人的消极影响。这也就决定了在中国近代史上中国人反传统，尤其是反对封建的纲常名教比日本人激烈和迅猛，真可谓是“压迫愈深，反抗愈烈”。同时也决定了中国人接触、融通西方资本主义道德要比日本曲折、艰难。

须要指出的是，日本的洋学家的学术传播活动，即其教育活动，虽然起到了某种道德启蒙作用，某些兰学家也曾进行过具有近代伦理意义的建言与宣传，但就总体而言，由于日本的兰学家毕竟生活在日本德川幕府统治的封建社会，深受汉学的影响，有着扎实的儒学根基，再加上德川幕府对具有否定幕府体制思想倾向的兰学家的残酷镇压，以及大多数洋学家自身思想的软弱性、矛盾性和妥协性，就使得他们对道德教育理念的提倡依旧是保守的、传统的。本来道德就是社会变化中最具保守意义的稳健成分，因此，在“蛮社之狱”之后诞生的洋学家佐久间象山、横井小楠等的道德教育思想就体现了明显的皈依儒教的特点与倾向。就此而言，它与中国在19世纪60—90年代出现的洋务学派的道德教育思想如出一辙，它深深影响了中国的洋务派思想家的道德选择。

中国在19世纪60年代出现的洋务派比日本锁国政策下诞生的洋学家要晚二百余年。中国在鸦片战争后，在外部侵略重压下被迫打开了国门，开始了近代史上学习西方的历史。在中国近代向西方学习的先驱中，有第一批睁眼看世界的地主阶级思想家龚自珍、林则徐、魏源等，他们主张“师夷之长技以制夷”，主张学习西方的机械造船及军事制造技术，以达到御侮图强的目的。魏源翻译的《海国图志》起到了开风气的作用。鸦片战争时期地主阶级思想家的宣传鼓噪对洋务运动的产生和发展产生了重大影响。第二次鸦片战争之后，在内外交逼的情况下，在清政府内部出现了力主学习西学、办置洋务的洋务派思想家和实业家。洋务派思想家迫于两次鸦片战争中国失败的内外压力，出于御侮图强、富国强兵的目的积极办理近代军事工业和民用工业，同时创办了洋务学堂，传播西方自然科学和实用科学，学习外国语，培养洋务人才。在19世纪60—90年代，洋务运动持续了30余年，诞生了许多杰出的洋务派思想家，如王韬、冯桂芬、曾国藩、李鸿章、左宗棠、张之洞等。他们在推动洋务运动，从事洋务教育，创办洋务学堂的过程中，促进了经受二百余年锁国政策后人民对西方资本主义自然科学和实用技术的了解与掌握。它暴露了中西文化之间的巨大差异，让人们在屈辱中感到中国文化的巨大落差。所以，虽然从洋务派思想家的本意来讲，他们兴办洋务，从事洋务教育并不是为了动摇清王朝的封建统治，相反是为了富国强兵，巩固清朝的专制制度。但是历史的发展不以人们的意志为转移，而且文化的传播又有自己的独到特点，它既是有选择的，又是全方位的。这样，在洋务派仅仅要求学习西艺的情况下，西方的政治学说、历史知识、伦理道德等也悄然而来，启发了中国人的思想和精神。所以从这种意义上说，中国的洋务派和日本的洋学家虽然产生于不同的国度、不同的历史时期，面对着各自国度中不同的历史与现实的问题，但是他们在中日两国道德教育理念转型期所起的作用却有某些相似之处，即为客观上的近代道德启蒙提供了有关西学的知识基础。

二、“东洋道德西洋艺”与“中学为体，西学为用”的比较

1. “东洋道德西洋艺”

“东洋道德西洋艺”是日本洋学家处理日本传统文化与西方文化之间关系的纲领性口号，它代表明治维新前后，日本在思想文化和伦理道德、社会制度上依然奉行着东方传统，而在科学技术上，却仰仗、汲取西方，

力图在中西兼容的情况下，实现富国强兵。

日本明治维新前的洋学家在处理中西文化关系时基本奉行“东洋道德西洋艺”的准则。日本明治维新前最著名的洋学家是佐久间象山、桥本左内、横井小楠和吉田松阴等。

佐久间象山（1811—1864）是日本明治维新前杰出的洋学家，既笃信朱子学，忠诚于日本的传统文化，又热衷于西学，努力汲取、钻研西洋文化，希望通过“东洋道德”与“西方艺术”的嫁接，达到振兴产业，振兴“业已衰微之正学”，实现富国强兵的目的。佐久间象山等洋学家在道德教育上虽然深受“尊王攘夷”派的影响，深信日本是深受“天照天神”庇护的“万世一系”的天皇制的神道国家，信奉古之圣贤之学和朱子学为正学，这是日本的立国之本。但是中国鸦片战争的惨败和“日本”在美国兵临城下被迫“开国”的事实，使佐久间象山等洋学家从“华夷”之辨的自我陶醉中幡然醒悟。佐久间象山认识到了西洋各国的大炮和炮术比中国和日本的兵器先进得多，为了进一步了解西方，怀有强烈民族忧患意识的他自 34 岁始学习荷兰语。在学习实践中，他切实感受到了西方自然科学的审慎周密，实用技术的经济便利，军事技术的所向披靡，认识到仅靠中国和日本的“圣学”经传，三代政教不可能抵御西方的坚船利炮，因此，开始潜心研究“西洋实测之学”，以弥补专尚儒学之不足，提出“以夷之术防夷”，用“夷之术”补“圣学”之缺。

佐久间象山是一位主张中西兼学的教育家，他的教育目标是“和魂洋才”。为了达到中西兼学，实现“和魂洋才”的目的，一方面，他坚持朱熹的“格物穷理”思想，并用朱熹的“格物穷理”之说论证吸收、学习西方自然科学和实用技术的必要性、合理性。同时，在伦理道德上，依然坚持日本的皇国观念，儒家的尊卑等级观念，武士道精神。在政治上，仍然拥护日本的天皇制国家，为此，他明确地提出了“东洋道德西洋艺”的著名命题。

同时，另一位洋学家桥本左内也提出了“器械艺术取于彼，仁义忠孝存于我”的观点。在佐久间象山所提倡的“东洋道德”里，不仅包括“伦理道德”，还包括维护天皇统治的封建政治。他认为，用东方道德加上封建政治制度，再加上西方的科学技术，就可以实现日本民族的独立富强。因此，在佐久间象山等洋学家的道德教育理念上，表现为依旧是恪守以武士道德为核心的教育传统，表现了道德教育变革的滞后性、保守性。

横井小楠（1809—1869）进一步发展了佐久间象山的“东洋道德西洋艺”的观点。横井小楠受魏源《海国图志》的影响，在钻研西方科学技术的同时，增强了对西方政治制度的了解。随着对欧美政治制度理解程度的加深，他一改佐久间象山对西方政治制度的否定，充分肯定了在鸦片战争中英国战胜中国清朝政府不仅由于其武器先进，更由于英国的议会制度远胜于中国的君主专制制度。他认为英美两国所实行的政治制度“符合三代之治教”，统一了民心。因此，横井小楠发展了佐久间象山的“东洋道德西洋艺”的观点，把它变成了日本以武士道为核心的传统道德＋西洋政治＋西洋技术＝富国强兵。[①]

吉田松阴（1830—1859）在“洋学”不断输入日本的情况下，在日本全面加强了对西学的翻译、研究。他在以所有的西方国家为学习对象的情况下，把洋学扩展为对西方的自然科学和社会科学的所有学术领域的研究。洋学家“东洋道德”观念受到西方政治学、法律学、社会学、哲学等的激烈冲击与挑战，吉田松阴甚至明确提出不推翻幕府统治就不可能实现日本国家独立这一革命性极强的观点，这就为明治维新前由下级武士领导的尊王攘夷运动发展为倒幕维新运动提供了思想理论基础。

正像前面所说的那样，由于道德思想是社会变革中最为保守的部分，因此，尽管洋学家们对西方器物、制度文明的成果极力提倡，积极学习，吸收，但直到明治维新前，日本洋学家的道德教育观念还基本固守在日本传统伦理道德的范畴之内，只不过是“东洋道德西洋艺”的倡导却把人们自觉不自觉地引入了对西洋道德的好奇与探求之中，这就为明治维新后日本近代道德教育理念的孕育与形成作了必要的准备与铺垫，并确定了基本方向，为一定程度地接受西洋道德作好了精神准备。而且“东

① 吴潜涛．日本伦理思想与日本现代化．北京：中国人民大学出版社，1994：24.

洋道德西洋艺”亦成为日本近代处理中西文化关系的基本公式。

与日本相对照，不仅中国的洋务派思想家较日本产生得晚，日本由研究“蛮学——兰学——洋学”，形成洋学热，比中国鸦片战争时“睁眼看世界”早二百余年。在中国开展洋务运动时期，日本已经有了二百余年学习、研究、借鉴西学的历史。此时，西学在日本的影响范围、程度远胜于中国，比如许多下级武士皆是洋学的崇拜者、研究者，甚至成为颇有影响的洋学家，如佐久间象山、横井小楠、福泽谕吉等。而且，当中国的洋务派在 19 世纪 60 年代学习西学过程中遇到顽固派顽固毁谤与抵抗时，日本幕府和各藩国已经适应时局之变化，积极引进西方科学技术，发展起了以军事工业为龙头的近代企业，比如：“佐贺藩在 19 世纪 50 年代初即建立起反射炉，设立精炼所；1863 年制造出日本第一艘蒸汽动力的轮船‘凌风丸’；1867 年用进口的英国机器兴办了日本第一个西式机械纺织企业鹿儿岛纺织厂。”[①] 这为日本人比中国人较早地沐浴西方文明的洗礼，接受西方文明的影响作好了从物质到精神到情感上的准备。在中国大多数文人、学者、士大夫和民众抵御西方的“奇技淫巧”的时候，日本人已经深深地感受到了西方的自然科学和实用技术给人们带来的变化和实际利益，所以也决定了日本人比中国人较早地（至少比中国早 30 年）为接受西方的道德伦理作好了物质基础、思想感情和文化知识上的准备。

学者们在分析导致中日两国向西方学习的过程中所形成差异的原因时，多从文化的视角进行剖析。比如，依田熹家认为：“日本有着大量引进外国文化的传统，并在消化和发展外国文化上取得了成功。首要的原因是，中国是世界文明（其意义包含着不是地区性的、‘具有世界规模的文明’的意思）的发源地之一，自古以来就拥有独自的文化体系。相反，日本虽然存在着一定的原始文化体系，但有着经常吸收先进国家的文化来提高自己文化的传统。”[②] 这一传统对近代以来日本成功地实现物质现

① 转引自李萍．东方伦理思想简史．北京：中国人民大学出版社，1998：245.

② ［日］依田熹家．日中两国现代化比较研究．北京：北京大学出版社，1997：177.

代化意义重大，也为日本近代以来在道德教育上用武士道成功地嫁接德国的国家主义道德奠定了基础。

2. “中学为体，西学为用”

中国最早提出类似于佐久间象山“东洋道德西洋艺”观点的是洋务派思想家冯桂芬。冯桂芬（1807—1874）继承了龚自珍、魏源的道德思想，在批判封建政治的腐败、黑暗的过程中，提出了整顿道德，归复人心的主张。

中国的洋务教育诞生于19世纪60年代，洋务派创办洋务教育的根本目的是“自强”、“求富”、“御侮”。在办理洋务教育的过程中，他们本着“中学为体，西学为用”的办学原则，主张在学习西方的语言、科学技术，用西艺武装中国人御侮图强的能力的同时，用中国的纲常名教、仁义道德整肃人心。冯桂芬在《采西学议》一文中明确提出：“如以中国之伦常名教为原本，辅以诸国富强之术，不更善之善者哉？”虽然冯桂芬的思想已经出现了兼取西方资本主义政治制度和伦理道德之长的倾向，比如他在《收贫民议》中所表述的“法苟不善，虽古先吾斥之；法苟善，加蛮貊吾师之”，但是，就整体而言，冯桂芬的思想并没有超出魏源“师夷之长技以制夷”的思想范畴，他也没能对西方资本主义的政治制度、伦理道德、价值观念作深入的分析研究。在伦理道德上，他仍然坚持中国的传统道德，希望“以中国之伦常名教为原本”，达到振奋民族精神，增强民族凝聚力的作用。直到19世纪70年代的王韬、马建忠、薛福成，80年代的郑观应、陈炽等在学习西方的过程中，虽然把学习西方，改革内政的要求向前推进了一步，即要求学习西方的科学技术，在经济上要扶助民间资本，“振兴商务”，开办近代工业；在政治上要通过法律手段保护民间资本，实行西方资本主义国家的上下院代议制度；在文化教育上废科举，兴学堂，发展新式教育，但在政治、伦理道德上，他们仍然顽固地拒斥西方资产阶级的社会政治思想，反对西方资本主义的伦理道德，无保留地坚持中国传统的“纲常名教”。他们认为西方的科学技术、政法制度只是可用之“器”，而中国传统的“纲常名教”则是维护中国生存与发展，独立与富强的“道”与“本”。陈炽在其《庸书·自强》中明确提出："形而上者谓之道，修道之谓教，自黄帝孔子以来至于今，未尝废也，是天人之极致，性命之大源，亘千万世而不容或变者也。"他认为中国的纲常名教远远胜于西方的器物文明，因此，就像郑观应所说的那样，应该"中学其本也，西学其末也，主以中学，辅以西学"（《盛世危言》）。这一思想在张之洞的《劝学篇》中得以系统的阐发。

洋务派思想家"中学为体，西学为用"的思想在张之洞的《劝学篇》中被系统地、准确地表述出来。张之洞（1837—1909）作为洋务派思想家、政治家，对19世纪60年代以来的洋务运动的指导思想，同时也是洋务教育的核心理念进行了高度的概括与总结，他在其《劝学篇》中明确地阐发了"中学为体，西学为用"的洋务教育宗旨。

张之洞撰写《劝学篇》的目的是为了综合新旧二学，终止开国以来新旧学之争。他说："图救时者言新学，虑害道者守旧学，莫衷于一"，"旧者因噎而食废，新者歧多而羊亡，旧者不知通，新者不知本；不知通则无应敌制变之术，不知本则有非薄名教之心"①。张之洞所说的"旧学"指的是封建纲常名教，中国传统的经史子集，"新学"是康、梁等维新派所提倡的西方资产阶级的政治学说和哲学思想。张之洞认为新旧二学皆有偏颇，皆不利于治。只有综合新旧二学，才能达到"教士化民"的目的。他写作《劝学篇》的"内篇务本，以正人心。外篇务通，以开风气"，从而达到"规时势，综本末"，"教士化民"的教育目的。

张之洞等洋务派思想家在办理洋务教育的过程中，始终坚守着中国的传统道德，坚持以中国传统道德"治身心"。他说："中学为内学，西学为外学；中学治身心，西学应世事，不必尽索于经文，而必无悖于经义。如其心，圣人之心；行，圣人之行。以孝悌忠信为德，以尊主庇民为政，虽朝运汽机，夕驰铁路，无害为圣人之徒也。"②

他强调通过旧学所进行的道德教育旨在"明纲"，即道德教育的目的在于重整纲常，尤其是重新提倡受到抨击，遇到危机的"君为臣纲"，所

① 张之洞．劝学篇序．

② 张之洞．劝学篇下，会通第十三．

以他说，“知君臣之纲，则民权之说不可行也”，他甚至说“民权之说，无一益而有百害”，“民权之说一倡，愚民必喜，乱民必作，纲纪不行，大乱四起”。

由此不难看出，以张之洞为首的洋务派的道德教育的根本目的是伸张君权，抑制民权，反对康梁等维新派提倡的君主立宪制，维护封建君主专制制度。就此而言，他与日本明治维新前的洋学家横井小楠有很大的区别。横井小楠已经比较充分地认识到了英美政治制度，尤其是英国的议会制度的优越，他试图以“符合三代之治教”的英美两国的政治制度来改造日本化的传统儒学，实现社会改良，这比张之洞抑民权，伸君权，维护君主专制制度要前进一步，而吉田松阴所极力提倡的不推翻幕府制度就无法实现日本国家独立的观点更是以张之洞为首的中国洋务派思想家所望尘莫及的。可以说，在调和新学与旧学、顽固派与维新派的关系的过程中，中国的洋务派在政治观念和价值取向上倒向了顽固的守旧派，其自身没能实现由洋务派到维新派的转变。而日本的洋学家在接受尊王攘夷派思想影响的过程中，却摆脱了攘夷派在道德教育上所极力宣传的“华夷观念”。他们虽然也与中国的洋务派一样皆未对西方资本主义的道德教育理念进行学习与研究，但是日本的洋学家却对西方的政治制度给予了比中国洋务思想家更早更多的关注和肯定，这实际上就为日本近代道德教育理念的参合“洋魂”作好了更充分的思想与精神上的准备。

在19世纪90年代，日本明治维新已经走过了30年的历程，以皇国主义为核心的国家主义道德教育理念已经形成，并在精神上支持着“脱亚入欧”，称霸亚洲的侵略扩张政策的时候，中国的洋务派思想家们不仅不对国民思想进行现代启蒙，反而在其著述中极力提倡读经的重要意义：“中小学堂宜注意读经以存圣教。外国学堂有宗教一门。中国之经书，即是中国之宗教。若学堂不读经书，则是尧舜禹汤文武周公孔子之道，所谓三纲五常尽行废绝，中国必不能立国矣。”[①] 洋务派强调读经显然是为了强化对学生进行以三纲五常为核心的封建伦理道德教育，而在三纲中，

① 张之洞．劝学篇上，明纲第三．

张之洞尤其强调“君为臣纲”，这就引起了维新派更加激烈的抨击，也使得中国对西方的学习遇到了更多的来自传统道德文化方面的阻力。

就日本的“东洋道德”和中国的“中学”二者所强调的实质内容来讲，并无根本区别，他们所强调的皆是以儒家思想为核心的东方传统道德。但具体而言，日本的“东洋道德”则是指包括日本的武士道精神、神国主义观念、儒家伦理和佛教的国家主义思想，这些思想所具有的扩张性和危险性对近代日本社会的影响始终贯穿于日本的现代化过程中。再有就是日本的洋学家，诸如横井小楠进一步发展了佐久间象山等的“东洋道德西洋艺”的纲领性口号后，向前迈进了一步，其“道德”教育中包括西方政治制度的内容，把儒家伦理、皇国观念等与西方政治制度进行有机嫁接，形成了日本洋学家的“东方道德西洋艺”与中国洋务派所强调的“中学为体，西学为用”的差异，反映了日本和中国在引进西方文化时期，其本土文化与西方文化之间的冲突与融合，反映了日本洋学家和中国洋务派思想家担心自己的民族精神和传统观念受到冲击的情况下，对西方的精神文明采取的是基本拒斥的态度。他们即使是吸收西方的表层文化时，考虑的依旧是如何借西方文化来维护日本的道德义理和中国传统的纲常名教。就这一点来讲，作为后进型的近代国家，中国和日本面对的问题和所担心的问题是颇为相似的。但是，文化的穿透力是很强的，中国和日本在吸收西方的表层文化时，西方的深层文化也在向中国和日本的中层、甚至底层文化通透，一旦通透到中层，尤其是底层，激烈的冲突就在所难免。而在深层次，即底层的文化冲突中，中国和日本对西方的道德精神基本采取的是拒斥的态度。其后随着中层及至深层的文化冲突的激烈展开，西方文化像潮水般涌入日本与中国，东西方文化冲突以两种极端形式交替展开，一种是“全盘西化论”，对日本文化、中国文化全盘否定，甚至极端到要对日本和中国的人种进行改良，主张全面放弃作为日本人和中国人精神支柱的传统道德，全面吸收西洋文化，主张文化的影响应该是整体的，而不是局部的实用主义的，要学习西方就必须全部接受西方文化的影响，而不应进行唯我所用式的“东洋道德西洋艺”、“中学为体，西学为用”式地嫁接，这种观点主张全面放弃日本与中国的传统文化（当然包括道德文化）而全盘西化。另一种观点就是与此针锋相对的守旧复古主义的国粹派。他们激烈抨击西学，竭力强化日本和中国的固有传统，尤其是道德传统。这两种极端的形式发生激烈的论战，表现在道德教育领域则为东西方道德冲突、融合所凝聚的二重性，如：日本明治维新后1872年所颁布的《学制令》与1890年的《教育敕语》，中国在1912－1913年颁布的《壬子—癸丑学制》与袁世凯在1915年公布的《颁定教育要旨》、《特定教育纲领》就是这种二重性的明证。道德上的革新与守旧在学制改革中表现得最为突出与显明。

3. “和魂洋才”与“中体西用”的异同

关于“东洋道德西洋艺”和“中学为体，西学为用”亦或日本所强调的“和魂洋才”与中国的“中体西用”的分析比较，李翔海、刘岳兵在其《“中体西用”与“和魂洋才”比较申论》[①] 的论文中对学者们的研究作了这样的概括：

“和魂洋才”和“中体西用”分别作为日本和中国由传统社会向现代社会转型中的纲领性口号发挥了重要的导向作用（指导作用），二者之间有诸多相同之处。共同点在于：

第一，两者都是在遭到西方文化的强烈冲击时，作为本土文化对于外来文化之挑战的回应方式而出现的。

第二，两者都试图调和或融会东西方文化，以期以西方文化之长补自我文化之短。作为一种调和的模式，它们明显不同于主张全盘拒斥西方文化的极端保守派与主张全盘照搬西方文化的极端西化派。

第三，两者都力图保守自身文化在这种融会中的主体性，试图以自身文化之“体”或“魂”去主导西方文化之“用”或“才”，以避免西方文化把本土文化彻底淹没，造成文化上的亡国，道德上的缺失或沦丧。

第四，两者的原始涵义大致相同。“和魂”与“中体”都主要指的是本土文化中的伦理道德，而“洋才”和“西用”则皆指西方文化中以科学技术为中心的“富强之术”。

---

① 参见李卓，高宁主编．日本文化研究：以中日文化比较为中心．北京：中国社会科学出版社，1998：68.

两者的不同点主要表现在：

第一，“和魂洋才”论者在吸收西方文化时掌握的尺度较宽，“洋才”不仅限于西方的科学技术，甚至西方的某些制度和思想也逐渐包括在其中了。而“中体西用”论者在吸收西方文化时掌握的尺度却较严。“西用”一般仅限于西方的自然科学和实用技术的范畴之内，西方的社会制度，尤其是政治制度和社会政治思想、哲学思想、伦理学说却被严格地作为“中体”的对应物加以拒斥的。

在上述两个公式性的相似模式中，“和魂”与“中体”各自所处的地位是不同的。佐久间象山所强调的“东洋道德”和“西洋技术”，即“和魂”与“洋才”是并列的，谈不上何为本，何为末，谁为“体”，谁为“用”，“和魂”与“洋才”在地位上是平等的，因此，虽然洋学家强调“东洋道德”的核心“和魂”，但是并没有形成道德中心主义或道德至上论。而“中体西用”论却把“中体”突出出来，强调中国传统道德、经史子集的核心地位不动摇，把“西学”置于补缺辅助的附庸地位，突显了中国伦理型文化中的道德中心，道德至上主义，“和魂洋才”与“中体西用”之间的这一差别具有本质和要害意义。

第二，“和魂洋才”与“中体西用”的历史命运不同。由于日本明治维新所推行的富国强兵的狭义近代化获得了成功，“和魂洋才”在日本社会受到人们更多的首肯，而较少受到诘难与批判，并发展为“和魂商才”。但由于洋务运动的失败，“中体西用”在中国却受到了来自于广泛的社会批评。随后，由于中国近代化与现代化的艰难坎坷而使批评之声不断。[①]

以上的陈述确实比较准确地概括了在“和魂洋才”和“中体西用”模式下中日现代化进程中的文化路向的共性与个性，我们也能够比较清楚地理解中日在现代化征程中新道德理念孕育过程中的曲折与艰难。这种复杂艰难的程度，如从文化的角度进行分析，中国又远超过日本。

① 参见李卓，高宁主编．日本文化研究：以中日文化比较为中心．北京：中国社会科学出版社，1998：68—69.

日本的“和魂洋才”是由公元9世纪菅原道真（845—903）的“和魂汉才”演化发展来的，从日本的民族文化心理的角度来看，日本人也喜欢这种多元文化嫁接，因为他们在这种进程中体会到了嫁接果实的速成与甘甜。而中国的“中体西用”是在近代备尝西方列强侵略压迫的痛苦状态中提出来的应急举措，使中国人对强权政治、侵略扩张有一种发自心底的憎恨与鄙夷。再加上日本文化的实用性，使得日本人在近代道德教育理念重构时，采取的是唯我所用，“有用即有价值”的文化摄取政策，并没有对“东洋道德”和“西洋技术”之间的“本”、“末”、“体”、“用”问题进行类似于中国式的哲学思考和逻辑论证。所以，“和魂洋才”从道德与应用的侧面再次表现了日本人重视现实，重视实用的基本文化精神。对此，日本著名思想家加藤周一作了这样的概括，他说：“日本文化给世界观下的定义，基本上经常是此岸性的，即日常的、现实的”，“说到底，不存在与此岸隔绝的、独立的彼岸。……家族、村、此岸，是唯一的终极现实”①，“日本文化的特征之一就是超越集团的价值决不会占统治地位”②。“在日本，……文化本身已经世俗化了，……德川时代以后，日本没有产生抽象性、总括性的形而上体系，只有个别的例外”，而这种“不受超越价值约束的文化将会走向何处？……不自觉的权益主义和大势顺应主义——即经常所说的现实主义态度，将会成为典型”。③日本文化的这一基本特征和在这种文化影响下的民族文化心理确实使日本人在近代处理“东洋道德”与“西洋艺术”，即“和魂”、“洋才”的过程中采取了模糊的、不精确的区分体用、本末的对等态度。日本人只要认为“外来文化的价值被认为是有助于日本进步的工具，就把它作为一种社会文化事实来接受。过去的这种态度造成了‘和魂汉才’的观念。日本人的这种观点是理解日本文化多元性的关键”④。王家骅先生也指出“‘有用即有价值’这种非理论的实用主义正是日本人多维价值观模式的

① 加藤周一．日本社会、文化的基本特征．北京：北京大学出版社，1995：71.

② 同上.

③ 同上.

④ 转引自李卓，高宁主编．日本文化研究：以中日文化比较为中心．北京：中国社会科学出版社，1998：71.

来源”[1]，“文化对日本民族来说，始终是手段，……日本民族正是以‘有用性’为准则不断摄取与利用多元的外来文化，而形成其民族文化的”。因此，“‘有用性’是日本民族的多维价值观的核心”[2]。这是我们理解“和魂洋才”的主要文化基础，更是我们理解“和魂”中所发生的道德因素的变迁的重要前提。日本的“和魂”，是从日本固有的神道教发展为神道教＋儒家伦理＋佛教思想，再到后来已开始渗透“洋魂”的转变的重要前提。

与此不同的是，中国的传统文化却具有“超越而内在的价值”，它更注重理想人格的实现，注重崇高精神境界的养成。中国文化在演进发展过程中虽然也不断地吸收外来文化（主要是佛教）的思想资源，但却始终保持着某些基本的、一以贯之的民族特质。中国文化超越而内在，强调理想的终极目标的实现的民族特性较明显地反映在“体”与“用”这一哲学范畴的阐述上。“体”与“用”是中国哲学着力阐释的一对范畴。就其本义而言，“体”与“用”是指实体与作用、功能属性的相互依存关系，有是体方有是用。后来引申为本体（或本质）与现象的关系，是中国哲学本体论中最重要的一对范畴。这一范畴肯定体为第一性，用为第二性，体为本，用为末。就是在这一哲学理念的支配下，洋务派思想家提出了“中学为体，西学为用”的命题，坚持以中国的传统道德、经史子集为本，吸收西洋文化为末，以确保中国传统的道德文化居主体的文化特质，形成了“道德中心主义”的价值取向，而这种价值取向，在一定程度上限制了中国近代知识分子对西方思想学术、科学文化的研究吸纳。

正像学者们所分析的那样，日本的“和魂洋才”促进了日本对西方文化的广泛吸收，帮助日本完成了工业化，但也形成日本近代文化中工具理性的极度膨胀，而价值理性的“退藏于密”。中国的“中体西用”由于强调价值理性的主体作用与意义，所以在后续的现代化进程中始终注意价值理性对工具理性的补充与纠正，较好地注意到了价值理性与工具

---

① 王家骅．日本思想与日本文化．杭州：浙江人民出版社，1990：42．

② 同上书，161－162．

理性的联结的问题，即注意实现工业化过程的道德建设，这是值得肯定的。

佐久间象山的“东洋道德西洋艺”的命题，首先是从弥补儒家的“空疏”之弊提出来的，有强烈的兼采中西之长的意识。他在《赠小林又兵卫》中写道：“学并东西，术兼文武，乃我志之所在。故我以为其衣钵多半可降于斯人。总之在此一节，仅汉土之学未免空疏，仅西洋之学则欠缺道德义理之讲究。故纵令成惊人之大事，若无与圣贤之作相异之处，并据而将二者并合，则难成完全之事。”在阐发“东洋道德”与“西方艺术”的关系的时候，它强调二者并重，而没有像中国的洋务派思想家那样做严格的“体”、“用”、“本”、“末”的界定与划分。他认为“东洋道德”与“西洋艺术”就像地球的东西两半球，缺一半而不成其为“圆形”。他说：“譬如亚细亚与欧罗巴合成地球一样，缺一隅则不能成圆形。同理，道德与艺术缺一方即非完全之人。”

在写给胜林太郎的信《胜林太郎宛》中，佐久间象山进一步说明了“东洋道德”与“西洋艺术”的关系。他说：“情况不明者见彼方风土有违异于习俗，即视其为异类，以为其学盛，本邦之美俗必渐移，故而拒之，然以此二者均不免浅薄，故以四书六经之教育其道德，与学术相一致，自初不言章句训诂之末节，道德、仁义、孝悌、忠信之教盖从汉土圣人模训；天文、地理、航海、测量、万物之穷理、炮兵之技、商法、医术、机械工作则尽以西方为主，采五洲之长，以成皇国之大学问。”

在此，佐久间象山把“东洋道德”明确地界定为儒家伦理道德的范畴，把“西洋艺术”解释为西方的科学技术之领域。“东洋道德”与“西洋艺术”结合，即日本“采五洲之长”，才能够成就“皇国之大学问”。正像日本著名学者依田熹家所说的那样，佐久间象山是把儒家道德“限定于日常道德的狭小范围以内”了，这对日本人广泛地吸收西方学术大开了方便之门，而中国的“中学为体，西学为用”还停留在儒家的道德至上的思想框架内，它阻碍了人们对西学的开放与吸收。

中国的洋务派如郑观应、宋恕等在提出了冲破封建主义纲常名教、仁义道德的压抑，调整君臣关系，要求男女平等、妇女独立的道德教育思想之后，到晚年又几乎与张之洞一样出现了向封建礼教的妥协与复归，表现了中国的洋务派思想家在道德思想上充满着激烈的矛盾，他们对中国的传统道德的肯定与否定都比日本的洋学家充满着更大的矛盾。郑观应在《盛世危言·议院篇》里所提倡的曾经被洋务派思想家所普遍接受和认可的"欲张国势，莫要于得民心；欲得民心，莫要于通下情；欲通下情，莫要于设议院"的公理与假设，到洋务运动的晚期，尤其是在张之洞的《劝学篇》里被置于后台，使得洋务派所强调的道德教育被确定为一种指导教育的纲领性的核心口号时，便舍弃了西政的思想制度的内容，出现了倒退。但是张之洞等的倒退并没有完全阻遏人们对西方政治思想和政治制度等的学习与研究，相反，随着中国半殖民地、半封建程度的加深更激发了进步思想家全面学习西学的忧愤与激情，这在 1898 年 6—9 月爆发的戊戌维新运动和其后的革命运动中即有淋漓尽致的表现。张之洞所强调的"西学"，包括"西政"和"西艺"两方面，"西政"主要指"学校、地理、度支、赋税、武备、律例、劝工、通商"，"西艺"指"算、绘、矿、医、声、光、化、电"。张之洞认为"西政之刑狱，立法最善"[①]，因此，张之洞所强调的"西学"应该包括西方资本主义的法律制度，而不是政治制度。张之洞提倡"西学"的目的是"治世变"，巩固封建统治，维持社会稳定。为了使"西学"不致导致中国社会的世变而能达到"治世变"的目的，张之洞进一步阐发了"中学"与"西学"，"体"与"用"的关系。他说："讲西学必先通中学，乃不忘其祖也。"[②]"今欲强中国，存中学，则不得不讲西学，然不先以中学固其根柢，端其识趣，则强者为乱首，弱者为人奴。其祸更烈于不通西学者矣。"他说："今日学者，必先通经，以明我中国先圣先师立教之旨，考史以识我中国历代之治乱，九州之风土，涉猎子集以通我中国之学术文章，然后择西学之可以补吾阙者用之，西政之可以起我疾者取之，斯有其益而无

① 张之洞．劝学篇，设学第三．

② 同上书，序．

其害。”[①]

在这种先“中学”后“西学”，“中学为体，西学为用”的理念指导下，1903年颁布的《奏定学堂章程》中明确地规定了教育宗旨：“无论何等学堂，均以忠孝为本，以中国经史之学为基，俾学生心术以归于纯正。而后以西学瀹其知识，练其艺能，务期他日成材，各适实用。”[②] 学校的课程设置亦应新旧兼容，政艺兼容，做到“旧学为体，新学为用，不使偏废”[③]。

张之洞的“中学为体，西学为用”比佐久间象山“东方道德西方艺”论述更为审慎周密，已经形成了更加系统、完善的理论体系。

张之洞所强调的“中学”中所包含的道德教育思想其精神指向是维系封建君主专制制度的稳定，更倾向于政治的目的，是为了更有利地扼制维新派的“新学”，抵御日益兴起的“民权”思想，他担心“民权之说一倡，愚民必喜，乱民必作，纲纪不行，大乱四起”，[④] 连为用的“西学”都是为了“治世变”的。虽然我们不能否定洋务运动早期的洋务思想家们自强、求富、抵御外侮的爱国精神和爱国热情，但是到了洋务运动的晚期，尤其到张之洞写作《劝学篇》时，他提倡“中学为体，西学为用”的政治目的已经十分明显了，他超出了“自强、求富”的富国强兵的理念，更具有了明显的对抗戊戌维新的思想政治倾向，这与日本的洋学家不断启发、推动日本的明治维新是有区别的。

日本的洋学家强调通过“东方道德西洋艺”培养出来的“和魂洋才”是为了振兴产业，富国强兵。

在幕府政权扶植下而壮大的洋学家掀起的洋学热的最大特点是与军事技术现代化所需要的“殖产兴业”的现实目标相联系，更倾向于军事和经济的目的。

---

① 张之洞．劝学篇上．

② 张百熙，荣庆，张之洞．重订学堂章程．引自舒新城编．中国近代教育史资料：上册．北京：人民教育出版社，1981：1197．

③ 张之洞．劝学篇下，设学第三．

④ 同上书，正权第六．

无论是受幕府支持的日本洋学家，还是受清政府信赖的洋务派思想家，在中国与日本启动现代化的过程中都提出了一个非常有意义，并在后世引起了广泛争论与探讨的共同问题，那就是在启动和实现现代化的过程中，在面对西方政治、经济、科学、文化压力与挑战的过程中如何处理民族固有文化与外来文化（主要指西方文化）之间的关系问题，尤其是在道德教育这一最为敏感的领域，日本强调的“东方道德西洋艺”和中国洋务派所强调的“中学为体，西学为用”，不管其主旨如何，其政治目的无论是进步的还是保守的，自身都不重要，最重要的是它引起了人们对民族传统文化，尤其是传统道德在现代化进程中作用问题和存留问题的研究与探讨，而对这个问题的研究与探讨必将引起广泛的思想开新，这个意义远远超过了问题的本身所蕴含的实际意义和思想家当时所要解决的实际问题。所以，正是从这个意义上说，日本在明治维新前的洋学家们所倡导的“东洋道德西洋艺”与中国在戊戌维新前洋务派所倡导的“中学为体，西学为用”在近代道德教育理念更新过程中所起到的“破冰”与“启蒙”作用同样是不可低估的。

再从日本的“东洋道德西洋艺”与中国的“中学为体，西学为用”的渊源关系来看，后者显然是受前者的影响，来源于前者。

在中日关系上，日本曾经是中国的学生，日本的古代文明基本脱胎于中国文化的影响，其“东洋道德”主要是指受儒家伦理道德和佛教伦理道德影响的日本古代道德教育理念。但是到了近代社会，日本明治维新的成功，中国鸦片战争、甲午战争的失败便颠倒了中日之间的师生关系，日本由中国的学生变成了中国学习的老师。

中国近代无论是政治经济上的改革，还是思想文化领域的嬗变都在努力学习，效仿日本。道德教育领域亦不例外。在中国近代，日本对中国进行经济侵略、武装侵略的过程中，积极进行文化侵略、文化渗透，对中国的教育更是多方插手，以培养像日本人一样思维、行动的亲日派官僚和知识分子，以配合经济、军事、政治上的侵略掠夺。对此，曾在上海工作的西方牧师潘慎文（Rev. A. P. Parker）在1901年7月所写的《日本对中国新的侵略》中揭露：“思想的侵略取代武器的侵略，教育的宣传取代压迫。狡狯地企图以思想力量多于物质力量以征服中国。”[①] 另一位西方人雷里·宾茹（Rene Pinon）在其《中国的日本化》中称“这个新的中国将是日本人的中国”。他说：“在日本影响下，（中国）已决定进行改革并付诸实践，（京师大学堂）管学大臣张百熙有关‘大清国之教育改组’的报告……是直接受日本体系启发的……宣布除外语教员外，全部教员都应在日本选聘。事实上，最近成立的师范学堂，所有外籍教师都是日本天皇的臣民……不用说，这些日本人的教育使命必定产生巨大的影响。”[②] 英国新教徒、教育家李提摩太（Timothy Richard）曾深刻揭示日本对中国教育从制度到思想的影响：“北京可能注视着东京，很明显，日本对中国18省的影响在不断地扩大，日本的旅游者、商人、教员、军事教官，在帝国无远弗至。中国贵族和统治阶级成千上万的子孙在日本受教育，回国后按在日本所学，依样画瓢。中国本地最好的报纸是日本人控制的，而本地报业蓬勃发展，本身就最具革命现象的意义……我们希望日本影响的扩张不会令人猛然一惊，相信日本真正的政策不是要强迫中国成为西方文化或思想工作的虚伪模仿者，而是使用西方的配件，以保存东方生活和政体的根基。”[③] 李提摩太的评论，最能揭示洋务派受“东洋道德西洋艺”之模式影响而提出的“中学为体，西学为用”的精神实质。而张之洞在《劝学篇》中的叙述更进一步地确证了其在道德教育思想上取法“东洋”的事实。1898年2月，张之洞组织姚锡光等赴日教育考察后，1898年4月姚锡光向张之洞提交了考察报告。在此报告影响下，加之长期与日本人进行的经济、军事、外交及办理洋务教育过程中的接触，张之洞写作了《劝学篇》。王晓秋先生在其《近代中日文化交流史》中也对日本学者的思想对张之洞及其高级阁僚的影响作了详细的论证。张之洞在《劝学篇》中论述留学时就已明确地表达了

① 潘慎文. 日本对中国的新侵略. A·P·Parker, “A New Japanese Invasion of China”, Chinese Recorder 32. 7: 356〈July, 1901〉.

② 转引自任达，新政革命与日本：中国，1898—1912. 李仲贤译. 南京：江苏人民出版社，1998：10.

③ 同上书，10—11.

效仿日本之心。他说："至游学之国，西洋不如东洋，一、路近省费，可多遣；一、去华近，易考察；一、东文近于中文，易通晓；一、西学甚繁，凡西学不切要者，东人已删节而酌改之。中东情势，风俗相近，易仿行，事半功倍，无过于此。若自欲求精求备再赴西洋，有何不可。"①

不仅如此，就连主张维新变法的康有为、梁启超也极力主张走日本明治维新的道路，在政治制度、思想文化方面皆取法日本。比如：梁启超认为，正是由于变法维新，才使日本由"古之弹丸"之国而一变为"今之雄国"。因此，他极力主张中国人应该效法日本明治维新，通过日本，效法西洋，从而实现富国强兵。梁启超在《变法通义》中极力宣传这种方法的益处，他说：日本与我为同文之国，自昔行用汉文，自和文肇兴，而平假名片假名等，始与汉文相杂厕，然汉文犹居十六七，日本自明治维新以后，锐意西学，所翻彼中之书，要者略备，其本国新著之书，亦多可观。今诚能习日文以译日书，用力甚鲜，而获益甚巨。计日文之易成，约有数端，音少一也。音皆中之所有，无棘刺捍格之音，二也。文法疏阔，三也。名物象事，多与中土相同，四也。汉文居十六七，五也。故黄君公度谓：可不学而能，苟能强记，半岁无不尽通者。以此视西文，抑又事半功倍也。②

由此不难看出，中国近代化，亦称早期现代化是从效法日本开始的。

---

① 张之洞．劝学篇外篇，游学第二．

② 梁启超．变法通义//饮冰室合集，文集之一．北京：中华书局，1989：76．

第四章

中日近代道德教育理念的形成与展开

日本明治维新时期（1868—1912）与中国晚清新政时期（1898—1911）是中日近代道德教育理念的形成与展开时期。在这个历史时期，各种理论思潮错落、流派纷争、异彩纷呈，在矛盾斗争中此消彼长，极大地丰富了中日近代的伦理思想，为近代道德教育理念的形成与确立提供了重要的理论基础与思想参照。

中日近代皆处于由传统社会向现代社会转型的历史时期。转型阶段的社会面临着广泛而深刻的变革。在变革传统社会向现代社会前进的过程中，在革新表层物质文明、中层制度文明的过程中，势必牵扯到深层的文化改铸，引起不同观点之间的矛盾论争。而这种论争的展开范围、激烈程度和思想的深刻程度往往与政府的态度、干涉程度、采取的政策关系极为密切。往往是政府态度越积极，思想解放的程度越大；政府干涉的越少，采取的政策越开放，论证的范围越广泛，程度越激烈，思想也越深刻，社会的精神文明的进程越快，否则反之。

日本明治维新之后，对思想文化领域的论争采取了先放后收，既鼓励又严格控制、压抑的政策，最后把维新派与保守派之间的分歧与争论统一在国家主义、天皇至上的纲领之下。

以《教学大旨》、《幼学纲要》，尤其是《教育敕语》的颁布为标志，意味着日本近代道德教育理念的最终形成。

由于《大日本帝国宪法》和《教育敕语》的颁布极大地巩固了以天皇为核心的君主立宪制政体，日本的统治阶级在镇压了自由民权运动之后，牢牢地把握了政治、经济及文化教育的统治权，因此，加强了对思想文化的统治，日本近代道德教育理念是通过天皇敕谕的形式由政府或朝廷来确立，公布，并在各级各类学校和全民中展开的，表现为政府的直接参与和强力推进。

中国近代，尤其是自1898年维新变法失败之后，清廷在以日本为楷模，欲模仿日本的政治、经济及教育体制进行改革的过程中，在道德教育理念的选择与确立的过程中，也采取了政府强力干预的政策。不仅如此，中国近代道德教育理念的阐释方式、贯彻途径以及有关道德教育在学校教育中的地位、作用以及德育内容等方面的诸多问题的处理方式也在极力地仿效日本，形成了与整个学制改革相匹配的“日本化”的特点，这是从前的研究中大家不曾留意和关注的。

在中国近代，无论是维新派思想家还是在政府中握有实权的洋务派思想家都竭力提倡学习日本，只不过大家所学习的内容，欲达到的政治目的不同罢了。但有一点是必须给予充分肯定的，无论是维新派还是已经倾向于顽固派的洋务派，他们主张学习西洋，学习日本的爱国情感却是相同的，那就是御侮图强、富国强兵。

与日本明治维新期间政府对道德教育采取先放后收的政策不同的是，虽然晚清政府十分重视加强学校中的道德教育，但是由于1903年颁布学制之前，我国的基础教育（启蒙教育）基本处于私立的状态，私塾等蒙学中的道德教育基本是通过传统的蒙养教材，如《三字经》、《百家姓》、《千字文》、《增广贤文》、《弟子规》、《小儿语》、《续小儿语》和《性理字训》等向学生进行封建道德教育的。一些具有维新思想的学者所创办的新式学堂为数有限，且多游离于官学体制之外。中国的基础教育远没有普及，而且处于自发的发展状态。据清学部统计，1909年各省学生数仅有1626760人，直到1911年中央教育会议议决以四年教育为义务教育，这是我国义务教育之始。这样，通过教育的手段所进行的具有现代意义上的思想启蒙也就十分有限。

日本自明治维新始，尤其是1872年颁布《学制令》，在“文明开化”的政策导引下，经过其后不到30年的时间，基本实现了普及义务教育。据日本文部省《学制百年史》统计，1895年，日本学龄儿童入学率为61%，到了1900年已经超过了80%，达到81.84%。1903年，达到

93.23%，日本迅速实现了普及义务教育。1890 年，日本公布了新的《小学校令》，提出“邑无不学之户，家无不学之人”，进行普及义务教育。规定公立寻常小学校免收学费，实施 4 年免费义务教育，还鼓励 2 年制高等小学校与寻常小学校一起设置，从而为实施 6 年制义务教育作好了准备。1907 年 3 月 21 日，日本再次修改《小学校令》，延长义务教育年限，将寻常小学校的修业年限由 4 年改为 6 年，从 1908 年开始实施，实施普及 6 年制的义务教育。

参见 1895—1912 年日本学龄儿童就学率（%）

项目 / 年次	平均	男	女
1895	61.24	76.65	43.87
1896	64.22	79	47.53
1897	66.65	80.67	50.86
1898	68.91	82.42	53.73
1899	72.75	85.06	59.04
1900	81.48	90.55	71.73
1901	88.05	93.78	81.80
1902	91.57	95.80	87.00
1903	93.23	96.59	89.58
1904	94.43	97.16	91.46
1905	95.62	97.72	93.34
1906	96.51	98.16	94.84
1907	97.38	98.53	96.14
1908	97.83	98.73	96.86
1909	98.10	98.86	97.26
1910	98.14	98.83	97.38
1911	98.20	98.81	97.54
1912	98.23	98.80	97.62

资料来源：[日] 土屋忠雄．概说近代教育史．东京：川岛书店，1971：82.

与此同时，中国新式学堂的建立，尤其是普及义务教育的实施却比日本晚得多。再加上鸦片战争之后，满清王朝急于应付不断发生的内忧外患，因此，国家强力颁布的《癸卯学制》中所要贯彻的《学务纲要》和1906年清学部等颁布的“教育宗旨”在贯彻中也就大打折扣了，它所发挥的实际作用和其目的的实现程度皆逊色于日本。

一、明治维新后日本启蒙思想家与自由民权思想家的道德教育理念

1. 启蒙思想家对西方资产阶级道德的摄取与对日本传统道德的批判与反思

明治维新之后，明治新政权积极倡导“文明开化”政策，主张学习西方资本主义的政治经济制度和思想文化。

1868年4月，以天皇名义颁布的施政纲领《五条誓文》明确提出要“求知识于世界，大振皇基”。这一纲领的先进性和近代性极大地推动了日本的现代化进程，掀起了日本近代史上的道德启蒙运动。启蒙运动的主要代表人物是西周（1829－1897）、福泽谕吉（1834－1901）、津田真道（1829－1902）、加藤弘之（1836－1916）、中村正直（1832－1891）和森有礼（1847－1889）等，他们于1873年，即明治六年成立“明六社”，出版机关刊物《明六杂志》，成为日本启蒙运动的中心。

启蒙运动的主要内容就是引进西方的哲学、伦理学、政治学、法律、历史和教育等思想。在哲学上，针对“和汉”之学的空疏虚妄，引进了法国哲学家孔德的实证主义，主张实学，表现出强烈的实证主义倾向；在伦理学上，批判儒家的禁欲主义道德信条，引进英国功利主义哲学家穆勒的思想，提倡功利主义、快乐主义，同时注重弘扬民族整体主义的道德观念，反对自利损人的极端个人主义倾向；引进法国启蒙思想家所提倡的“天赋人权”说和“社会契约”论，提倡自由、平等、独立、自尊，反对儒家的等级观念和服从道德。在政治上，引进德国的君主立宪制和法国的自由主义，反对君主专制。

在启蒙思想家中，对儒家思想学说，尤其是儒家的道德思想展开最尖锐而系统批判的是福泽谕吉。

福泽谕吉（1834—1901）出生于中津藩（今日本的大分县）的一个下级武士家庭，3 岁丧父，自幼受到严格的封建等级教育，有较好的儒学功底，亦深受封建门阀制度的压抑，因此思想上早有反封建的种子。福泽谕吉在青年时代就接触到了西学，得风气之先。1860 年，即 26 岁时随日本使节船赴美，第一次把美国语言学家诺阿·韦伯斯特（Noah Webster）的大辞典——《韦伯斯特大辞典》带回日本，为日本进一步接受英美文明准备了工具。自 19 世纪 60 年代始，福泽谕吉曾三度游历欧美，接受西方资产阶级自由、平等、独立和天赋人权等民主思想及西方科学技术的洗礼，沐浴欧风美雨，深感洋学的优越，深切忧虑日本所处的内忧外患的紧迫形势，以谋求国家的独立和“富国强兵”为己任，猛烈抨击旧的封建专制主义制度和腐朽僵化的意识形态，清肃封建道德对人们思想和精神的桎梏，极力传播资产阶级的启蒙思想，被日本人推崇为“国民的教师”和“日本的伏尔泰”。

福泽谕吉终生不仕，专心致力于翻译西学，著书立说，宣传欧美文化，推进日本教育思想的更新和教育观念的变革，其早期的启蒙思想对推动明治初中期的文明开化运动作出了巨大的贡献。其《劝学篇》就是推进文明开化运动，对国民进行思想启蒙的教科书。

福泽谕吉在《劝学篇》中，批判日本的封建道德意识，宣传西方资产阶级的“天赋人权”思想，崇尚、传播西方的道德文明，对形成日本近代道德教育理念影响深远。他在《劝学篇》的开篇，以极富战斗力的语言向人们昭示“天不生人上之人，也不生人下之人”，这给长期以来受封建等级制压迫，受封建思想束缚的日本人以极大的勇气和力量，它鼓舞日本国民冲破封建等级制度和伦理道德的束缚，追求个性的自由和解放。

福泽谕吉称自己平生有两大夙愿：一是冲破腐朽的封建制度的束缚；二是实现日本民族的独立自强。由于明治政府断然实行“废藩置县”，他看到了“第一愿望的实现”。要想实现第二夙愿，必须培养具有近代思想意识，具有独立、自尊能力的近代国民，但这在传统观念根深蒂固、封建意识浓郁强烈的社会情势下，是不可能实现的。为此，他认为要培养近代日本国民，必须首先“乘势大力吹进西洋文明新风，从根本上改革全国民心，在绝远之东洋开辟一新的文明之国”。这样，在《劝学篇》和其后的《文明论概略》中，他首先对儒家思想学说，尤其是儒教伦理道德展开了激烈的抨击。

他公开宣布汉学，即儒学是自己“不共戴天的大敌”，抨击二十四孝、三从四德是伤天害理的“片面教条”[①]，批判孟子“不孝有三，无后为大”是“故甚其词”的“妄言”，鼓励人们放弃对圣贤的迷信与崇拜，宣称“对于提倡违反天理，倒行逆施的人，即使是孟子孔子，也不必有所顾虑，仍当视为罪人”[②]。批判男子纳妾，“一个男子娶两三个女人，明明是违背天理，不妨直称之为禽兽”。他抨击纳妾是把人家的女子“当做禽兽在役使，搅乱一家的风纪，有害子孙的教养，流祸天下，遗毒后世”[③]。

在批判封建道德的过程中，福泽谕吉把重点落在对婚姻、家庭道德的批判上。因为婚姻、家庭道德，尤其是封建的孝道是“人伦之本”，他对孝道的批判和否定无疑动摇了封建道德的根基。他批判中国和日本，劝人行孝的“二十四孝”中的故事“十之八九，是劝人做世间难以做到的事情，或者叙述得愚昧可笑，甚至是把违背道理的事情誉为孝行”。他用“夫妇和父子两种关系为例来说明上下贵贱的名分所发生的弊害”。他说，由于“这种弊害在社会上流行甚广，几乎浸润于人间事物的一切关系之中”[④]，因此，必须肃清。他在《劝学篇》的第十一篇《论名分产生伪君子》中对儒家“移孝作忠”的君臣道德作了深刻地批判，认为把家庭中的父子关系引喻到“一个国家，一个村子，一个政府或一个公司”之间的上下尊卑关系，这就是世间名分之所以产生和专制之所以盛行的

---

① 福泽谕吉．劝学篇．群力译．北京：商务印书馆，1984：47—48.

② 同上书，49.

③ 同上书，48.

④ 同上书，49—50.

原因。在这里，福泽显然是没有看到道德关系的确立，伦理观念的形成归根结蒂是由社会的经济、政治关系决定的，统治中国和日本的以“忠孝”为核心的儒家伦理，它产生于农耕社会，适应封建统治的需要这一本质问题。但是他对由父子关系引申而来的君臣关系的批判却是振聋发聩的，具有启迪“愚氓”的作用。他指出：“在亚洲各国，称国君为民之父母，称人民为臣子或赤子，称政府的工作为牧民之职，在中国有时称地方官为某州之牧。这个牧字，若照饲养兽类的意思解释，便是把一州的人民当做牛羊看待。把这个名称公然标榜出来，真是无礼已极。”[①] 他进一步指出，把君臣关系、政府之与人民的关系比喻成父子关系，具有巨大的欺骗性。他引用卢梭的社会契约论解释君与臣、政府之与人民的关系应该是一种契约关系，是“陌生人与陌生人的交往”。而“在陌生人相交往的情况下，情谊是不起作用的，必须制定法规契约一类的东西，互相遵守，毫厘必争，反而能使双方圆满相处。这就是国法的起源”[②]。

他主张用法律约束君王与臣民之间的关系，不要奢望所谓“圣君贤臣”的“仁政”，认为：“中国自周朝以来，即曾不断为此焦思苦虑，可是直到如今连一次符合愿望的治世也没有出现。其多次的结局，往往和今日遭受外国人的压迫一样。”进而否定“君为臣纲”的封建道德和在这种道德体系下所维持的封建君主专制制度的腐败与无能，他把依据“君为臣纲”的封建道德而建立起来的君主专制制度，即封建统治者所追求标榜的“仁政”说成是“含有强迫性质，企图强迫人民‘叨沐圣恩’”的诱骗与欺压，结果将导致“‘圣恩’变为骚扰，仁政变为苛政”，直指封建道德的灵魂，极大地动摇了维护封建君主专制制度的精神基础，为君主立宪制的建立奠定了思想舆论基础。

福泽谕吉从否定上下尊卑的名分出发，批判日本武士道的虚伪，批判所谓的“忠臣义士”是妄取功名骗食俸禄的“伪君子”。

福泽谕吉从上述的系列批判中得出结论：“社会上最不可靠的是名

---

① 福泽谕吉. 劝学篇. 群力译. 北京：商务印书馆，1843：61.

② 同上书，62.

分，流毒最大的是专制压迫。”[①] 他呼唤人们挣脱纲常名分的羁绊，建立真诚友善的关系。他说：“大凡世间亲莫过于父子夫妇，称之为天下的至亲。而保持此种至亲关系的力量，除和睦真诚外别无他物。”主张建立父子夫妇之间“和睦真诚”的关系。他非常强调“真诚”这种道德品质，他说：“要使社会交际的关系亲睦，也重在真诚。”[②]

福泽谕吉批判封建纲常名教的武器是卢梭的天赋人权，社会契约，是西方资产阶级的自由、平等的道德理念。

福泽谕吉在明治初期基于天赋人权、社会契约、自由平等的理论而建构起来的启蒙道德，被概括为“民族主义的独立自尊说”。[③] 他的“民族主义的独立自尊说”是日本明治初期道德启蒙的旗帜。

福泽谕吉的“独立自尊说”主要包括下列内容：

（1）强调个人的自由、平等、独立

他在《劝学篇》中直抒追求自由、平等、独立的道德情怀。他说：“天不生人上之人，也不生人下之人”，“这就是说天生的人一律平等，不是生来就有贵贱之别的。人类作为万物之灵，本应依凭身心的活动，取得天地间一切物资，以满足衣食住的需要，大家自由自在，互不妨害地安乐度日。”[④] 又说：“人的出生是天之使然，而非由于人力。他们之所以能够互相敬爱，各尽其责和互不妨害，是由于根本上都是同一人类，共戴一天，并同为天地间的造物。”[⑤] “所以，如就人与人之间的均衡一致而论，我们不能不说人与人是平等的。但这种平等并不是现实情况上的平等，而是指基本权利上的平等。”[⑥] 所谓基本权利的平等“就是指人人有维持个体生命，维护个人财产和珍视名誉的权利。为了实现维护这

---

① 福泽谕吉．劝学篇．群力译．北京：商务印书馆，1843：64.

② 同上书，100.

③ 吴潜涛．日本伦理思想与日本现代化．北京：中国人民大学出版社，1994：37.

④ 福泽谕吉．劝学篇．群力译．北京：商务印书馆，1984：2.

⑤ 同上书，9.

⑥ 同上.

种权利，人人都应该拼命力争。”他批评生活在日本这种等级制社会中的种种不平等现象。他说：“若就现实情况而论，人间确实存在很大的贫富强弱与智愚之别：有的是诸侯贵族，身居宫殿，锦衣美食；有的是脚夫苦力，在陋巷暗室赁房居住，为当天的衣食奔走；有人施呈才智，充任官吏、巨商而左右天下；有人毫无智慧，一生叫卖糖果度日。”他们之间存在“天壤之别”。[①] 他认为这种差别并不是天命注定的，而是由于学与不学所造成的。他引用日本古代的启蒙课本《实语教》说明人的贫富智愚都是由学与不学造成的。“人不学无智，无智者愚人。”因此，要改变贫富智愚的不平等状况，实现个体的基本权力就必须学习。

在这里，福泽显然是掩盖了造成社会不公平的最根本原因，掩盖了阶级剥削的实质，否定了造成不公正、缺乏正义的社会制度这一决定性的因素。因为任何不公归根结蒂都是由于制度的原因：比如经济制度和政治制度的缺陷造成的。福泽谕吉在此是导果为因。但是他鼓励人们通过学习来实现个人价值，维持个体生存权利，实现基本权利的道德思想却在日本社会现代化的起飞期起到了巨大的思想启蒙及人格激励作用。

须要指出的是，福泽谕吉认为天赋的自由权利也是有限制的，这个限制就是“守本分”。所谓“本分就意味着基于天理，顺乎人情，不妨害他人而发挥自己的自由”，进而他指出了“自由与恣情放荡的界限也就在于妨害他人与否”，他主张在遵守社会公德的前提下实现个人的自由权利。

福泽谕吉在强调自由、平等的权利的同时，极力提倡“独立权利”。他把独立分为有形的和无形的两种，即“一种是物质方面的独立，一种是精神方面的独立”[②]，“所谓物质方面的独立，就是世人自有财产，各务家业，不依靠别人的照顾，而能维持个人和家庭的生活。一言以蔽之，就是不在物质上求人帮助。”关于精神方面的独立，“就是没有依赖他人的心理，能够自己支配自己。例如自己能够辨明事理，处置得宜，就是

① 福泽谕吉．劝学篇．群力译．北京：商务印书馆，1984：2.

② 同上书，90.

不依赖他人智慧的独立”。他强调独立精神、独立权利的重要。他说：“人人独立，国家就能独立”。他把个人的独立自强与国家的独立、繁荣昌盛紧密联系在一起，充分体现了其道德教育思想的国家主义特点。福泽谕吉视“一身独立”是“一国独立”的前提，只有“一身独立”，才能实现“一国独立”。他说：“没有独立精神的人，一定依赖别人，依赖别人的人一定怕人；怕人的人一定阿谀谄媚人。若常常怕人和谄媚人，逐渐成了习惯以后”，就会“不知羞耻”，只知屈服，“毫无气节”，更为严重的是“没有独立精神的人会仗势做坏事”，这样，“国家无论如何也不能维持”，因为“国民独立精神愈少，卖国之祸即随之增大”[①]。所以，必须培养人民的独立精神，使全国上下，“无论官民都应该首先谋求自己的独立，行有余力，再帮助他人独立。父兄教导子弟独立，老师勉励学生独立；士农工商全都应当独立起来，进而保卫国家”[②]。他说：“为了抵御外侮，保卫国家，必须使全国充满自由独立的风气。人人不分贵贱上下，都应该把国家兴亡的责任承担在自己肩上，也不分智愚明昧，都应该尽国民应尽的义务。”他要求人们“像爱自己的家一样，为了国家，不仅要牺牲财产，就是牺牲性命，也在所不惜”。他把这称为“报国的大义”。[③]

（2）强调文明是实现国家独立的手段

福泽谕吉在《文明论概略》中，强调文明是实现国家独立的手段。他认为文明总是国家的文明和民族的文明，它与国家的独立富强、民族的繁荣昌盛紧相联属。他号召日本人向文明进军，保卫日本国的独立。他说：“保卫国家的独立，除争取文明之外没有别的出路。”国家独立是目的，文明是手段，手段是为目的服务的。

关于文明，福泽谕吉作了精辟的诠释，他说：“文明是一相对的概念”，“文明之物，至大至重，社会上的一切事物，无一不是以文明为目

① 福泽谕吉．劝学篇．群力译．北京：商务印书馆，1984：17－18.

② 同上书，18.

③ 同上书，15－16.

标的”，“因此，只能说它是摆脱野蛮状态而逐步前进的东西”[①]。“所谓文明是指人的身体安乐，道德高尚；或者指衣食富足，品质高贵。”[②] 须要指出的是，福泽谕吉把文明界定为“身体安乐”和“道德高尚”的有机统一。他所强调的“身体安乐”不是指个人身体的安逸舒适，生活的享乐，而是指社会物质财富的丰富而带来的全体国民的衣食富有，这种富有是处于不断发展中的，其获得的方式与手段是有限制的。他强调，富有必须通过智慧或学问来实现，离开了智慧的富有不能成为文明的有机构成因素，“致富的基础在于获得的文明的富有”，其本身就蕴涵道德的意义。

他所说的“道德高尚”指的是以国为家，勇于为国家利益牺牲的精神。他把道德区分为“私德”与“公德”。“私德”属于内心活动，表现为笃实、纯洁、谦逊、严肃等；“公德”属于与外界接触而表现的社交行为，如廉洁、公平、正直、勇敢等。私德可以通过智慧弘扬光大为公德。总而言之，“身体安乐”和“道德高尚”都是依靠智慧获得的，是不断发展的。最后他把文明概括为“人类智德的进步”。[③]

关于智慧与道德的关系，他认为二者各有各的作用，二者兼备，才能做个完人，但就二者的重要性而言，智慧更为重要，因为智慧养成私德，私德的弘扬光大可以形成公德，所以道德是智慧存在的前提。

福泽谕吉所宣传的道德理念，被概括为“民族主义的独立自尊说”。“这种伦理学说，在爱国热忱的驱使下，让人人一律平等的天赋人权和国与国一律平等的天赋国权结合为一体，个人独立与国家独立合二为一，使西方的天赋人权说移植到日本国土后，在性质上发生了巨大的变化，即变强调个人权利的个人主义为强调国家权利的民族主义或整体主义。”[④]

启蒙思想家的著作和译著在明治初期风靡一时。

---

① 福泽谕吉．文明论概略．北京编译社译．北京：商务印书馆，1982：192.

② 同上书，30.

③ 同上书，191.

④ 吴潜涛．日本伦理思想与日本现代化．北京：中国人民大学出版社，1992：46.

福泽谕吉的《劝学篇》曾被出版过数十万册，福泽谕吉自己称“从明治五年（1872）二月发表的第一篇起，到明治九年十一月发表的第十七篇为止，截至现在（1880 年 7 月，此为本作者所加），发行总数约有七十万册，其中第一篇不下二十万册。加之以前版权法不严，伪版流传很多，其数也可能有十多万册。假定第一篇的真伪版本共达二十二万册，以之与日本的三千五百万人口相比较，则国民一百六十人中必有一人读过此书”。[①] 实际上，自《劝学篇》问世后，当时识字的日本人几乎都读过此书，其流传之广，世所罕见。该书曾一度作为日本中小学的教科书使用。

福泽谕吉的道德思想不仅深深地影响日本本土，极大地推进了日本的现代化进程，开始了日本民族的道德更新，而且其思想远涉海外，波及到中国。中国戊戌变法时期的思想家关于鼓民力、开民智、新民德、育新民的道德新理念，即一定程度地受到福泽谕吉的影响，甚至 1906 年颁布的教育宗旨也对福泽谕吉的独立自尊说作了必要的中国式的说明。

但是，必须指出的是，以上我们对福泽谕吉的“独立自尊说”的介绍是从最积极的意义正面进行的。事实上，福泽谕吉的“独立自尊说”的背后包藏着极其险恶的祸心。

福泽谕吉在明治初年完成了对国民的思想启蒙之后，其思想很快即转向了以“脱亚入欧”，即以侵略扩张为目的以鼓吹皇国主义为核心的国家主义的道德观。这种国家主义道德观是二战前把日本推向战争深渊，加害亚洲各国，尤其是朝鲜和中国的精神动力源泉，也是二战后直至今天日本右翼势力复活军国主义的右倾化思潮的总根源。

对此，日本近代社会思想史专家、教育学博士安川寿之辅先生在其新著《福泽谕吉的亚洲认识——重新研究日本的近代史形象》中以大量的事实作了无可辩驳的论证。他揭露了这位在二战后被日本人鼓吹为“国民的教师”、“明治时代最伟大的启蒙思想家”、“日本文明之父”的福泽谕吉在 1894 年中日甲午战争之前如何在其主办的《时事新报》这个在

① 福泽谕吉. 劝学篇序.

当时日本发行量最大，起着舆论导向作用的报纸上连篇累牍地鼓吹发动侵略战争，用极富污蔑性的语言谩骂中国人和朝鲜人是“猪尾儿”、“乞食流民”，是“软弱无廉耻的国民”，“无异于牛马猪犬”，在日本煽动对中国人和朝鲜人的民族歧视和种族大屠杀的。福泽谕吉在报纸上公开拥护明治政府对朝鲜和中国台湾的武力占领，鼓吹“战争关系到国家的荣辱”，说什么朝鲜“是亚西亚中小野蛮国”，“即使来朝，为我属国，也尚不足悦”。他极力鼓噪日本应该毫不客气地占领亚洲各国，“以我手新筑”之，“杀尽朝鲜京城的支那兵，海、陆大举进入支那，直陷北京城”，“长驱直入北京首府，扼其喉”，“占领圣京，吉林、黑龙江三省”，“为我版图”，“直冲其根本，蹂躏支那帝国四百余州”，使日本“永为东方魁首盟主”。[①] 以后，日本发动的甲午战争（1894－1895），对朝鲜的占领（1910），“九一八事变”（1931），以及全面挑起的太平洋战争都是在福泽谕吉的设计、鼓动下有计划地、残暴地、灭绝人性地进行的。对此，周颂伦博士在其《近代日本社会转型期研究》一书中概括日本近代由以“启蒙主义、民权主义、国粹主义、日本主义及平民主义”殊途同归而共同形成的“明治国家主义”的三大特点为“高涨的爱国热情、强烈的对抗西方精神和性急的国家发展设想”[②]。这三大特点“实际上所完成的作用，却是在国民的思想教育、现代化道路的选择和不平等条约的修改等方面，加剧着政府政策的偏颇或失误”[③]。福泽谕吉等营建并极力推行的“明治国家主义”作为日本近现代社会“各种压力集团共同的精神支柱”具有“双重品质”，既向“西方争取民族独立”，又“向邻国大肆扩张利权”[④]，是典型的“己所不欲，却施于人”。它是日本发动一切对外战争的思想基础。

---

① 以上内容转引自张可喜．冰冻三尺，非一日之寒：日本学者著书论证日本右倾思想总根源．参考消息．2001－06－28．

② 周颂伦．近代日本社会转型期研究．长春：东北师范大学出版社，1998：11．

③ 同上．

④ 同上．

福泽谕吉所提倡的“国家主义”的最本质的特征就是“凡是应当收回的和凡是可以抢夺到的，一律都是国家的利益，必须毫不含糊地去实现之”，“这种特性后来确实对国家发展的长久方向作出了错误而又难以纠正的规定”[①]。这是日本近代害人害己的直接的思想源泉，同时又是中国近代的维新思想家和洋务思想家们所不愿看到和不忍看到，甚至是他们不曾真正想到的。中国人所一贯向往的理想大同世界是充满着真诚、睦邻、友善、和平、天下为公、讲信修睦的一片祥和、快乐的景象的。善良的中国人无法理解日本人所包藏的险恶祸心，更无法理解这个曾经在历史上无数次地从中国无可估量地蒙恩受惠，又讲究所谓“报恩”的民族，居然以比西方列强更惨无人道、更灭绝人性的思想方式和行为方式对中国“以怨报德”。

在启蒙思想家中，另一位影响巨大的人物是西周，他的功利主义的“人世三宝说”曾经深刻地影响日本近代启蒙伦理的形成。

西周（1829—1897）较早地接触西方文明，对西方近代的自然科学、社会科学和伦理道德有较深入的了解。

1862 年，西周曾受幕府派遣留学荷兰，深受当时荷兰理论界流行的孔德实证主义和密尔功利主义影响。明治维新后，多次在新政府中任要职，在翻译汉译哲学术语上贡献巨大。他第一次把英语 pholosophy 译为“哲学”，此外，如主观、客观、理性、现象、实在、归纳、演绎等哲学术语都是他反复斟酌译定的，这些哲学术语也被我国哲学界所引用，一直沿用至今。

作为启蒙思想家，西周对日本明治维新初期（1868—1877）道德教育理念影响最大，他所倡导的“人世三宝说”从功利主义出发，认为人生的目的就在于“求快乐而去痛苦，日求福祉”。

1873 年，他将依据边沁、穆勒的功利主义哲学而建构的“人世三宝说”这一极具日本特色的功利主义道德学说发表在《明六杂志》上，极大地推动了日本资产阶级所推行的“殖产兴业，富国强兵，文明开化”

---

① 周颂伦．近代日本社会转型期研究．长春：东北师范大学出版社，1998：12.

之基本国策的贯彻实施，为日本近代道德启蒙树立了又一面崭新的旗帜。西周的“人世三宝说”主要包含以下内容：

（1）尊重个体的“人世三宝”是天赋的基本道德权利

所谓人世三宝就是健康、知识和富有。保护健康是天赋人权的第一要义，是实现幸福的最重要的条件。扩大知识是天赋人权的第二要义，是不败于他人的必要条件。增加财富，追求富有是天赋人权的第三要义。追求人世三宝，即健康、知识和富有是通向“福祉”的必经之路，只有依靠“三宝”才能实现人生的最大幸福，这是上天赋予的上自圣贤下至凡夫的自然权利。因此人们尊重追求人世三宝便是普遍的道德规律。西周在阐述人世三宝的同时，从反面阐释了影响三宝实现的“三祸鬼”，即疾病和死亡、愚痴、贫穷。追求三宝，驱逐“三祸鬼”是上天赋予每个个体的基本道德权利。

（2）尊重他人的“人世三宝”是每个人的道德义务

西周继承了孔子的“忠恕”之道，也吸收了基督教的“爱人如己”说，强调了人与人相处的时候要推己及人，自利利人。他把推进他人的人世三宝说看成制约自己的积极的“三纲”，是“道德之源泉”；勿害他人的人世三宝是制约自己的消极的“三纲”，是“法律之源”。尊重、助进他人的人世三宝是每个人应尽的义务，是必须遵循的人与人“相交之道”。他认为健康、知识、富有是道德的三要素，助进他人的健康、知识和富有是道德的直接源泉。这样，西周的“人世三宝说”就变成了典型的以利他或“益他”为核心的功利主义道德观。

（3）国家的重要职责就在于尊重、助进人世三宝，实现人民的最大幸福

西周强调政府的职责就在于尊重和助进人世三宝，实现人民的健康、知识和富有，消除疾病、死亡、愚痴、贫穷。如果政府不能履行这一职责，就失去了“政府之实”，就不是真正的政府，人民就可以起而推翻它。西周认为评价政府的好坏就看它能否尊重助进人世三宝，如果能尊重助进人世三宝，不管其政体如何，都是好政府。他说：“三宝得到保护，则无所局限。”这样，西周就从功利主义道德的理念出发，把实现了

明治维新，逐渐使日本走上富国强兵之路的以明治天皇为核心的地主资产阶级政府美化为“最好”的政府，从而为日本近代形成忠于天皇、效忠皇国的国家主义道德奠定了理论基础，“它适应了以国家为主体进行资本原始积累的日本国情，对近代日本企业家和国民素质的形成产生了重大影响”。[①]

中村正直是又一位对启蒙运动发生重要影响的思想家，他所翻译的《自助论》（日文书名为《西国立志编》）被称为“明治三书”[②] 之一，在日本近代化的过程中起到了重要的思想启蒙作用。日本著名作家石井研堂（1865—1943 年）曾经这样描述该书的流布传播情况：先生继《立志编》之后，又刊行《自由之理》、《西洋品行论》等，《自由之理》研究民权，《品行论》则如《立志编》之补翼，亦为社会所欢迎，销售不让前书，均发行数十万册，当时之读者，不仅限于少年子弟，而且横亘各阶层。尤其是官吏及教职人员，若不通读此三书，则被视为于资格有所欠缺，皆不得不争而读之，故先生之声名，郁然高于海内，至贩夫走卒，无有不知先生之名与其著书者。

据日本学界研究，中村正直的《西国立志编》的发行量总计约有百万部，与福泽谕吉的《劝学篇》相匹敌。而且《西国立志编》问世后，便被选为为年轻的明治天皇进讲的教材，由元田永孚每 10 天为其进讲一次，历时 8 个月之久。明治六年秋，明治皇后访问日本唯一的国立女子教育机关明治女子学校时，将其赠给了该校的学生。[③] 不仅如此，《西国立志编》还多次被选为日本小学校的修身教科书，在提高日本国民素质，对国民进行思想启蒙方面发生重要影响。

中村正直翻译的斯迈尔斯（Smiles Samuwl）的《自助论》中强调学

---

① 吴潜涛．日本伦理思想与日本现代化．北京：中国人民大学出版社，1992：37.

② “明治三书”是指福泽谕吉的《西洋事情》（庆应二年至明治三年）、内田正雄的《舆地志略》（明治三年至八年）和中村正直翻译的英国作家斯迈尔斯（Smiles Samulwl）的《自助论》（Self—Help 1895）.

③ 参见郑匡民．梁启超启蒙思想的东学背景．上海：上海书店出版社，2003：84.

习支撑英国在军事、经济、技术和制度上取得巨大进步的民族精神和社会风气。中村正直认为，只有提高日本的国民素质，才能实现日本的近代化。在此，他与福泽谕吉不谋而合。福泽谕吉在其《文明论概略》中将文明分为“外在之文明”和“内在之文明”，衣服、饮食、器械、住居、政令、法律为“外在之文明”，他认为“外在之文明”易得，“内在之文明”难致。因此，日本近代化的第一步应该是改革人心。福泽谕吉所强调的“内在之文明”与中村正直所强调的民族精神和社会风气是同一层面东西，都需要通过对国民的道德和精神进行启蒙才能够实现。中村正直在《西国立志编》的《第一编序》中通过对话的形式淋漓尽致地表达了自己对民族精神和国民道德教育的重视。他说：“余译是书，客有过而问者曰：子何不译兵书？余曰：子以为兵强国即赖以治安乎？且谓西国之强由兵乎？是大不然，夫西国之强，由于人民笃信天道，由于人民有自主之权，由于政宽法公。拿破仑论战曰：德行之力，十倍于身体之力。斯迈尔斯曰：国之强弱，关于人民之品行。又曰：真实善良者，品行之本也。盖国者，人众相合之称。故人品行正，则风俗美，风俗美，则一国协和，合成一体，强何足言。若国人品行未正，风俗未美，而徒汲汲乎兵事之是讲，其不陷而为好斗嗜杀之俗者几希，尚何治安之可望哉?”

在他看来，西方的富强并不在于兵强，即所谓的军事技术，而在于人民有自主权和“政宽法公”的民主政治制度，而这种制度的本源，又“笃信天道”、“真实善良”的“品行”与“风俗”。所以，要使日本富强，要赶上或超越西方，必须首先改造日本的国民性，在日本国内形成适合西化的风俗。因为“国之强弱，关于人民之品行”。因为“风俗美”，才会“一国协和”，才能“合成一体”，国家才能强盛。

维新思想家对西方道德教育理念所作的日本式的改铸，对以儒家伦理为核心的传统道德的批判与反思推动了日本近代的思想启蒙运动。但是随着明治中后期以福泽谕吉、西周和中村正直等为代表的启蒙思想家的思想向着以维护皇国主义为核心的国家主义道德观的急剧转变和极度膨胀扩张，日本早期启蒙思想家的进步性逐渐地消除，以至荡然无存。

到明治中后期，启蒙思想家的道德教育思想已经被充满血腥的侵略扩张的强盗道德所占据，成为19世纪末至二战结束前整个亚洲，乃至全世界不和平因素的直接思想源泉。亦是今天右倾势力的直接思想源泉，是教科书事件、光华寮事件、日本首相参拜靖国神社的直接历史支持。

2. 自由民权思想家的道德教育理念

“自由民权运动是一些代表农民、小商品生产者利益的民主主义者，要求在政治领域进一步‘西化’的群众运动。他们欲把明治维新这场资产阶级革命继续推向前进，企图在日本实践欧洲民主主义的各项原理。”[①] 自由民权运动始于1874年，终止于1887年，历时10余年。最具代表性的自由民权思想家为植木枝盛和中江兆民。他们在继承维新思想家启蒙伦理思想的基础上，激烈抨击儒家传统道德，指责以儒家伦理为核心的日本传统道德造成了日本国民的“卑屈、蒙昧之气”，强烈反对明治专治统治，主张人是至尊的存在，提倡人类的自由及人与人之间的平等。同时，作为日本近代共同思想特征的“国家主义道德观”亦在自由民权思想家中普遍提倡，甚至比福泽谕吉等走得更远。

1883年后自由民权论者放弃了日清提携立场，在政治上制造日清之间的纠纷，并以此唤起日本人民的所谓的“真正爱国心”，极力鼓噪对朝鲜和中国的侵略扩张。

自由民权论者的道德教育理念主要包括以下内容：

(1) 改变国民的“奴隶性”，启迪自主独立的精神

自由民权思想家认为明治维新虽然推翻了德川幕府统治，但并没有改变日本封建家族制度的政权性质，明治专制政府的统治者就是“德川幕府的继承者，同一名义的继承者，同一阶级的继承者”。日本封建宗族制度得以维持、巩固的精神基础是统治者培植的国民的“自卑之气”，这是一种屈从的道德意识与习俗。要想建设自由、民主的国家，必须改变国民的“奴隶”性和“屈从”不辨是非的病态心理。为此，植木枝盛严厉地批判了日本在封建家族制度下形成的道德观念。他批判男尊女卑为

---

① 王家骅．儒家思想与日本文化．杭州：浙江人民出版社，1990：168.

陋习，愚孝的道德观念养成了家庭成员之间相互依赖的惰性心理，“顺从”的意识减损了个人的才智与独立的精神，因此，他主张废大家，立小家，提倡调整家庭结构，进行家庭革命，这与中国辛亥革命前后资产阶级民主主义者所提倡的道德精神是一致的。由于在儒家伦理思想影响下，家庭中父子、夫妇之间那种“父为子纲，夫为妻纲”的封建纲常名教已经成为桎梏中国人和日本人的巨大的精神枷锁，在这精神枷锁钳制下的中国人和日本人养成了一种严重的奴隶性格和毫无独立气节的屈从心理，因此，在日本和中国近代确立新的道德教育理念，在塑造适应资本主义发展的近代新国民道德的时候思想家们皆不约而同地把火力点集中在对形成国民奴隶性、顺从意识这种封建伦理道德的批判上。

植木枝盛对在封建制度和封建道德双重重压下所形成的日本国民的麻木不仁的态度表示了极度义愤与谴责。他说：“那些只顾为一身一家操劳，而对于国家公共之事却全不关心，全不注意，把国家的事看做好像外国异域的事，完全置之度外，与自己丝毫无关，没有自由精神，没有独立气，只是依赖政府，害怕政府，政府有令，就不管是非曲直，总是俯首帖耳，惟命是听，应该说话的也不说话，应该议论的也不议论，应该生气的也不生气，应该抱怨的也不抱怨，只是苟安于卑屈的奴隶状态，而自感满足的人民，并不是国家的良民，实际上是国家的死民。”①

与植木枝盛一样，中江兆民也对日本国民的劣根性进行了无情地揭露与批判。针对国民的劣根性，中江兆民提出要培养具有自省能力的精神健全的人这样的德育目标。他认为一个精神健全的人，必然具备反省自己现在在做什么、在说什么、在想什么的能力。② 他认为：“道德是以正当不正当的观念和这种自知的能力为基础而建立起来的。”自觉的能力是“树立道德的根本”，所以道德教育的最根本的任务就是培养国民的自觉能力，也叫自省能力。

---

① 日本近代思想史研究会. 近代日本思想史：第1卷. 北京：商务印书馆，1983：24.

② ［日］中江兆民. 一年有半、续一年有半. 吴藻溪译. 北京：商务印书馆，1979：110.

（2）弘扬人性否定神性，提倡自由平等

宗教神学是麻醉、统治人民的精神鸦片。自由民权论者在提出改变日本国民的奴隶性，改变屈从心理的过程中，逻辑地发展到对宗教神学的拒斥与否定。民权论者认为神、轮回转世、灵魂不灭都是人的主观臆想，不可妄信，不足畏惧。中江兆民“坚决主张无佛，无神，无灵魂，即纯粹的物质学说。不局限于五尺身躯，人类，十八里的大气层，太阳系，天体，直接把自身放在时间和空间的中心（如果无始无终、无边无限之物，也有中心的话），而不把宗教教义放在眼里”[①]。植木枝盛称“人就是神”，人就是至高无上的存在，自由民权思想家高扬人性，贬损神性就是为了实现人性的解放，实现人的自由、平等和独立自主，他们把能否实现自由与平等视为人与禽兽的根本区别。中江兆民称“民权是至理，自由平等是个大义”，甚至把自由平等夸大为社会发展、国家昌盛的根源。他说：“自由之气”是社会发展的动力。自由与平等是天赋予人的权利。

（3）主权在民、民为邦本的社会契约理念

自由民权思想家在吸收了启蒙思想家所提倡的社会契约论的基础上，从人的自由、平等等天赋权利出发，论述了按照契约原则建立社会共同体，即政府的问题。他们认为政府与人民的关系就是一种契约关系，即是一种契约关系，订立契约的双方就必须服从共同的“普遍意志”。按照契约关系组成的政府，其主权在民，政府官员只是人民的公仆，人民是国家存在、政府机构得以正常运转的根本，即民为邦本。据此，他们反对暴政，号召人民起来推翻暴政。他们列举了日本明治政府的十大罪状，成为推翻明治政府的自由民权运动的主要依据。

日本的自由民权思想家所提倡的资产阶级民主主义的道德思想比中国辛亥革命前后的资产阶级民主主义思想家所提倡的资产阶级民主主义道德教育理念早诞生了30余年。他们在抨击封建旧道德，反对封建制度

---

① 中江兆民．一年有半、续一年有半．吴藻溪译．北京：商务印书馆，1979：74．

的过程中所张扬的西方资产阶级的自由、平等、独立的新道德教育理念直接影响了中国辛亥革命时期的孙中山、章太炎等思想家，影响了他们对资产阶级道德理念的阐发，对唤起处于“封建遗风的奴隶”状态的中日民众的自由独立精神，对于反对封建主义的道德伦理皆起了巨大的推动作用。但是，由于自由民权思想家自身所存在的局限性以及明治政府专制统治的加强等多种原因，导致了自由民权运动失败，日本没有建立起资产阶级民主政体，其所提倡的道德理念没有真正实现。而中国辛亥革命之后，却建立起了资产阶级共和国，使资产阶级的道德理念成为中华民国制订教育方针，确立道德教育目的、内容的主要依据。据此而言，中国的资产阶级民主主义思想家的努力似乎比前者更有成效，至少从形式上来看是如此。

日本启蒙思想家和自由民权思想家对儒家传统道德理念的批判与反思，对资产阶级自由、平等、独立等道德理念的弘扬引起了保守派刻骨铭心的仇恨和激烈的回应，这样在日本近代道德教育史上便展开了一场空前激烈的德育论争，最后以保守势力占上风，被迫适度吸收启蒙思想家和自由民权思想家的道德思想而宣告结束。

日本明治初中期，在形成近代道德教育理念的过程中所发生的新旧思想，准确地说是中西道德理念的冲突，属于东西文化冲突的重要组成部分，这种冲突的实质是不同民族深层文化心理的冲突，它与中国现代化过程中所出现的中西文化论战皆出于相同的原因。正像王家骅先生所说的那样：“东西文化冲突，最根本的是不同民族深层文化心理的冲突。它在最敏感的伦理道德领域，表现最为突出。”[①] 在冲突缘起之际，面对扑面而来的西方资产阶级道德理念的巨大冲击和社会转型期所出现的道德失序，引发了素有怀旧情节的保守派思想家的全力反击。

明治维新后，在明治政府中谋有要职，具有巨大决策影响力的保守派思想家以元田永孚和西村茂树最为著名，他们所做的恢复传统道德的努力在吸收启蒙思想家和自由民权论者的极端国家主义道德理念的过程

① 王家骅．儒家思想与日本文化．杭州：浙江人民出版社，1990：169．

中发挥了实际的效力，直接影响了日本近代道德教育方针，即国家道德教育理念的确立。

在这里同样须要特殊指出的是，日本的自由民权论者在1882年中法战争之前，其思想基本是以提倡资产阶级的自由、平等、独立为核心，主张建立日中之间的“提携”关系。但在1883年2月4日，由自由民权派转变而来的自由党在其机关报——影响极大的报纸《自由新闻》上却发表了《就日清关系论海陆军扩张之事》，直接叫嚣以中国为假想敌，扩军备战。与福泽谕吉的“脱亚入欧”的极端国家主义的侵略扩张的强盗道德不约而同地走到了一起。当1885年3月16日福泽谕吉发表了《脱亚论》之后，自由党内“一片啧啧赞许声”①。正像周颂伦博士在分析日本近代“明治国家主义的特征”时所指出的那样，在19世纪80年代，尤其是自1882年中法战争之后，日本的“知识界一贯担负着社会公众言论导向的客观作用，同时间接或直接地反映着社会团体或政党的立场。其中，以福泽谕吉为主笔、在政治态度上与改进党亲近的《时事新报》，和自由党的机关报《自由新闻》，是当时社会舆论的基本代表，亦是鼓吹向亚洲大陆扩张的嚣喊声中的两个典型”②。

“《时事新报》、《自由新闻》、《佳人之奇遇》，是当时的国家主义者们进行国家利益和向外扩张宣传的三种最典型的舆论工具，他们共同地起到了在精神上动员民众忠于国家、支持战争、蔑视亚洲邻国的作用，为1890年山县有朋在第一届国会施政演说中提出的‘主权线’和‘利益线’说，进行了最必要的思想准备。在强大的社会舆论面前，民众完全被吸引在国家的旗帜之下，彻底地丧失了自我判断的能力，完全相信国家利益的实现即自我利益的兑现，完全认同国家对亚洲邻国的侵略是实现国家利益的最必要的途径。有大量的文献资料可以证明，与西方对抗的文化的心理，同向周边邻国扩张的政策主张混合在一起，构成了明治国家主义的特征。形成这种特征的主要理由是：明治以后日本正处于一个特殊的转换期。这个转换期可表述为：在政治上为修改不平等条约而

---

① 周颂伦. 近代日本社会转型期研究. 长春：东北师范大学出版社，1998：19.

② 同上书，14.

同西方诸强处于对抗状态，而在经济上、文化上却极为急迫地需要欧美诸国先进技术和经验的示范作用；在文化上企图摆脱中国文化的羁绊却又不可能立即、完全摆脱，在军事上和经济上则需要向周边邻国扩张。于是，此时期的日本就同时成为西方文化和中国文化的‘周边文明’。”周颂伦博士在阐释日本这种“周边文明”和由此形成的道德理念的特征时进一步指出：“周边文明其所以成为周边文明，是因为大文明或中心文明对它施加影响和压力的结果。许多文化现象表明：周边文明尽管吸收了中心文明的生产技术、文字艺术、宗教伦理乃至政治经济制度，但它依然以顽强地保持本民族的文化特色为手段，时时警惕被大文明所彻底同化。这种警惕感同对抗意识互为表里，在又要向西方列强讨回国家独立，又要向周边邻国耀武扬威这种双重性政策的推动下，急躁的、狂热的、盲从的或自私的国家主义情绪，就构成了实现政策目标的精神支柱。藩阀政府精心营造的天皇形象折射出的‘神圣光环’，大力宣扬的‘国益国利’产生的巨大蛊惑力，使知识界人士成为其自觉的宣传者，使普通群众相信自己的一言一行都是对国家的奉献，对天皇的效忠。强大的国家形象完全‘鲸吞’了社会成员的‘个体’意识。在这种社会思潮背景下，社会变动的主观条件远远没有成熟。”[①] 这段精彩的论述对我们理解日本的自由民权论者和前述的启蒙思想家，以至以下欲涉及的保守主义思想家共同形成的具有强烈侵略、扩张性的国家主义道德教育理念具有重要的启发意义。它是我们解开中日近代道德教育理念本质差异这把“难开之锁”的有效钥匙。

二、戊戌维新时期维新思想家的道德启蒙

1. 对封建礼教的批判

在中国，对封建礼教的批判早自明末清初的启蒙思想家黄宗羲、顾炎武和王夫之就已经开始了。鸦片战争以后进一步展开，到戊戌维新时

① 周颂伦．近代日本社会转型期研究．长春：东北师范大学出版社，1998：20—21．

期达到第一次高潮。

明末清初的启蒙思想家黄宗羲、顾炎武、王夫之等对封建礼教的批判是以孔孟的民贵君轻，原始民本主义为思想武器进行的。而康、梁、严复、谭嗣同等维新思想家是以西方资产阶级的天赋人权理论、自然主义学说和进化论、契约论为武器展开的，批判的参照系是日本明治初期的启蒙思想。

康、梁、严复等从福泽谕吉、西周和伊藤博文的译著中获得了批判封建礼教的胆识和武器，他们对封建礼教的批判较以前的思想家，甚至较其“日本老师”福泽谕吉等走得更远，他们对封建礼教的批判更为激烈、深刻和切中要害，有利于作为封建君主专制制度的精神支柱——封建礼教在人们思想中的迅速瓦解。

“礼教”原指中国古代为巩固封建社会的等级制度和宗法关系而制订的礼法条规和道德标准，同时也表意为礼的教育。《礼记·经解》中把它解读为“恭俭庄敬”，说“恭俭庄敬，礼教也”。在中国封建社会中后期，礼教基本上承袭了中国传统道德中的禁欲主义糟粕，对人们的思想、行为具有巨大的钳制力和约束力。

“封建礼教是几千年来，人们为维护封建专制主义统治秩序和封建家族宗法制度，承袭了传统伦理道德中某些糟粕的东西，并且加以极端化、制度化而形成的道德规范，其核心内容就是所谓的‘三纲五常’。”①

道德是时代的产物，一定时期的道德思想与当时社会政治、经济、科学、文化相联系，它不仅反映一定阶级的利益与意志，而且标志着人们对道德的认识水平及所取得的成就。

戊戌时期，先进的思想家康有为、梁启超、严复、谭嗣同等在接纳、吸收西方政治思想、伦理思想的同时，为了适应社会政治斗争的需要，解放人们的思想与精神，同时，基于自身所具有的良好的中国传统文化修养，在对中国传统文化进行较为理性思考的基础上，对封建礼教展开了更加猛烈的批判。康有为以“人道主义”、“天赋人权论”批判各种

---

① 张岂之，陈国庆．近代伦理思想的变迁．北京：中华书局，2000：108．

"名分之限制、体制之迫压"。它认为人的自由、平等权利是天赋的，不可剥夺的。"若夫名分之限禁，体制之迫压，托于义理以为桎梏，彼之囚于囹圄尚有甚焉。君臣也，夫妇也，乱世人道所号为大经也，此非天之所立，人之所为也。而君主之专制其国，鱼肉其臣民，视若虫沙，恣其残暴；夫之专制其家，鱼肉其妻孥，视若奴婢，恣其凌暴。在为君为夫则为乐矣，其如为臣民为妻者何！"又说："人天所生也，托籍父母生体而为人，非父母所得专也，人人直隶于天，无人能间制之。盖一人身有一人身之自立，无私属焉。然或父听后妻之言而毒其子，母又偏爱之性而虐其孙，皆失人道独立之义，而损天赋人权之理也。"① 康有为用天赋人权理论批判封建礼教的反人道的本性是"违背公理，害人道，大逆无德"，② 要求恢复人类的自由、平等、博爱的自然权利，破除"三纲五常"等封建礼教。他批评"三纲五常""创于强者"，是"强者"欺凌弱者之工具。"君权"并非"神授"，"父权"、"夫权"也不是不变的"天道"。他强烈要求"驱除家界"，"男女平等"。他批评在封建礼教重压下的家庭道德是"差强人意"，使家庭成员有受不尽的"强合之苦"，造成封建家庭内部的种种不人道行为："悍妇制姑而绝粒，恶姑凌妇而丧命"，"童媳弱妇死于悍姑，孤子幼女死于继母"，"其礼法愈严者，其困苦愈深"。宗法制度更造成"一家之中分利者众，生利者寡，妇女无论矣，孩童无论矣，即壮岁子弟，亦常仰食于父兄，故家长为一家之人所累，终岁勤劳而犹不足自给，一家之人，亦为家长所累，半生压制，而终不得自由"③。所以，必须"去除家界"，实现"男女平等"。因为封建礼教不仅使人丧失了自由、平等、独立的权利，而且束缚了劳动力，阻碍了社会的发展。

在康有为的思想里，他在激烈抨击"君为臣纲"的过程中，把斗争、批判的重点放在了对"父为子纲"和"夫为妻纲"的批判上。"父为子纲"、"夫为妻纲"是维护封建家族宗法制度的道德纲常，是维护封建政

---

① 康有为．大同书．北京：中华书局，1956：43—44．

② 同上．

③ 同上书，182—184．

治统治的基石。作为一位思想敏锐的政治家，康有为充分地认识到必须首先冲破封建的家庭伦理。因此，正如梁启超在《清代学术概论》中对康有为的《大同书》所做的评论那样，“全书数十万言，其最要关键在毁灭家族”。

严复在《天演论》导言的按语中根据赫胥黎的“天道变化，不主故常”的进化论思想批判“天不变，道亦不变”的道德不变论，主张变法维新。

严复接受孟德斯鸠对君主专制制度的批判：“一人而外，则皆奴隶。”[①] 指出：“中国之治制，运降则为有法之君主，道丧则为专制之乱朝。”[②] 君主把国民视为奴隶，使人民既无独立之人格，也无爱国心之国格。他与康有为一样，一方面极力宣传西方资产阶级的“天赋人权”理论，同时，猛烈抨击封建专制制度与维系这种制度的纲常名教。为此，他专门写作《辟韩》一文，批评唐代的韩愈在《原道》一文中所极力维护的封建君权和儒家道统。

首先，严复根据卢梭等的自然主义原则和社会契约论否定了韩愈的“君权神授”说和他关于君、臣、民关系的理论观点，指出君臣之伦是出于不得已而立者。他说：“君也，臣也，刑也，兵也，皆缘为民之事而后有也。”君权并非神授，而是人民根据需要，为扼制人类社会“相欺相夺”之事而立，君权为民授。因此，君权并非神圣不可侵犯，而是可以由授权之民来决定其立废。他明确提出，“君权民授”、“主权在民”，给封建纲常名教之魁首——“君为臣纲”以致命打击，亦极大地解放了人们的思想。这不仅在思想道德上为新思想、新道德的孕育形成作了极其有利的铺垫，更为维新变法和后来的资产阶级民主革命推翻帝制作了思想舆论上的充分准备。他启迪了知识青年的思想觉悟，唤醒了个体独立和民族崛起的现代意识。

其次，无情地揭露了封建宗法制度、伦理道德和纲常名教的种种罪

---

① 孟德斯鸠．法意．严复译．北京：商务印书馆，1978：110．

② 法意．按语．

恶。严复反对人们普遍恪守“数千年前人所定之章程”，批评“以古为宗”的思维习惯。他批评封建统治者所极力宣传的“礼”和“纲纪”是“忠信之薄而乱之首”① 的道德说教；抨击孔孟的“诗书礼乐之教”是使中国“至于不能自存”的“亡国之教”②，揭露所谓的“仁政”不过是“有害民德之尤者”，是“以禽兽之道待人的骗术”，进一步揭露、批判儒家的孝道和为亲者讳、为尊者讳的虚伪性和欺骗性，诘问那些满口仁义道德，却满肚子男盗女娼，贪赃枉法的封建官僚士大夫“君臣之伦何在”③。他批判“夫为妻纲”、“为人道之至苦”，最终必将被破除，并预言“夫为妻纲”的封建道德，“过三十年而不变者，虽抉吾眼、拔吾舌可也”④。严复对封建礼教的批判在当时起到了振聋发聩的道德启蒙作用。这对人们冲破封建礼教的束缚，向着建立近代新道德、进行新道德教育之努力提供了充足的思想养料和精神动力支持。

谭嗣同对封建礼教的抨击较康、梁和严复更为激烈，他急切地呼唤人们“冲决封建伦常之罗网”。谭嗣同以西方资产阶级的自由、平等、博爱的道德思想为武器，对封建的君权、父权、夫权和族权以及封建道德中的某些错误观念进行了无情的揭露与批判。他在《仁学》中抨击封建皇帝是独夫民贼，君主专制制度是强盗政治。他说暴君“皆大盗也”，是对“民权”的极大压抑与伤害。他用社会契约论解释国家与君主的起源及君、臣、民之间的关系，得出了与严复相同的结论——君权民授而非神授。他说：“生民之初，本无所谓君臣，则皆民也。民不能相治，亦不暇治，于是共举一民为君。…夫曰共举之，则先有民而后有君；君末也，民本也。天下无有因末而累及本者，亦岂可因君而累及民哉？夫曰共举之，则且必可共废之。君也者，为民办事者也；臣也者，助民办事者也，赋税之取于民，所以为办民事之资也。如此而事犹不办，事不办而易其

① 法意．按语，21．

② 严复．原富．甲部第十篇按语．

③ 严复诗文选注．南京：江苏人民出版社，1975：123．

④ 孟德斯鸠．法意．严复译．北京：商务印书馆，1978：26 按语．

人，亦天下之通义也。”[①] 谭嗣同认为君主只不过是人们推举的来为民办事的人，因此可立可废。他尤其重视人民的力量，在中国近代史上第一次明确地提出了“废君权，兴民权”的命题，为人们推翻君主专制制度，彻底抛弃“君为臣纲”的封建道德扫清了最后也是最大的精神障碍，为人们接受近代新道德拓展了无限的空间。

正像学者们所评价的那样，谭嗣同对“三纲五常”等封建纲常名教的批判不仅比以往，而且比其同时代的思想家更为深刻。他以犀利的笔锋，剖析封建纲常名教之悖天理，灭人性，为封建君主专制制度服务的精神实质。他尖锐地指出，封建君主专制制度之所以能够“虐四万万之众”，就是由于它“赖乎早有三纲五伦字样，能制人之身者，兼能制人之心”。他明确指出，封建纲常名教并不是“天理”，而是“由人制造”，用以奴役人民的精神枷锁。为此，他“流涕哀号，强聒不舌”，目的是唤醒人民迅速“冲决网罗”。

谭嗣同是中国近代史上明确提出“废君权、倡民权、变不平等为平等”纲领性口号的思想家，他对封建道德的批判，为民主革命中实现道德革命作了必要的理论与思想准备。

2. 对近代新道德的建构

戊戌时期一般指1895年中日甲午海战中国战败，到19世纪末，维新变法失败的短暂数年。在这短暂的3至5年的时间里，中国社会发生了巨大的变化。

1895年，中日甲午海战中国战败，清政府被迫与日本签订丧权辱国的《马关条约》，极大地激起了中国人民的民族义愤，更在思想界掀起了救亡图存、御侮图强的万丈波澜。此时，资产阶级维新派站在时代发展的潮头，在风口浪尖上为中国的现代化导航。康有为、梁启超、严复、谭嗣同等维新思想家继承了洋务运动以来进步思想家的变法思想，推动了1898年的变法维新运动，并在变法维新的过程中一定程度地接受、吸纳西方资产阶级的道德教育理念。他们在用西方资产阶级的自由、平等、

---

① 谭嗣同全集·仁学二：增订本下册. 北京：中华书局，1981：339.

博爱的新道德反对封建的“三纲五常”之旧道德的过程中，积极地进行兼容中西道德的努力，构建出了兼采中西伦理精神的新的道德教育理念。他们对近代国民道德的改造是中国近代新道德教育理念形成、发展的里程碑，是中国传统道德教育理念走向近代新道德教育理念的标志。因此可以说，戊戌时期的维新思想家对改铸中国近代道德精神所作的努力，完全可以与日本明治时期的启蒙思想家和自由民权论者相媲美。他们在道德上的开新作用唤醒了中国人民的民族意识，迎来了一个思想解放、道德开新的新时代。自戊戌维新以后，尽管在思想道德领域固守封建道德的势力还很强大，顽固派所提倡的传统道德教育理念依然占据着正统的核心地位，但是风气已开，不可遏抑。此后，直到辛亥革命的爆发和五四新文化运动的蓬勃兴起都与此有着极为密切的因果关系。因此可以说，戊戌维新时期是中国近代新道德教育理念的形成期，其后是在此基础上的补充与发展。

维新思想家所提倡的新道德教育理念，主要体现在他们对国民道德的塑造与改铸上。

“鼓民力，开民智，新民德”是维新思想家们的共同理想。最早提出“鼓民力，开民智，新民德”的是严复。

严复根据斯宾塞的进化理论，在《原强》中明确提出“鼓民力，开民智，新民德”的道德教育理念。

梁启超赞誉、支持严复的道德教育理念，专门写作了《新民说》，强调道德教育。

严复和梁启超主张全部教育的根本目的就是培养体力、智慧和品德健全的“新民”。

康有为、谭嗣同也对民力、民智、民德问题进行了深入的研究与探讨，提出了卓有见地的观点与主张。维新思想家的“鼓民力，开民智，新民德”的字面含义似乎在强调体育、智育和德育三个不同内涵的目标实现，但实质却是为一个共同的目标——救亡图存服务的。因此，三者皆含有鲜明而强烈的道德意义，体现着强烈的爱国主义精神。

按照严复的诠释，所谓“鼓民力”就是禁止贩卖和吸食鸦片，禁止妇女缠足，提高人民的身体素质。

严复吸收洛克的思想，认为教育的目的就在于能以康强之体，贮精湛之心，“练民筋骸，鼓民血气”。但是自鸦片战争以来，随着英帝国主义对华鸦片贸易的猖獗，贩卖和吸食鸦片已经使得中国无可御敌之兵，无可耕作之农，面临着亡国灭种的危险。因此，欲提高人民的体质，提高人民抵御外侮的能力，必须禁食鸦片。

严复强调“鼓民力”不仅在“练民筋骸”，而且在于“鼓民血气”，即培养人民的民族气节和爱国主义精神，以达到富国强兵。

作为与贩卖吸食鸦片同等丑恶的陋习就是在中国已经延续千年的妇女缠足。维新思想家带着极大的义愤及对妇女的同情，批判妇女缠足的丑陋与危害。

道德的开新是与“破旧有之陋习”同时并进的。

中日近代新道德教育理念确立的过程中，皆伴随着同样的过程，即对已经明显落伍于时代的旧道德理念和对严重阻碍“文明开化”的陈规陋习的清洗与淘汰。因此，福泽谕吉和西周、森有礼等启蒙思想家在向日本国民翻译、介绍西方资产阶级道德思想的同时，积极展开了对封建道德的批判和对陈规陋习的清肃。在清肃陈规陋习的过程中，日本的启蒙思想家和自由民权论者把批判的焦点主要集中在国民对父家长制的依赖、不善思考、屈从等奴隶性的批判上，号召人民摆脱奴性，独立思考，明智选择，自主自立。而中国维新思想家对中国国民陋习的改造，远比日本启蒙思想家和民权论者的任务艰巨、繁重。

康、梁、严复、谭嗣同等除了要引进西学，唤醒“愚氓”，改变在封建制度重压下人民形成的麻木不仁、依赖服从的奴隶根性，还必须对日本所没有，中国所特有的贩卖吸食鸦片和妇女缠足的十足丑恶的陋习进行涤毛洗髓式的彻底改造，否则亡国灭种就在所难免。这样严复所提倡的“鼓民力”就包含了比西周等日本启蒙思想家所提倡的“人世三宝说”中的“增进健康”更为广阔的内涵与外延，包括了更加强烈的道德精神。严复、康、梁等把贩卖吸食鸦片和妇女缠足与国家的兴衰、民族的强弱紧密地联系在一起，用救亡图存的时代最强音，急切地呼唤用健康教育禁止鸦片的泛滥和缠足陋习的绵延，激起了人们御侮图强、改造陋习、更新道德的强烈要求，这在道德教育上是具有异乎寻常的意义的。

仅就反对妇女缠足而言，它不仅改变了中国人病态的审美观，还改变了道德观，对推动妇女解放，实现男女平等具有实质性的意义，实开中国近现代史上妇女解放之先河。

关于开民智。

维新思想家十分重视开发民智。通过组织学会、翻译新书、办报纸，筹办新式学堂等等活动，维新思想家广泛地接触西学，其思想已经彻底地冲破了“中学为体，西学为用”的文化纲领的束缚。他们号召人们对西方的自然科学、实用技术和人文社会科学广泛涉猎。他们在涉猎西学的过程中深刻地意识到西学的优越，因此极力主张用科学的方法，把科学知识传授给受教育者，以打开人们闭塞不通的心灵，这就是所谓的“开民智”。

维新派所强调的“开民智”与“鼓民力”具有同等重要的道德意义。经过鸦片战争以来一系列悲惨事件的警示，作为唤起民族觉醒，统领民族奋进的社会精英，维新思想家深刻地洞察世界形势的迅猛发展，他们深刻地认识到世界各国之间激烈的政治、经济、军事、文化、外交竞争，归根结底是支持这种实力的智力与民族精神的较量。在当今“胜败之原，由力趋智”的时代，正当欧美、日本虎视眈眈为瓜分豆剖，称雄世界而“竞智之时，吾独愚其士人，愚其民，愚其王公，以与智敌，是自掩蔽其耳目，断刖其手足，以与乌获离娄搏，岂非自取败亡哉”[①]。要实现民族独立和国家富强，就必须“以开民智为第一义”，因为“才智之民多则国强，才智之士少则国弱”。[②]“智愚之分，强弱之原也”[③]，本着“治学莫

① 梁启超等．公车上书请变通科举折//中国近代史资料丛刊：戊戌变法（二）．上海：上海人民出版社，1957：345．

② 康有为．上清帝第二书（即《公车上书》）//中国近代史资料丛刊：《戊戌变法》（二）．上海：上海人民出版社，1957：148．

③ 梁启超．西学书目表序例//中国近代史资料丛刊．戊戌变法（一）．上海：上海人民出版社，1957：447－448．

大于救国”的深切理解，维新思想家们提出：“欲开民智，非讲西学不可。”[①] 他们认为，只有广泛地涉猎西学，才能“增益见闻”，开拓人们的视野，把民众从封建旧道德蒙蔽的窒息状态中解放出来，带领他们进入一个充溢新知识，倡扬自由、平等、博爱新气息的道德新天地。通过实现个人在思想、精神、才智等上的自由独立，实现国家的独立。

就此而言，中国的维新思想家与日本明治时期启蒙思想家的观点如出一辙。中国和日本现代化皆是在外部重压下发动的，作为后进国家，在面临成为殖民地或者已经沦为殖民地的危机时刻，救亡图存、御侮图强、独立富强是一切思想活动的核心内容和鲜明主题。因此，中日启蒙思想家对西学的传播提倡，其目的就不仅仅是智力上的科学上的，而是道德上的、政治上的、军事上的，表现为强烈的爱国主义情愫。

日本的启蒙思想家和民权论者的爱国主义却与对外扩张并存，并表现为强烈的军国主义、皇国主义观念。皇国主义是日本国家主义的本质内核。它与中国的维新思想家和资产阶级民主主义者所提倡的爱国主义思想有本质区别。

中国的维新思想家和资产阶级民主主义教育家所提倡的爱国主义旨在实现民族国家的独立、解放，决不是做东洋霸主，武力侵略第三国。比如康有为在《强学会章程》中就曾明确指出：“本会专为中国自强而立，以中国之弱，由于学之不讲，学之未修，故政法不举。今者鉴万国强盛弱亡之故，以求中国自强之学。此会专为联人心，讲学术，以保卫中国。”[②] 另外，中日近代启蒙思想家在推动各自国家“文明开化”的过程中，皆伴随着对封建旧文化，尤其是旧道德的激烈批判，只不过是这种批判的激烈程度和持续的时间，当然也包括具体内容不同而已。

相对而言，中国近代反对封建旧文化，尤其是旧道德的批判远比日本迅猛、激烈和长久，因为作为中国传统文化，传统道德的发生地中国受传统文化，尤其是以儒家思想为核心的传统道德的影响远比日本深刻

① 严复. 严复诗文选注. 南京：江苏人民出版社，1975：70.

② 汤志钧. 康有为政论集：上册. 北京：中华书局，1981：177.

而久远；再加上清顺治以后，中国闭关锁国等原因使儒学在封闭的状态下发生了滋生腐败、堕落的“恶变”，阻塞了中国人对外部世界的探求，致使17、18世纪以来，直至维新变法之际，中国社会无论在思想文化上，还是从科学技术上都没有作好实现现代化的准备。而日本却在江户时代的晚期，由于西学的传播等多种原因，作好了实现现代化的准备。

尤其须要指出的是，日本始终把儒学的有限性只限制在道德的领域，儒家道德并没有从根本上阻遏日本人对西学的探索与研究，因此，中国的启蒙思想家对“民智”的开启也远较日本学者艰难困苦。虽然二者都包含了相同的道德因素，通过“一人独立”，实现“一国独立”。

关于新民德。

这是最能反映思想家道德教育理念的部分。康、梁等维新思想家非常重视道德教育。

康有为在其万木草堂中明确规定德育占全部教育的十分之七，他强调道德教育的根本目的“专在激励气节，发扬精神，广求智慧”。

康、梁、严复等推动维新变法运动的原动力就是拯救国家与民族的危亡，因此他们采取一切手段，利用一切可以利用的教育形式对民众进行爱国主义教育。他们把“开卷爱国心，掩卷忧思泪，从壮士一直唱到幼儿园”。

梁启超所创办的长沙时务学堂公开鼓励学生议论朝政得失，探讨救国安邦之策。

戊戌期间成立的各种学会的宗旨几乎都是救亡图存、保国保种。此时的道德教育就是围绕救亡图存这一爱国主义主题而展开的。梁启超以西方资产阶级的国家思想为依据，对封建的国家观念进行了尖锐的批判。他说：“人非父母无非生，非国家无自存，孝于亲忠于国，皆报恩之大义，而非为一姓一家奴走狗者所能冒也，而吾中国人以‘忠’之一字为主仆交涉之专名。”①

梁启超在强调“孝于亲忠于国”的同时，明确区分了“忠君”与爱

① 李华兴，等．梁启超选集．上海：上海人民出版社，1984：220．

国、主人翁与奴才的界限，要求人们树立正确的国家观念，关心国家的前途与命运。他在《论民族竞争三大趋势》一文中尤其强调民族国家观念，认为中国最大的急务就是建立民族国家。他说："近日欲救中国无他术焉，亦先建设一民族主义之国家而已。"他认为："民族主义……为近世史之中心点。"他援引日本的经验说明日本之所以能在明治维新之后迅速崛起，跻身世界民族之林，就是因为日本"国家思想，发达甚骤，自主独立之气，磅礴于国中，能汲取西方文明，食而化之"。他认为对国民进行民族、国家主义的道德教育是日本崛起的重要原因之一，因而他充分肯定福泽谕吉、西周等思想家对日本国民所进行的具有强烈国家、民族主义色彩的道德教育。为此，他在其《新民说》中，对教育宗旨进行了高度的概括：他说，教育的宗旨就在于"养成一种特色之国民，使之结为团体以自立竞存于优胜劣败之场"。这种国民必须具有新道德、新思想和新精神，这就是他所谓的"新民德"。

他强调通过树立新思想，宣传新的道德理念，树立新的道德风尚，培养国民具有良好的政治、道德素质。他强调"新民"必须具有"公德"、"国家思想"、"权利义务思想"，具备"自由"、"自治"、"进步"、"合群"、"尚武"的品质。

为了培养人们具有上述新道德，梁启超、严复等积极宣传西方近代资产阶级的自由、平等及民权理论、社会契约论、天赋人权论和人民主权说，希望通过具有新内容的道德的流布传播，实现自由、平等的道德理想。

梁启超赞美西方社会"以自由为体，以民主为用"的资本主义制度，宣传"自由、平等、权利、独立、进取"的道德理念，并视其为"最善最高尚主义"[①]。康有为也说："欲以康我全世界同胞，而永救其疾苦者，其惟天予人权，平等独立哉!"[②] 这与福泽谕吉在《劝学篇》（发表于明治初期）中等所提倡的"独立自尊说"确有十分相近之处，但却迥别于

① 梁启超．新民说//饮冰室合集"专集"．北京：中华书局，1936：1.

② 康有为．大同书．北京：中华书局．1956：253.

福泽谕吉在发表于明治中期之后的《时事新报》中所极力宣传的“明治国家主义”。福泽以及自由党人在明治中期之后，已经完全放弃了他们当初所提倡的“天赋人权”、“社会契约”和自由、平等的资产阶级道德，而是完全倒向了极端的“明治国家主义”的强盗道德。

无论是严复、梁启超的“新民德”，还是福泽谕吉在明治初期所提倡的“独立自尊说”，其实质都是为了培养适合资本主义发展，实现民族独立富强的具有资产阶级自由、平等、独立精神的新国民。这无论在中国还是在日本，其进步意义都是不言而喻，不可估量的。就像福泽谕吉的《劝学篇》在日本的发行量愈数十万册一样，梁启超的《新民说》，他所创立的《新民晚报》也成为最受青年知识分子欢迎的书刊。在康、梁等维新志士的示范之下，国内新式学堂如雨后春笋，新思想、新道德也成沐浴新国民的世纪之风，吹遍了大江南北，滋润了久被封建道德文化桎梏，已近干涸的人民的心田。自此之后，中国社会深层次的道德革命以前所未有之态势迅猛发展。

三、中日近代维新思想家启蒙道德的异同

中日近代启蒙思想家所提倡的道德教育理念有许多同质的因素，也有许多反映各自民族性的异质特征。就同质因素而言，正像我们曾经多次谈到的那样，由于中日两国的现代化皆是在面临民族危机的情况下被迫开始的，表现为后进型、移植型的特征。再加上中日传统文化有着相同的文化基因，受同源文化的影响等，使得中国和日本在进行近代道德教育理念重构的过程中，面对的是许多共同性的问题，比如，如何对待中日已有的道德传统，如何扬弃取舍；如何对待西方资产阶级的新道德，如何摄取改造等等。中日近代对这些问题的诠释回答中表现出了某些共同的价值取向，影响了中日近代新道德教育理念的发展路向。又由于中日在现代化展开期各自社会所处的现实状况不尽相同，即现代化的历史基础不尽相同，又决定了二者之间的差异。

1. 理论基础的异同

中日近代维新思想家对传统道德的批判和对近代新道德的建构的理论基础是基本相同的，皆为西方资产阶级的天赋人权理论，社会契约论，进化论，功利主义思想，自由、平等、博爱等道德思想。

福泽谕吉在明治初年对封建道德的批判，他的“民族主义的独立自尊说”的形成是基于天赋人权思想、社会契约理论和自由、平等、独立的资产阶级道德。

西周的“人世三宝说”是吸收了边沁、穆勒的功利主义哲学而形成了具有日本特色的功利主义道德学说。

中法战争前自由民权思想家（在思想道德启蒙的意义上，同时也为方便起见，我们姑且把自由民权论思想家划入启蒙思想家的行列）对日本国民“奴隶性”的改造，独立精神的培养；对麻痹人们道德精神的神性的否定，对自由、民主、平等精神的呼唤；对君主专制制度的痛斥；对主权在民、民为邦本的政治道德的提倡等等所用的道德武器，皆为西方资产阶级的政治学、哲学、伦理学思想。

在甲午战争之后，严复也把卢梭的《民约论》（今译为《社会契约论》）介绍到中国，他在自己的政论文章中，运用卢梭的“社会契约论”、“天赋人权论”和“人民主权论”，批判“君权神授”、“君为臣纲”、“男尊女卑”的旧道德，提倡主权在民，塑造具有健康的体魄、发达的智力和积极进取精神的“自主”、“自立”、“独立自尊”的新国民。

梁启超也接受卢梭的“天赋人权论”，发表了《卢梭学案》，提出，自由是人的最基本权利，没有自由，也谈不上“责任”与“义务”，他依据“天赋人权”提出自由权是“道德之本”，指出：“人若无此权，则善恶皆非己出，是人而非人也。”

但是，中国和日本的启蒙思想家在利用卢梭的天赋人权、社会契约、自由、平等等思想学说进行近代国民道德改铸的过程中，几乎都作了具有各自民族性的改造。比如，福泽谕吉和西周继承日本儒学强调“忠君爱国”的思想，同时吸收德国的国家主义观念，建构了具有日本特色的，具有强烈国家民族意识的，以皇国主义为核心的国家主义道德和功利色彩的“民族独立自尊说”和“人世三宝说”。康、梁、严复也以自己所具有的扎实深厚的传统文化为基础，把儒家传统的“忠君”观念与日本和德国思想界所倡扬的国家、民族观念紧密结合，提出了以爱国主义精神为核心的“新民说”和“开明自营说”。因此可以说，中日近代启蒙思想家所建构的道德教育理念的理论基础是相同的，他们对抗顽固派清肃旧道德所用的理论武器是基本相同的。那就是皆以爱国主义、国家主义为核心，以自由、平等、独立、权利、责任、义务等等近代资产阶级的新道德理念为内容建立起资产阶级的道德教育体系。但是各个思想家的注意力、侧重点又各自不同。

另外须要强调指出的是，在中国近代，无论是在道德上保守的洋务派还是道德上力主开新的维新派皆以日本的明治维新为楷模，汲取日本成功的经验，只不过是洋务派学习的是日本保守派元田永孚、植木枝盛的复兴儒学伦理的观念和做法，并依据其在政府中握有的实权，以教育方针、教育宗旨的法律形式强力展开。而维新派则利用舆论优势，吸收了日本维新思想家的具有进步意义的早期维新思想，接受日本启蒙思想家的启蒙道德，他们各自学习的对象和主要内容是存在巨大差异的。

康、梁等所推动的变法维新运动，深受日本明治维新的影响（当然不限于明治维新），康有为在戊戌变法之前，曾托人在日本购置大量书籍，并在其女儿和弟子的帮助下，对图书进行编辑和整理，编成《日本书目志》。在接受维新思想影响的过程中，康有为接受日本思想家的影响，认为西方各国富强之本在道德、风俗。在《日本书目志》中，康有为阐发了这一思想，他说：“管子曰：‘礼义廉耻，是为四维，四维不张，国乃灭亡。’儒以忠信为甲胄，礼义为干橹，自非生番野蛮之国，未有不贵道德修身者，此万国古今之道理。国之强盛弱亡，不视其兵甲之多寡，而视其道德之修不修。近者泰西财富兵力方行四海，而推原治本，颇由其俗尚信义致然。”[①] 而且，康有为认为，西方之强，不仅在风俗人心，还在于其科学和技术。他说：“泰西之强，不在军兵炮械之末，而在于其

① 康有为．日本书目志．台北：宏业书局，1986：376－377．

士人之学，新法之书，凡一名一器，末不有学：理则心伦、生物，气则化、光、电、重，蒙则农、工、商、矿，皆以专门之士为之，此其所以开辟地球，横绝宇内也。”①

康有为深刻地认识到工业革命是一场用机械取代人力的革命，支持这场革命取得胜利的是智力和民族精神，他说：“地球之辟，自欧人始也，电线、铁路环球而绕之者数十匝，宫室、桥梁、道路、服食、器用壮丽腾踔，皆百年来所骤进，四千年来所未有也。于是扬跨海之巨帆，辟大荒之新地，尽横地旧国剪灭而蹙碾之，真可谓盛强者也，夫欧洲所以骤至强盛者，其为兵之练欤？其为炮械之精欤？其为机器之巧欤？昧昧我思之，其有不然欤！其有本原者存焉。日本蕞尔岛国，其地十八万方里，当中国之一蜀。而敢灭我琉球，剪我朝鲜，破我辽东，砾我威海，虏我兵船，割我台湾。夫日本所以强盛者，为其兵之练欤？为以炮械之精欤？昧昧我思之，其有不然欤！其有本原者存焉。尝考欧洲所以强者，为其开智学而穷物理也，穷物理而知化也。夫造化所以为尊者，为其擅造化耳。今穷物理之本，制电、制雨、制冰、制水、制火，皆可以人工代天工，是操造化之权也，操造化之权者，宜其无与匹敌也。夕吾中人之至德国也，必问甲兵炮械，日人之至德国也，必问格致。德相毕士马克曰：‘异日者，中国其为日弱乎？’观日本讲求格致之书，诸学粲然，而理学之书繁博，分小学、高等之级，入门读本之次，教授之法及其大学纪要之详。呜呼！吾其宜为日弱哉！夫今天下之战，斗智而不斗力，亡羊补牢，及今或犹可也。若犹但言军兵炮械而不兴物理之学，吾岂知所税驾哉。”②

由于西方及日本之强在“智”而不在“力”，当今世界之争在“斗智而不斗力”，而“智”的启迪发蒙在学校，因此，康有为逻辑地把发展学校教育作为维新运动的重要内容。在维新变法的过程中，康有为提出要“远法德国，近采日本，以定学制”。他在《日本变政考》的跋语中概括

① 康有为．日本书目志·自序．宏业书局，1986：1—2.

② 同上书，41—42.

明治维新改革的要点时对其道德教育理念的更新作了充分的肯定。比如，他认为日本明治维新“其条理虽多，其大端则不外于：大誓群臣以定国是，立制度局以议宪法，超擢草茅以备顾问，纡尊降贵以通下情，多派游学以通新学，改逆易服以易人心数者，其余自令行若流水矣”①。

在这个作为康有为建议光绪皇帝实行变法革新的总纲中，包含着十分明显的肯定、仿效明治维新中进行道德教育理念改铸的思想精神，其“改逆易服以易人心”就是明证。

康有为的思想深深地影响了梁启超。梁启超明确地提出，西方富强之源在西学。他说：“夫凡含生之伦，愈愚犷者，其脑气筋愈粗，其所知事愈简，故虎豹虽猛，人能槛之，野人所知亦简，故苗黎番回虽悍，人能制之，智愚之分，强弱之原也。今以西人声、光、化、电、农、矿、工、商诸学，与吾中国考据辞章，帖括家言相较，其所知之简与繁，相去几何矣。兵志曰：知彼知己，百战百胜，人方日日营伺吾侧，纤细曲折，虚实毕见，而我犹枵然自大，偃然高卧，非直不能所敌，亦且昧于自知，坐见侵凌，固其宜也。故国家欲自强，以多译西书为本，学者欲自立，以多读西书为功。”② 梁启超认为西方的声、光、化、电、农、矿、工、商之学远胜于中国的辞章之学。因此，他极力主张翻译西书，学习西学，通过翻译西书，学习西学进行民族精神的启蒙和改铸。

由此看来，西方的近代科学和技术、西方的政治、伦理之思想学说是中国进行近代思想启蒙的理论基础。而这一理论基础的奠定，又是假于日本，借助于日本的影响而奠定与形成的。

梁启超在变法维新的过程中，极力提倡全面学习日本。

“愿我农夫考其农学书籍，精择试用，而肥我树艺。愿我工人，读制造美术书，而精其器用。愿我商贾读商业学，而作新其货宝贸迁。愿我人士读生理、心理、伦理、物理、哲学、社会、神教诸书，博观而约取，深思而精研，以保我孔子之教。愿我公卿读政治、宪法、行政学之书、

---

① 论戊戌维新运动及康有为、梁启超．广州：广东人民出版社，1985：225.

② 梁启超．西学书目表序例//饮冰室合集：文集之一．北京：中华书局，1989：122—123.

习三条氏之政议，究以反观，发愤以改政，以保我四万万神明之胄。愿我君后，读明治维新之书，借观于寇仇，而悚励其新政，以保我二万万里之疆土，纳任昧于太庙，以广鲁于天下。”①

维新变法失败以后，梁启超与日本的启蒙思想家大限重信等进行了广泛的接触与交流，他在日本创办《清议报》、《新民丛报》，继续进行理论研究、政治宣传和道德启蒙，他在道德启蒙的过程中不断介绍日本的教育制度和教育思想，宣传日本启蒙思想家的道德教育理念。比如梁启超在《清议报》上介绍了福泽谕吉在庆应义塾的演说，摘译了福泽谕吉的《男女交际论》，介绍了福泽谕吉的女权论，旨在反对男尊女卑、夫为妻纲的封建道德，实现男女平等。梁启超曾经高度评价福泽谕吉是“向日本介绍西方科学第一先锋”，“开创日本科学的领袖，热衷教育、启发后进、学识渊博、著作等身。迄今全国的名流贤达多数都出自他的门下，被国人仰为泰山北斗”。在《新民丛报》上，梁启超重点介绍了福泽谕吉的自由、平等、独立自尊等道德理念，引用福泽谕吉“一身独立、一国独立”的道德格言阐发了“国民自身如不能尊重个人的人格，自己也就不能尊重一国的国格”这一他自己极力提倡的塑造“新民”的道德理念。

梁启超的道德教育理念深受福泽谕吉早期启蒙思想的影响，甚至他阐述道德问题的语言也在刻意仿效福泽谕吉的风格，希望借此达到福泽谕吉在对日本国民进行道德精神启蒙时所达到的效果。梁启超在提议仿效日本的学制进行教育改革的同时，对日本道德教育的新思想、新理念进行了有益的吸收。比如，他在强调爱国主义教育的时候，即援引日本的经验。他说：“今日欲救中国无他术焉，亦先建设一民族主义之国家而已”，“民族主义……为近世史之中心点。”② 他认为日本的崛起，就是因为日本“国家思想，发达甚骤，自主独立之气，磅礴于国中，能汲取西方文明，食而化之”。由此可见，康、梁的道德教育思想是深受日本明治维新之后启蒙思想影响的，这表现了中日近代启蒙思想的同质因素。但

① 梁启超．变法通译//饮冰室合集：文集之一，北京：中华书局，1989：76.

② 梁启超．论民族竞争之大势，日本横滨：新民丛报，1902 (5).

是康、梁和严复等却没有吸收福泽谕吉等的极端国家主义思想。

2. 形成过程的异同

中日维新派思想家建构近代新道德教育理念的过程是基本一致的，都走过了一个破旧立新的过程。

所谓破旧是对长期以来影响日本民族性的传统道德和陈规陋习的批判与否定。比如福泽谕吉把批判的矛头直指封建道德的核心：忠、孝、名分。在《劝学篇》里专有《论名分产生伪君子》，他对儒家的“移孝作忠”，统治者的“牧民”、“君为臣纲”所具有的欺骗性进行了深刻的批判。他抨击武士道的欺骗性，称“忠臣义士”只不过是妄取功名，骗食俸禄的“伪君子”。福泽谕吉在利用西方资产阶级的天赋人权、社会契约，自由、独立、民主、平等的新道德，批判否定封建旧道德的过程中，积极进行新道德理念的建构。可以说，日本明治维新之际启蒙思想家所提倡的道德教育理念是具有日本特色的、反映资产阶级要求的、代表社会进步倾向的道德教育理念。它的诞生意味着日本近代道德教育的真正肇始，而它的完结则意味着日本近代道德教育理念的中断。中国自戊戌维新开始，资产阶级伦理思想开始较多地传入，这是中国近代道德教育理念开始真正变革的关键期。康、梁等维新思想家在激烈抨击封建礼教的过程中提出来的“新民说”预设了中国近代道德解放的基本义理与趋向，这对辛亥革命时期的道德革命产生了深远的影响。可以说，中日近代新道德教育理念的建构过程是大体趋同的，即在破旧的过程中立新，是在意识到了仅仅靠器物文明解决不了人的精神、道德这一精神因素的情况下，进行人的道德精神的启蒙开新的。中日启蒙思想家皆认为维新的真正意义是“人民之一新”，而不是“政体之一新”。他们皆希望从道德教育入手，建立新道德，做好民众的启蒙工作。这一点康梁与福泽谕吉、西周、中村正直等的观点是一致的。对此，梁启超在他 1922 年著《五十年中国进化概论》中作了这样的概括：

古语说得好，“学然后知不足”。近五十年来，中国人渐渐知道自己的不足了。这点子觉悟，一面算是学问进步的原因，一面也算是学问进步的结果。第一期，先从器物上感觉不足，这种感觉从鸦片战争后渐渐发动，到同治年间借了外国兵来平内乱，于是曾国藩、李鸿章一班人，很觉得外国的船坚炮利，确是我们所不及，对于这方面的事项，觉得有舍己从人的必要，于是福建船政学堂、上海制造局等等渐渐设立起来。但这一时期内，思想界受的影响很小，其中最可纪念的，是制造局里头译出几部科学书。这些书，现在看起来虽然很陈旧，很肤浅，但那群翻译的人，有几位颇忠实于学问，他们在那个时代，能够有这样的作品，其实是亏他。因为那时读书的人都不会说外国话，说外国话的都不读书，所以这几部译本书，实在是替那第二期"不懂外国话的西学家"开出一条血路了。第二期是从制度上感觉不足，自从和日本打了一个败仗下来，国内有心人真像睡梦中着了一个霹雳，因想到堂堂中国为什么衰败到这田地？都为的是政制不良，所以拿"变法维新"作一面大旗，在社会上开始运动，那急先锋就是康有为、梁启超一班人。这班人中国学问是有底子的，外国文却一字不懂，他们不能告诉人"外国学问是什么，应该怎么学法"。只会日日大声疾呼说："中国旧东西是不够的，外国人许多好处是要学的"。这些话虽然是囫囵，在当时却发生了很大的效力，他们的政治运动，是完全失败，只剩下前文说的废科举那件事，算是成功了。这件事却能够替后来打开一个新局面，国内许多学堂，外国许多留学生，在这期内蓬蓬勃勃发生。第三期运动的种子，也可以说是从这一期繁殖下来。这一期学问上最有价值的出品，要推严复翻译的几部书，算是把十九世纪主要思潮的一部分介绍进来。可惜国里的人能够领略的太少了。第三期便是从文化上根本上感觉不足，第二期所经过时间，比较的很长，从甲午战役起，到民国六七年间止，约二十年的中间，政治界虽变迁很大，思想界只能算同一个色彩。简单说，这二十年间，都是觉得我们政治法律等等，远不如人，恨不得把人家的组织形式，一件件搬进来，以为但能够这样，万事都有办法了。革命成功将近十年，所希望的件件都落空，渐渐有点废然思返，觉得社会文化是整套的，要拿旧心理去运用新制度，决计不可能，渐渐要求全人格的觉悟。恰值欧洲大战告终，全世界思潮都添许多活气，新近回国的留学生，又很出了几位人物，鼓起勇气做全部解放的运动，所以最近两三年间，算是划出一个新时期了。

所谓立新就是对适合于中日近代资本主义发展的新道德的建构。从近代新道德教育理念的具体建构过程来看，中日维新思想家在提倡、建构近代资产阶级新道德的过程中又都遇到了顽固派的激烈反抗，展开了复兴儒学与吸纳西方道德的激烈论争，最后又皆以保守派所提倡的儒家道德占据官方的统治地位而结束。在日本最主要的标志就是《教学大旨》、《大日本帝国宪法》和《教育敕语》的颁布。中国 1903 年《癸卯学制》所确定的教育宗旨和 1906 年清学部所颁布的“教育宗旨”即是保守派所提倡的以儒家思想为核心的传统道德占据统治地位的明证。不过日本自《教育敕语》颁布之后，思想道德上的启蒙开新基本偃旗息鼓，整个国民道德教育被迅速纳入具有强烈扩张性的军国主义教育轨道；而中国却在更加广泛的基础上，在软弱的清政府颁布了具有中西结合，但又具有强烈复兴儒学色彩的教育宗旨之后，引发了更加广泛的、深刻的对旧道德的批判与对资产阶级新道德的融通、传播。

3. 基本精神的异同

中日启蒙思想家的近代道德教育理念所蕴含的基本精神是大体相同的。由于中日现代化面对许多共同的问题，有着基本相同的经历，更由于现代化理论基础是基本相同的，这就决定了中日近代道德教育理念中蕴含着许多同质的精神因素。

中日启蒙思想家都十分重视对国民的道德启蒙，把培养具有近代精神的“新国民”看成是关乎国家、民族兴衰的宏图伟业。福泽谕吉认为只有培养出具有资产阶级新精神的新国民，才能建设近代独立富强的新国家，因此他说，“一身独立”才能实现“一国独立”。他把吸取西洋文明之精神作为救亡图存的手段，他认为“国民独立精神愈小，卖国之祸即随之增大”。

福泽谕吉引用西方的谚语“愚民之上必有苛政府”来说明对民众进行道德启蒙的重要。他强调必须培养人民的独立精神。福泽谕吉把对国民进行近代道德教育提高到实现国家独立的高度，这可以说是中日道德启蒙思想的共同特点。西周把能否实现“人世三宝”视为能否实现人生“福祉”的决定性的因素。康有为作为教育救国论者更加强调教育的作用，把德育置于首位，其道德教育占全部教育的十分之七。梁启超视培养“新民”为“今日中国第一急务”。他认为中国贫弱不振的根本原因在于“愚陋、怯弱、涣散、混沌”，即国民素质低下。因此，要想使中国走向独立富强，就必须在提高国民素质（包括道德素质）上下工夫，做“鼓民力、开民智、新民德”的扎实工作，以培养“新民”。他说：“苟有新民，何患无新制度、无新政府、无新国家?”[①] 他认为民德之高下“乃国之存亡所由系也”[②]，由于长期的封建压迫和封建道德的麻痹，帝国主义的劫掠，学术之无力等造成时下国民品格的低下：“爱国心薄弱”，“独立性柔脆”，“公共心缺乏”“自制力欠缺”，任人宰割，使我国沦为世界上的第三等国。为改变这种状况，梁启超提出必须发奋图强，必须对国民进行道德教育，使人人“自克自修”，“翦劣下之根性”，养成国民“完粹之品格”[③]。最早向中国介绍西方政治学说，被誉为“西学之第一人”的严复也认为，道德在社会上起着维系人心的作用，国民道德水平的高下，直接关系着国家、民族的兴衰。他在《论教育与国家之关系》中强调：“夫社会之所以为社会者，正恃有天理耳！正恃有人伦耳！天理亡，人伦堕，则社会将散，散则他族得以御之，虽有健者，不能自脱也”。“道德扫地，人心坏窳”，必将亡国灭种。所以，他认为欲振兴民族，必须首先收拾人心，激发爱国精神，培养民族志节，加强道德教育。这是举世通行的公例。就此而言，中日近代启蒙思想家的精神意欲是基本相同的，表现在道德教育的目的上，皆为实现民族独立，国家的富强。

---

① 梁启超．新民说·论新民为今日中国第一急务//梁启超全集（二）．北京：北京出版社，1999．

② 同上．

③ 梁启超．论中国国民之品格//饮北室合集：文集之二．北京：中华书局，1989：1．

必须指出的是，中日近代的道德启蒙虽然皆为富国强兵，民族独立，但日本却在实现了富国强兵、民族独立之后，转向服务于“脱亚入欧”的侵略扩张。而中国的维新思想家却正在努力实现着日本明治维新后经过修改不平等条约已经实现了的独立富强的目的，绝无侵略扩张之图。

福泽谕吉在其《劝学篇》中所建构的“民族独立自尊说”是要通过“人人独立”最终实现“国家独立”，他把实现个人独立和国家独立作为自己早年的理想，把教育和文明进化作为实现这一理想的重要手段，把自由、平等、独立自尊作为最基本的德育内容。但当日本已经实现了民族独立和富国强兵之后，福泽谕吉道德教育的内容则为国家主义、对外扩张，他的全部教育活动不是为实现日本国家的独立而展开的，而是为已经获得独立之后的侵略扩张而鼓噪的。

西周在利用穆勒、边沁的道德学说成就自己的“人世三宝”说的同时，认为，一旦功利主义的“人世三宝”得以实现，国家就会“安富光荣”。西周的功利主义的“人世三宝说”在基于天赋人权的理论阐述健康、知识和富有的道德信条时，其功利主义道德教育理念一定程度地摆脱了西方功利主义道德的强烈的个人主义倾向，而是强调个人与他人、个人与社会、个人与国家之间的权利义务关系，表现为一种强烈的国家主义倾向。

中国近代启蒙思想家康有为、梁启超、严复、谭嗣同等从事教育、译著、创办学会的根本目的只是为了御侮图强，实现国家的独立富强，这是他们一切思想、行动的出发点和最终归宿。这是完全有别于福泽谕吉、西周和日本民权主义者的以侵略扩张、脱亚入欧为目的的国家主义道德的。康、梁、严复所要培养的“具有完粹品格”的“新民”，是为实现民族独立服务的。

梁启超强调道德教育的内容应该重公德、讲独立，通过涵养私德、弘大公德，冀一人独立，实现国家独立。因此在道德教育内容上，他强调进行旨在推进国家独立的民族主义教育，赞扬民族主义是“世界最光明、正大、公平之主义也，不使他族侵我之自由，我亦毋侵他族之自由。其在于本国也，人之独立；其在于世界也，国之独立”。梁启超亦强调自由，他认为独立与自由是相联系的。他认为自由是人的天赋权利。他说“自由者，权利之表征也。凡人所以为人者有二大条件：一曰生命，二曰权利。二者缺一，实乃非人。故自由者，亦精神界之生命也”。梁启超欣赏法国资产阶级革命时期的流行口号“不自由毋宁死”，向世人宣讲“自由者，天下之公理，人生之要具，无往而不适用者”，把自由称之为普世性的真理。这不仅与福泽谕吉早年所提倡的“独立自尊”及对“自由”所做的限定是有巨大区别的。福泽谕吉虽也倡扬自由，但却把它严格限定在“守本分”的框架之内，实际上是作了有利于天皇绝对统治的限定，更与福泽谕吉在1885年前后完全放弃了天赋人权截然不同，中国的启蒙思想家道德启蒙的根本意向为对正义、真理和自由的追求。由此可见，梁启超的启蒙道德已走在了福泽谕吉的前头，远比福泽谕吉具有善良、正义的思想解放的意义。正因为这样，二者的发展方向和最终结果是绝对不同的，日本启蒙思想家和自由民权者走向了以皇国主义为核心的极端国家主义，把日本引向了军国主义的侵略扩张，而康、梁、严复，也包括后来的资产阶级改革派却把中国引向了建立资产阶级的民主共和制，把中国引向了对科学、民主、自由、平等、博爱的追求。

第五章

中日近代道德教育纲领之比较

一、从《学制令》到《教育敕语》，日本道德教育理念的改铸与推行

1868 年 1 月 3 日，日本明治天皇宣布王政复古，“大政奉还于天皇”，实行亲政的“大号令”，建立了明治维新政权。明治政权的中坚力量是受西学影响，代表新兴资产阶级利益的下级武士。武士阶层依然是明治政府的重要依靠力量。在明治维新运动中，许多武士加入到明治政府中来，推动了日本的现代化进程，福泽谕吉和中村正直就是典型的例证。

明治维新之后所建立的明治政府的实权主要操纵在西乡隆盛、大久保利通、木户孝允、岩仓俱视等倒幕维新派和公卿手里，这些深受西学影响的明治政要们走向政治舞台之后，把目光指向西方，转向教育。他们在促成日本制订“脱亚入欧”政策的同时，积极推行包括教育改革在内的一系列资本主义改革，开始走上现代化的发展道路。

1. 从《五条誓文》到《学制令》，维新道德教育理念的贯彻

1868 年 4 月 6 日，日本明治政府以天皇名义发布了政治纲领性文件《五条御誓文》，也叫《五条誓文》：

（1）广兴会议，万机决于公论；

（2）上下一心，盛行经纶，

（3）公卿与武家同心，以至于庶民，须使各遂其志，人心不倦；

（4）破旧来之陋习，立基于天地之公道；

（5）求知识于世界，大振皇基。[①]

根据上述施政纲领，明治政府提出了以“富国强兵，殖产兴业，文明开化”为内容的建设资本主义现代化国家的三大政策，作为实现政治理想的方针。而贯彻三大政策的基本前提之一，就是学习和引进西方的教育思想与教育制度，以便完成工业和军事的现代化。于是，1872 年，明治政府颁布了近代第一个《学制令》，仿效法国学制，建立起近代学制系统，积极提倡行之有效的“实学”，把《五条御誓文》中的抽象概念“陋习”，具体化为以儒家思想为核心的传统道德。

《学制令》抨击以儒家思想为核心的传统文化是“华而不实的无用之物”，指责旧教育是“动辄空谈为国，而不知何为立身之本，或空背诗词章句之末，竟陷入虚谈空论之途。其理论貌似高尚却多不能行于体，施于事，此乃旧习陋弊也。既不能普及文明，也无法增长知识才智。旧时从事学问者破产、贫穷者甚多，究其原因盖在于此。故人不但要学，更重要的是学时不要搞错方向”。

《学制令》通过对传统文化、教育的批判，倡扬实用主义，主张“四民平等”，强调个人的事业、财富的意义与价值，进而提倡一种尊重个人价值、财富、地位的新的道德教育理念。在这一新的理念的启发激励之下，日本不仅迅速掀起了崇尚“实学”的热潮，而且大量翻译、使用欧美国家的伦理道德教科书，介绍西方的道德体系和价值观念，此时的道德课程名为修身课，在修身课里，旨在养成孩子正确的生活态度和良好的生活习惯，并没有“忠君爱国”和“忠孝仁义”的内容渗透，也没有官方规定的教科书。

1872 年 8 月，在维新派的强烈要求下明治政府所实施的学制改革，属于“文明开化”的一部分。为推进“文明开化”，学制遵循以下指导思想。

---

① 梁忠义主编．日本教育．长春：吉林教育出版社，2000：192．

第一，功利主义的立身处世主义的教育目的论，学制改革中明确提出“人人要立其身、治其产、兴其业”，“修身、开智、长其艺”。学校教育必须给学生立身处世的学问，体现了重视“修身”的思想。

第二，强调实学实用、经世致用的治学理论，反对封建教育的空疏无用。构成学制思想核心的是“学”、“学问”，把“学问”作为立身之本是其根本思想。这里所说的“学”，不是“空理虚谈”的封建教学，而是“洋学”，教学就是使学生学习实用的科学知识。

第三，提倡“四民平等”，主张尊重个人的知识、财富。强调人人皆有平等的学习权利，通过实行普及教育，实现“邑无不学之户，家无不学之人”的普及教育的目的。《学制》在强调“立身治产”的同时，并没有否定国家主义的教育理念，只不过批判儒家传统的修齐治平的道德说教之空疏，反对幕府时期的国家主义观念，主张确立新的国家观。这一点，我们从《学制》确立的出发点——“文明开化”中可以逻辑地得出结论。因为“文明开化”是服务于，从属于“富国强兵”和“殖产兴业”的重要环节，而个人的“立身治产”又必须服从于国家的要求，被并入富国强兵的轨道。

正像学者们所评价的那样：“1872 年颁布的《学制令》是一个理想的综合性的近代教育制度，在内容上和组织上都是相当进步的。”① 它在道德教育上体现了冲破儒家修齐治平的框架与传统，体现了资产阶级的平等观念、实学精神和近代的国家意识。但是由于 1872 年的《学制》是在明治政府财政拮据，政府内部新旧两派斗争激烈的情况下出台的，脱离当时的日本社会实际，在实施过程中遇到了诸多困难，遭到了民众的抵制，同时《学制》中所体现的道德精神也受到了传统势力的激烈反对与抨击。到了 1879 年，明治政府宣布废除《学制》，颁布《教育令》，不过《教育令》是以美国的学制为摹本实施普及教育的，表现了更强的西洋倾向。明治天皇为了防止在学习美国教育过程中可能出现的个人主义和自由主义的西洋化倾向，颁布了《教育大旨》，批判了教育中的西洋化

---

① 梁忠义主编. 日本教育发展战略. 长春：吉林教育出版社，1993：74.

倾向，而强调日本化。1879年颁布的《教育令》不仅没能缓解实施普及教育中新旧势力的斗争，没有解决指导思想上的矛盾混乱，而且它把教育权下放给地方所造成的儿童入学率的下降等问题引起了更加广泛的批评。二年之后该教育令被修改，1880年12月，文部省向太政官提出了“教育令改正案”，强调就学的义务；加强中央及地方官的监督权利；重视修身课，把它列为各学科的首位，它从正面直接压制自由民权运动。根据修改的《教育令》，文部省于1881年制定了《小学校教育纲领》和《中学教则大纲》，在道德教育上实现了向儒家传统道德的回归。

日本明治政府在制定学制和进行学制改革的过程中，围绕着修身课的地位和道德教育等问题，始终存在着以伊藤博文为首的开明派和以元田永孚为代表的保守派的斗争，最后以保守派占了上风。《教育大旨》、《幼学纲要》和《教育敕语》的颁布就是明证。

2.《教育大旨》和《幼学纲要》，向传统道德教育理念的“回归”

“教育大旨”也称“教学大旨”，是1879年元田永孚以笔录天皇的意见为名而颁布的道德教育纲要。“教育大旨”的核心思想是批判“文明开化”，指责自由民权运动。它把社会道德的低下归咎于“文明开化”政策，认为开国之后，走向知识与艺能，追逐文明开化之末，强调欧化主义，伤风害俗，破坏了道德。如果长此以往，恐怕会达到不知君臣父子之大义的地步。因此，元田永孚主张：“从今以后，应根据祖宗之训典，着眼于阐述仁义忠孝，道德之学以孔子为主。”他主张在道德教育的基础上，根据学生的才能，学习各科学问，充分体现了其德育为首的思想。

元田永孚在以笔录天皇意见的名义撰写“教育大旨”的同时，发布了“两项小学条例”。“两项小学条例”明确规定小学应该悬挂忠臣、孝子、义士、节妇的画像，从小培养孩子忠孝仁义的心灵。

“教育大旨”在道德教育上的倒退受到了伊藤博文的批评，伊藤博文主张恢复学制所强调的精神，实行政权分离，反对复兴儒学。但儒家伦理复兴的脚步并未因为伊藤博文的反对而停止。元田永孚在提出《教育大旨》后致力于为儿童编纂旨在进行道德教育的教科书——《幼学纲要》。《幼学纲要》于1882年6月定稿，呈奏明治天皇审阅，同年12月，以天皇敕谕的名义向地方长官正式颁赐，使《幼学纲要》成为指导全国进行道德教育的指导性文件。

《幼学纲要》的内容共计二十项德目：孝行、忠节、和顺、友爱、信义、勤学、立志、诚实、仁慈、礼让、俭朴、忍耐、贞操、廉洁、敏智、纲常、公平、度量、识断、勉职。

《幼学纲要》对上述每项内容都做了简要的说明，说明之后附上几句经学章句和5—6篇日本与中国的历史故事，以突出与强化儒家伦理为核心的武士道德教育。

《幼学纲要》的宗旨在于使学生“知明伦修德之要领”。这一宗旨通过敕谕的形式表达出来，具有强制力。敕谕强调：“五伦道德是教育的根本，我朝（指日本）和中国一向崇尚。虽然欧美各国也有修身之学，但把它运用到我朝还不得其要领。方今学科多端，而本末误置者亦不鲜。年少就学应当以忠孝为本，以仁义为先。因而命儒臣编纂此书，颁赐郡下，由此得知明伦修德之要领。”

明治天皇通过颁布《幼学纲要》，否定了欧美各国的修身之学在日本学校道德教育中存在的必要性，认为它不合日本社会之要领，把修身课置于其他学科之后是“本末误置”。强调儿童“年少就学就应当以忠孝为本，以仁义为先”，不仅强调道德教育的内容就是儒家的“忠孝”、“仁义”，而且道德教育的地位也应该被突出出来，应列于各学科之首，得到特殊的强化。自《教学大旨》和《幼学纲要》颁布之后，日本近代道德教育的基本格调便确定下来了，以后《教育敕语》的颁布则意味着日本近代道德教育的核心理念已最终形成。这个道德教育理念就是以武士道德为核心的传统道德注入了西方国家主义道德的新内容形成的新武士道德。

为了贯彻《教学大旨》和《幼学纲要》的道德精神，明治政府于1881年6月18日公布了《小学教员须知》，并实行国家检定教科书制度。

《小学教员须知》由前言和十六项条款构成，前言部分开宗明义，道明了教师的责任和道德使命，在于“振奋起尊王爱国之志”。《小学教员须知》直言：“小学教员的优劣关系到普通教育的弛张，普通教育的弛张涉及到国家的兴亡，可见教员责任重大。今若小学教员任人得当则可达到普通教育的目的，若能使人人修其身，安其业，……则可振奋起尊王爱国之志，亦可淳美风俗，富厚民生，增进国家的安宁和福利……”

《小学教员须知》把“小学教员的优劣”与“国家的兴亡”联系起来，极其重视对教师的思想控制和道德灌输，而所谓“优劣”的标准主要指“品行”是否端正。《须知》把有思想言论及行动自由倾向的进步教师皆划入“品行不正”之列，“品行不正”者不允许执教，而那些“硕学老儒等有德望者”、“善于教授修身科者”，可以不经过考试就被授予修身科任用证书，被录用为教员。对教师任职资格的这种限制和规定从表面上看是对儒家伦理的回归，但本质上却是为了加强对师生的思想控制，加强儒家伦理教育，确切地说是加强以皇国主义为核心的国家主义教育，限制自由、民主、平等、独立等资产阶级伦理思想的渗透与传播。

与《教学大旨》和《幼学纲要》的精神相切合，《小学教员须知》的第一条明确规定了道德教育在学校教育中的首要地位，提出“导人善良比教人多识更为重要。故教员应特别致力于道德教育”。明确提出道德教育的任务就是培养学生具备“忠皇室、爱国家、孝父母、敬长上、信朋友、爱卑幼”等品质。值得注意的是，它把“忠皇室、爱国家”紧密地联系在一起，这样就把儒家传统的忠君理念与近代的国家主义观念有机嫁接，这为在近代日本的道德教育中形成强烈的皇国主义观念和忠君爱国的思想奠定了更为坚实的基础。

在通过加强对教师的思想控制以左右学校道德教育的同时，明治政府加强并最终建立了国家检定教科书制度。

明治政权建立初期（1868—1885 年），对“教科书的编辑、出版和选择是比较自由的”[①]。一方面是文部省在省内设编辑寮，以翻译国外的教科书为教学的基本依据，再就是民间自编教科书，1872 年颁布学制时，官方没有正式编写教科书，修身科亦如此。当时，修身课大体采用福泽谕吉的《童蒙教草》、《通俗国体论》、《通俗民权论》、渡边温的《伊

---

① 梁忠义主编．日本教育．长春：吉林教育出版社，2000：218．

索寓言故事》、中村正直的《西国立志编》和《自由理想》、箕作麟祥翻译的《泰西劝善训蒙》（前后篇）、加藤弘之的《国体新论》、《立宪政体论》等教材，教师在讲解的时候，采取“修身口授”的教学形式，没有固定的标准与模式，是比较自由的。

直到1879年日本在教科书的编辑、翻译和选用上都是比较自由的。

到了1880年，河野敏镰就任文部大臣，在文部省设立了编辑局，任命西村茂树为第一任编辑局长。他十分重视儒家伦理道德在学校教育中的地位和作用，认为1872年的《学制令》只主张“治产昌业”和“立身处世”，却没谈“忠孝仁义”是件令人遗憾的事情。这样，他上任后即着手小学修身教科书的编纂工作。

同年6月，文部省地方学务局设调查研究机构，对中小学和师范学校教科书进行调查，并把调查结果通知各府县，指示择优使用。8月，把调查过的教科书分为甲乙丙三类，通知地方的各府县，并提出了对这三类教材注意使用和禁止使用的具体规定。甲类教材是指明治初年以来绝大多数学校使用过而现在被认为是不宜使用的教材，譬如箕作麟祥翻译的《泰西劝善训蒙》；乙类教材指不具备小学教科书性质，最好不采用的教材，多半是关于政治、民权方面的书籍，包括福泽谕吉的《通俗国体论》、《通俗民权论》、加藤弘之的《国体新论》、《立宪政体论》等；丙类教科书是指书中有不妥之处，亦最好不用的教材。

经过这样的调查、筛选之后，就把明治初年具有自由、平等、天赋人权、民主、社会契约等资产阶级思想的教科书排除在学校大门之外，为明治政府加强对学校师生的思想控制扫清了障碍。到了1881年12月，新上任的文部卿福冈孝悌宣布经过1880年“以来着手检查教科书，至今已经检查了大约三百余种”。“今后准备整顿的还要涉及到各种学科，为了清查其教育上是否适宜，现在就要制定教科书检查条例”。

经过上述努力，1880年，不仅将修身课置于各学科的首位，而且在1881年颁布了《小学教则纲要》，对修身科的地位、课时、授课内容、途径等作了具体的规定。须要指出的是，1881年颁布的《小学教则纲要》不仅通过修身科加强了儒家伦理教育，而且通过历史课宣传皇国主义观念，培养学生“尊王爱国的志气”；通过在读书科中增加汉文，配合儒教复活的道德思潮。对此，井上毅曾毫不掩饰地说：“维新以来，英法的学问盛行一时，从而革命的精神，开始在我国萌生”，为了遏制“革命的精神”，学校中应该教授“忠爱恭顺之道”，“现在应该把将要废弃的汉学复兴起来，使二者保持平衡”。

总之，1872 年的学制被废除之后，在日本的教育领域，尤其是在最为重要的中小学，统治者加强了对学生的思想控制和道德教化。已经日本化了的儒家伦理、具有强烈民族主义色彩的皇国主义观念、忠君爱国思想，即已经形成的新武士道成为统治日本道德教育的核心价值理念。而且这种核心价值理念通过《教学大旨》、《幼学纲要》等具有超法律效力的天皇敕语形式被确立下来，通过加强教师教育和教科书检查制度得以贯彻执行。

对于《教学大旨》和《幼学纲要》中所主张的儒家伦理道德教育，吴潜涛博士在他的《日本伦理思想与日本现代化》中，对儒教伦理复活的复杂矛盾斗争背景和具体情节作了很有价值的研究与探讨。但是，吴博士认为：元田等儒学家在《教学大旨》和《幼学纲要》中努力要“复活的儒教伦理仍是陈旧的货色，丝毫没有经过新的加工”[①]，是“儒教伦理的旧貌无改变的粗糙的再现”[②]。我认为这一结论有待商榷。这不仅因为经过明治维新的洗礼，在“文明开化”大潮的涌动之下，在自由民权运动的冲击之下，日本的思想界发生了巨大的变化，即便那些对儒教抱有相当深厚感情的“守旧派”学者和政治家，在文明开化的过程中，也接受了西方思想的影响，只不过他们吸收的西方思想是有利于把幕末的封建政权如何转化为根基更为巩固的君主专制政权的国家主义思想。在这个过程中，他们更多地选择了德国的国家主义观念，而不是法国的自由、民主、平等的观念。在这一前提下，他们主张复兴的儒教伦理是为加强天皇制的封建国家统治服务的，其儒家伦理中已经渗入了强烈的近

---

① 吴潜涛．日本伦理思想与日本现代化．北京：中国人民大学出版社，1994：67.

② 同上.

代国家思想。这种渗透着国家主义观念的“忠君爱国”思想是用儒家的传统语言来概括和表述的，表面上是在复古，实际上已经在旧瓶里装上了新药，否则，在他们控制下所颁布的敕谕也不会得到同样握有实权的开明派的默许或最终接受。在吸收德国的国家主义以充实日本的皇国主义观点这一道德基点上，开明派和守旧派是一致的。正因为这样，在日本颁布了《教学大旨》和《幼学纲要》中的儒家伦理是围绕国家主义，为富国强兵服务的，这使得二派之间的分歧不是绝对的观念上的分歧，而只是在方法论上的不同。学制被废除以后，无论是政府中的开明派（如伊藤博文）还是朝廷中的保守派（如元田永孚）等针对自由民权运动的不断高涨，二者的分歧在逐渐消弭，而妥协与调和的观点逐渐达成，即便是开明派的官僚的思想观点也发生了向相反方向的转化。曾经主张天赋人权的加藤弘之于1882年发表了《人权新说》，以否定自己从前所提倡的天赋人权、自由、平等的资产阶级伦理，把自己曾经热情提倡的“天赋人权说”斥之为“无术加以维持”的“空中楼阁”，进而吸收达尔文、斯宾塞的生物进化论来说明道德、法律也是进化的，也遵循生存竞争的原则。个人作为组成国家的细胞，应该为国家尽义务，为国家的生存竞争而努力，践行忠孝仁义友爱等道德就是为国家尽义务，为国家的生存竞争而努力。对国家、君主的忠诚和挚爱，虽然属于“唯一利己的根本动向”，但却不是“纯粹的利己”，而是一种“进化的利己”或利他。这种“进化的利己”是人类的最高道德，这样就把西方资产阶级所宣传的个人主义价值原则、权利、义务的思想与为天皇专制服务的国家主义道德原则巧妙地结合在一起了，使日本的“皇国主义观念”、“忠君爱国”的思想被赋予新意之后如虎添翼，使旧武士道在经过了一定程度的资产阶级改造之后，具有了更大的欺骗性和煽动性，并成为军国主义教育的精神基础。无论是开明派还是保守派论述道德问题的根本目的都是加强以天皇为核心的政治统治，抵制自由民权运动，实现富国强兵，围绕这样的核心问题展开，开明派与保守派在方法论上的分歧是可以调解的。《教学大旨》和《幼学纲要》及为贯彻《教学大旨》和《幼学纲要》所制订、颁布的《小学教员须知》、《小学教则纲要》，以及为此而形成的国家检定教科书制度等遇到的阻力越来越小。那么由此形成的道德教育理念成为日本近代核心道德教育理念也就成了顺理成章的事情了。

3.《教育敕语》，军国主义道德教育纲领的强力展开

明治政府于1888年镇压了自由民权运动之后，于1889年2月11日颁布了《大日本帝国宪法》。宪法赋予天皇以至高无上的权力，规定，"大日本帝国由万世一系之天皇统治"；主权属于天皇，"天皇神圣不可侵犯"；内阁和全体官吏属于天皇，只对天皇负责，对议会和人民不负任何责任。宪法保障了军部和统帅权的独立。天皇及其政府可以不经过议会的参与，颁布敕令及其他形式的律令以代替法律。《大日本帝国宪法》的颁布不仅标志着日本地主资产阶级君主立宪制的确立，也标志着明治维新以来资产阶级改革运动的终结。

日本在颁布了《大日本帝国宪法》加强政权统治的同时，在思想文化上加强了对人民的控制，以适应巩固天皇制的精神需要。1890年10月30日，以天皇名义颁布了《教育敕语》，成为日本近代进行道德教育的"圣经"。

《教育敕语》是由天皇御师、枢密顾问元田永孚在井上毅（法制局长官）所提供的草案的基础上完成的。元田永孚、井上毅在撰写、修订《教育敕语》的时候，得到了既是总理大臣又是军事官僚的首脑山县有朋的热情支持。山县有朋把教育作为进行军事扩张的重要组成部分，他认为教育与军事装备一样，都是保护国家"利益线"的重要武器。他曾毫不掩饰地说："要想在战争中取胜，必不可少的东西，第一是军备，第二是教育"，"国民爱国之心得靠教育的力量来培养和保持"。为此，他积极提倡军国主义教育，把教育纳入到军国主义体制之中，突显了日本国民教育的军国主义特点，把日本国民引向了一条害人害己的凶险的轨道上。为了实现军国主义教育，山县有朋热衷于颁布《教育敕语》，在他的积极鼓噪支持下，1890年10月30日以天皇的名义正式颁布了《教育敕语》。《教育敕语》是以天皇的名义颁布的敕谕，其地位高出一切法律、法令，"具有绝对的基准性和权威性"。

为了分析的方便，现将《教育敕语》的译文转述如下：

朕，念我皇祖皇宗，肇国宏远，树德深厚，我臣民克忠克孝，亿兆一心，世世济厥美，此乃我国体之精华也。教育之渊源，亦实存于此。望尔臣民，孝父母、友兄弟、夫妇相和、朋友相信、恭俭律己、博爱及众、修学问、习职业，以启发智能，成就德器，进而广行公益，开辟世务，常遵国宪，时守国法，一旦危急，则义勇奉公，以扶翼天壤无穷之皇运。如是，则不独可为朕之忠良臣民，且足以显彰尔先祖之遗风。

斯道，实乃我皇祖皇宗之遗训，子孙臣民俱应遵守，使之通古今而不谬，施内外而不悖，朕愿与尔臣民俱拳拳服膺，咸一其德。①

《教育敕语》所贯彻的核心思想是至高无上的皇国主义观念。天皇至上的道德理念是从四个层面展开的。

第一个层面：强调天皇的德化与臣民的克忠克孝是“国体的精华”，即日本人的灵魂，也是道德教育的“渊源”。

第二个层面讲述的是道德教育的内容。《教育敕语》强调的德育内容是以“义勇奉公，以扶翼天壤无穷之皇运”，即以皇国主义为核心的早已日本化了的东西混合道德。比如《敕语》中所强调的“孝父母、友兄弟、夫妇相和、朋友相信、恭俭律己、博爱及众”显然是已经日本化了的儒家道德教育准则，而“修学问、习职业，以启发智能，成就德器，进而广行公益，开辟世务，常遵国宪，时守国法，一旦危急，则义勇奉公，以扶翼天壤无穷之皇运”，这是吸收了佛教对死的觉悟和已经改造了的德国的国家主义的道德观，它们共同构成了德育内容。

第三个层面强调道德教育的目的是培养“朕之忠良臣民，且足以显彰尔先祖之遗风”。由于日本统治者强调忠孝合一，臣民皆为天皇的子孙，所以，所谓的“显彰尔先祖之遗风”就是光大天皇的“德化”，扩大天皇的影响。

第四层意思旨在说明《教育敕语》的普遍教育意义，它是“子孙臣民俱应遵守”的普世性的道德准则，是“咸一其德”，宁遵勿违的道德“圣经”。把新武士道作为全民必须普遍遵守的道德信条。

---

① 梁忠义主编．日本教育．长春：吉林教育出版社，2000：231.

在此，单就《教育敕语》颁布之后对日本道德教育的影响来看，日本国民教育的目标与内容都必须绝对体现“敕语”的精神。1890 年 10 月 30 日颁布《教育敕语》时，文部省修改了《小学校令》，公布了《改定小学校令》。在《改定小学校令》的第一条就明确规定：“小学校应注意儿童身体的发育，以进行道德教育及传授国民教育基础知识和生活中所必需的普通知识与技能为宗旨。”[①] 其中特别强调小学教育的性质是“国民基础教育”，其任务是进行“道德教育”。作为“国民基础教育”的小学，要完成对“国民”进行道德教育的基本任务，就必须奉行《教育敕语》的道德教育理念，向学生灌输“忠君爱国”的思想，传授有利于实现“忠君爱国”的实际有用的基础知识和基本技能。根据《改定小学校令》，文部省于 1891 年公布了小学的各项规章制度，强调贯彻“敕语”的精神。比如《小学校教则大纲》中详细地规定了各门学科在进行道德教育和国民教育中应该注意的事项，强调所有各门学科都要对学生进行“道德教育”和“爱国教育”。尤其是修身科更要根据“敕语”的精神，培养儿童的品质，涵养儿童的德行，告知儿童进行道德实践的方法。日本历史科“以使学生了解本国国体的概要，培养做一个国民应有的情操为宗旨”。日本地理与外国地理科教学必须“以培养爱国精神为宗旨”，其他各科教育也必须充分体现“忠君爱国”的道德精神。为了全面彻底，不折不扣地贯彻《教育敕语》的精神，文部省在《教育敕语》颁布后不久就把它的誊写本发放至全国各地的学校，要求各级各类学校无论举行什么仪式都必须“奉读敕语”，都必须悬挂天皇的“御影”，向“御影”敬礼，否则就被视为“不敬事件”，要视其情节轻重受到不同程度的惩罚，把皇国主义道德教育推向极端。这种情况一直延续到二战结束之后，美国占领军对日本学校教育进行全面改造之前。

综上所述，《教育敕语》把日本化了的儒家伦理与西方的国家主义观念有机结合在一起，形成了独特的近代道德教育理念。这种独特的国家主义道德教育理念具有多元文化融合的特点，它是中国的儒家学说与日

① 梁忠义主编．日本教育．长春：吉林教育出版社，2000：233.

本的神道教和德国的国家主义等交叉融合的产物。这种综合了多元文化而形成的日本式家族、国家主义的道德教育理念是以“忠君爱国”为核心的，对此，井上哲次郎在《敕语衍义》中作了恰切的说明：日本家族主义的国家观：“国君之于臣民，犹如父母之于子孙”；日本的国家有机体说：“国家和有机体相同……君主比如心意，臣民比如四肢万骸”，二者结合，构成了国家至上的忠孝伦理观是“教育敕语”的核心。而“忠君爱国”的实质又是“忠君”，即效忠天皇。日本的统治者反复强调“不是基于忠君的爱国就不算爱国”，这就使得《教育敕语》构成了一个精巧而严密的逻辑体系。这一严密的逻辑体系把多元文化中所阐发的道德准则皆纳入到日本的天皇至上的国家主义教育理念的指挥、控制之下，又以超出法律，具有绝对权威性、普世性的天皇敕语的形式颁布，就把日本的整个国民教育纳入到《教育敕语》的绝对国家主义、皇国观念的轨道上来。它意味着从《学制令》开始的日本维新主义教育改革的结束，天赋人权、自由、平等、民主的资产阶级道德教育理念最后从日本教育的阵地上撤出，标志着皇国主义道德理念的绝对地位的确立和自此之后的强力展开。

《教育敕语》颁布后，不仅对日本的教育界、思想界、理论界产生了决定性的影响，而且由于中日甲午战争之后，中日文化教育交流的增多，中国在向日本学习的时候，不仅刻意仿效日本的学校教育制度，也刻意地效仿日本的道德教育，准备接受日本的道德教育理念以实现中国近代民族道德、民族精神的改铸。因此，《教育敕语》也一定程度地影响到了甲午战争之后，尤其是1898年戊戌变法之后，晚清新政时期，中国官方道德教育理念的确立与展开。

二、晚清新政时期道德教育理念的形成与展开

英国历史学家威尔斯这样评价日本：在近代以前，日本在世界历史上是微不足道的，“她那隐遁的文明对于人类命运的一般形成过程来说，

贡献并不大。她取之甚多，而予之甚微”[①]。但在明治维新后，日本却以“惊人的精力和智慧，把它们的文化和组织结构提高到欧洲列强的水平。在人类全部历史中，从来没有一个民族像日本当年那样阔步前进”。“她完全摈弃了那种认为亚洲几乎是无可挽回、永无指望地落在欧洲之后的说法，而使欧洲的一切进步，对比之下，显得相形见绌和踯躅不前。”[②]

在我国，对日本的学习、研究自1894—1895年的中日甲午海战中国战败达到高潮。

1895年中日甲午战争中国惨败，先进的中国人开始学习日语，向日本探索救国救民的真理。康有为、梁启超、严复、蔡元培、孙中山等把目光投向日本，开始了中国近代学习日本的历史。

可以说，中日近代关系发展中，日本是从中国的鸦片战争中汲取了教训，从而发奋图强，迅速走上发展资本主义道路的。中国是在日本的侵略下与日本的交锋中领悟到其资本主义工业化的成功而开始学习和效法日本的。甲午战争失败后，康有为曾说：“泰西以五百年讲求者，日本以二十余年成之，盖地球所未有也。”他认为中国无论就国土面积还是人口数量皆为日本所不可比，中国如能效法日本的明治维新，取长补短，则成效将不止“事半而功倍”。[③]蔡元培先生自甲午战争中国战败开始学习日语，研究日本战胜中国的原因，探求救国救民的真理。孙中山也对日本的明治维新产生了浓厚的兴趣，曾一度主张中国要学习日本，走明治维新的路。自明治维新始改变了中日关系的格局，中国由日本的先生变成了日本的学生，中国在向日本学习的过程中，维新志士发起了维新变法运动，试图效仿日本，建立起君主立宪制国家，从而实现民族独立，国家富强。当戊戌维新变法经历了103天就在封建势力的残酷镇压下失败后，摇摇欲坠的清政府被迫进行了所谓的新政，开始了中国近代史上蹒跚艰难的政治、经济、科学、文化和教育改革的努力与尝试。

---

① H. G. 威尔斯. 世界史纲，向达，梁思成译. 北京：商务印书馆，1931：991.

② 同上书，993.

③ 康有为. 日本变政考·序.

1. 新政改革之“上谕”——近代道德教育理念的形成

1898 年维新变法失败后，清王朝也在内外交困的情况下，不得不进行所谓的新政。新政改革中，掌握实权的是具有封建、资本主义双重性格的洋务派官僚。

1898 年 6 月 11 日（光绪二十四年戊戌四月二十三日），光绪皇帝下《明定国是诏》书，宣布变法维新，在百日维新中，光绪帝发布了几十条除旧布新的命令，旨在变法自强，走日本明治维新的道路。在 1898 年 6 月 11 日光绪皇帝发布的上谕中，他极力要求“讲求时务”、“变法自强”，明令“嗣后中外大小诸臣，自王公以及士庶，务宜努力向上，发奋为雄，以圣贤义理之学，植其根本，又须博采西学之切于时务者，实力讲求，以救空疏迂谬之弊。专心致志，精益求精，毋徒袭其皮毛，毋竞胜其口说，总期化无用为有用，以成通经济变之才”[①]。在这一比《五条御誓文》所阐释的思想还具体、明晰、透彻的上谕颁布后，光绪帝又下《明定国是诏》，宣布举办京师大学堂，“以期人才辈出，共济时艰”，同时总理各国事物衙门委托梁启超草拟京师大学堂章程上报，令孙家鼐为管学大臣，聘请美国传教士丁韪良为总教习。

京师大学堂“不仅为实行教育之机关，同时也为全国之最高教育行政机关。各省大学堂均属大学堂管辖”[②]。

京师大学堂的教育原则为“中学为体，西学为用”，教育目的是“培养非常之才，以备他日特达之用”。京师大学堂的教育原则从语言表述上看与洋务派的文化方针无异，但实际上却坚持中西学并重，实事求是，崇尚实学。

梁启超在积极创办京师大学堂的同时，令各督府将各省、府、厅、州、县之大小书院，一律改为中西兼学的学校。所有中小学应读之书，仍由官设译书局编译中外要书，颁布遵行。在梁启超拟订的《京师大学堂章程》中，明确提出废除八股取士制，科举考试改试时务策论。

---

① 舒新城. 中国近代教育史资料：上册. 北京：人民教育出版社，1981：43.

② 毛礼锐，沈灌群主编. 中国教育通史：第四卷. 济南：山东教育出版社，1985：200.

维新变法中光绪皇帝所颁布的上谕和梁启超所拟订的《京师大学堂章程》，以及京师大学堂的实际办理，科举制度的改革等一系列文化教育的除旧布新的措施对推动当时的教育改革及社会进步产生了重大的影响。不仅京师大学堂章程为中国近代新学制的摹本，1902 年的《钦定学堂章程》是在此基础上扩充而成的，而且废除八股，改革科举制度，为人们的思想解放创造了条件。梁启超在"章程"中强调中西兼学的思想，扩充了洋务派"中学为体、西学为用"的范畴，不仅为西学新知识、新内容在课程中的增加提供了政策基础，同时也为人们的观念更新创设了必要的条件。因此，戊戌维新运动虽然存续百余天即告失败，包括教育改革在内的许多改革方案皆中途流产，但维新运动的影响却是巨大的，它形成了"民智已开，不可遏抑"[①]之势。

"因此可以说资产阶级维新派的历史贡献不仅仅表现在戊戌变法时期的措施上面，更重要的是掀起了一场冲击封建主义思想的思潮。"[②]正是在这种不可遏抑趋势的影响下，在内外矛盾交逼的情势下，清政府才被迫进行了所谓的"新政"改革。

1901 年 1 月 29 日（光绪二十六年十二月初十日），慈禧太后颁布了"新政"改革的上谕，比光绪帝 1898 年的上谕更具体更详明地提出了变法革新的主张。慈禧太后颁布的新政改革之上谕阐明改革的宗旨在于"强国利民"，"取外国之长，乃可去中国之短"，"壹意振兴"，变法维新，更革陋习。慈禧太后谕诏曰：

世有万古不易之常经，无一成不变之治法，穷通变久，见于大易，损益可知，著于论语：盖不易者，三纲五常，昭然如日星之照世，而可变者，令甲令乙，不妨如琴瑟之改弦。…大抵法积则蔽，法蔽则更，要归于强国利民而已。……一切政事，尤须切实整顿，以期渐致富强。懿训以为取外国之长，乃可去中国之短。惩前事之失，乃可作后世之师。

---

① 梁启超. 戊戌政变记.

② 毛礼锐，沈灌群主编. 中国教育通史：第四卷，济南：山东教育出版社，1985：206.

……今者恭承慈命，壹意振兴，严祛新旧之名，浑融中外之迹。中国之弱在于习气太深，文法太密，庸俗之吏多，豪杰之士少。文法者庸人籍为藏身之固，而胥吏恃为牟利之符。公私以文牍相往来，而毫无实际；人才以资格相限制，而日见消磨。误国家者在一私字，祸天下者在一利字。晚近之学西法者，语言文字制造器械而已，此西艺之皮毛而非西学之本源也。居上宽，临下简，言必信，行必果。服往圣之遗训，即西人富强之始基。中国不此之务，徒学其一言一话一技一能，而佐以瞻徇情面，肥利身家之积习。舍本源而不学，学其皮毛而又不精，天下安得富强耶？总之，法令不更，锢习不破。欲求振作，须议更张。著军机大臣大学士六部九卿出使各国大臣各省督抚，个就现在情弊，参酌中西政治，举凡朝章、国政、吏治、民生、学校、科举、军制、财政，当因当革，当省当并，如何而国势始兴，如何而人才始盛，如何而度支始裕，如何而武备始精，各举所知，各抒所见，通限两个月内悉条议以闻。①

这个由慈禧太后颁布的上谕被学者誉之为“改革运动宪章”，“是从传统到现代的转变”。在这个上谕中，慈禧虽然强调三纲五常为日月不变之常经，但却又主张改弦更张，对旧风习、旧体制进行了深刻的批判。这是一个调和新旧派矛盾的折中的改革上谕，这个改革上谕已经昭明了道德教育理念改革的历史必然。学者任达在其所著《新政革命与日本——中国，1898－1912》一书中，评价这个“雄心壮志的上谕，在精神、意图和成就上，都堪与大名鼎鼎的、简洁的1868年明治《五条誓文》相匹敌”②。任达称“明治《五条誓文》和晚清的改革上谕，都是寻求外国知识以加强‘皇基’，绝非削弱他们既得的成就”。他认为“日本现代史学者普遍把1868年的《五条誓文》作为日本向外部世界开放精神的信号，确立了延续到今天江户时代以后的进程。另一方面，中国近代史学者却忽视了1901年的改革上谕，虽然它所完成的恰恰是帝制后中国

① 清德宗录. 光绪二十六年十二月初十日上谕.

② 任达，新政革命与日本：中国，1898－1912. 李仲贤译. 南京：江苏人民出版社，1998：14.

所要做的事：向外部世界发出中国开放精神的信号，把中国置于帝制后的进程。它的结果是革命性的，它把中国历史的进程根本而永久地改变了。”任达的上述评价，确实道出了1901年新政的实质。诚如任达所言，晚清新政“开辟了新纪元，超出了狭隘的政治范畴，包括思想和体制根本转变的革命”。[①] 通过这场“静悄悄的革命”，清政府在“新的政治体制”，“包括教育、军事、警务、监狱、法律、司法和立宪政府——新政改革的成就，远远超过了发起者的意图或想象”。我们通过戊戌维新以来人们对中国政治体制、经济体制、教育制度、伦理道德、科学文化的更加广泛的批评、反思与探讨中，证实了任达先生的结论。因此，确实可以这样说，1898年6月和1901年1月光绪与慈禧所发布的上谕确实可以与1868年日本明治维新之际所颁布的《五条誓文》相比拟。仅就其在道德教育理念的更新的角度而言，虽然慈禧太后的上谕中强调“盖不易者三纲五常，昭然如日星之照世”，但是她在上谕中所阐释的“穷变通久”、“通变达权”、“物穷则变，转弱为强”的思想，无疑是在用“自己的矛刺自己的盾”，在无意间引导人们的道德精神向更开阔的方向前进。因此，维新变法以后，思想界对旧道德，尤其是对以“三纲五常”为核心的封建礼教的批判就更为激烈，更加彻底。人们对西方资产阶级的自由、平等、博爱、科学、民主等道德理念的介绍，倡扬也更为积极、热切。因此可以说，戊戌新政时期是中国近代新的道德教育理念的孕育形成时期。虽然这一过程绝不是清政府情愿完成的，但其所实施的新政和当时中国所处的内外交逼的形势，却客观上提供了这种可能。

2.《奏订学堂章程》——近代道德教育理念的展开

与晚清的新政改革以日本明治维新为样本相切合，中国的“文明开化”也主要表现为办报纸、组织各种学会、翻译西学、大力兴办新教育，进行教育改革。

1901年8月，清政府仿效日本颁布“兴学诏书”，鼓励各地积极兴办学堂，诏书强调“兴学育才，实为当务之急”。诏书规定，“除京师已

① 任达，新政革命与日本：中国，1898—1912．李仲贤译．南京：江苏人民出版社，1998：15.

设大学堂应切实整顿外，着各省所有书院，于省城均设大学堂，各府厅直隶州均设中学堂，各州县均设小学堂，并多设蒙养学堂”。[①]

此后，各地设置了一定数量的新式学堂，为建立中国近代的学制系统奠定了基础。

在此基础上，1902 年，由管学大臣张百熙拟订了《钦定学堂章程》，第一次确定了中国近代教育史上的法定学校系统，但是，由于该学制系统修业年限过长，还保留科举的痕迹等弊端而未颁布实施。

1903 年由张百熙、张之洞、荣庆重新拟订了一个《奏定学堂章程》，该章程对各级各类学校系统的办学宗旨、修业年限、课程设置、学校管理等都作了具体的规定，这是中国近代教育史上第一个通过法令形式颁布实施了的比较完整的学制系统。该学制是日本学制的摹本，日本近代著名的教育官员、曾任职文部省的泽柳正太郎（1865—1927）曾于 1905 年发表了《清国的新教育制度》的演讲，宣称中国新的教育制度与日本现行的教育制度“没有一点”不同，“实在是毫无顾忌地大胆全盘采用日本制度”的结果。沃尔夫冈·弗兰克在其《中国传统科举制度的改革与废除》[②] 中评价该“《章程》容量极大，包括从京师大学堂到幼稚园各类学校的章程、考试、教师、教科书等，大都是摹仿日本模式的”。阿部洋也在全面研究了该《章程》后认定“《奏定学堂章程》表述了学校系统基本的和最重要的特性，是完全仿照当时日本系统的”。任达先生认为：“中国采用这些章程，或把日本作为自己的模式，绝不是受到任何压迫，而是因为事实证明日本系统是成功的和实用的，并认识到在意识形态上是一致的。”[③]

确实，中国仿照日本颁布的《奏定学堂章程》不仅是由于中国自洋

---

① 光绪朝东华录．卷一六九．

② Wolfgang Franke，The reform and Abolition of the Traditional Chinese Examination System〈Cambridge：Centre for East Studies，Harward University，1960〉

③ 任达．新政革命与日本：中国，1898—1912．李仲贤译．南京：江苏人民出版社，1998：154．

务运动，尤其是甲午战争之后，在学习日本的过程中，认识到了日本教育的成功与实用，还一定程度地接受了支配日本教育、作为日本教育精神支柱的道德教育理念。日本学制中始终保留，并不断强化了以儒家思想为核心的封建主义的道德思想，维护以天皇为核心的封建资本主义国家制度，以及改造了的近代武士道精神与晚清之际朝廷所要巩固和加强的封建主义制度、三纲五常的封建主义的传统道德体系有诸多同质情愫。因此可以说，《奏定学堂章程》中所阐发的教育宗旨，尤其是宗旨和课程内容中所体现的道德教育理念，也是深受日本明治维新时期，确切地说是中后期所呈现的“复兴儒学”教育影响的。比如张百熙、荣庆、张之洞在光绪二十九年（1903）十一月的《重订学堂章程折》中明确阐发“立学宗旨，无论何等学堂，均以忠孝为本，以中国经史之学为基，俾学生心术壹归于纯正，而后以西学沦其智识，练其艺能，务期他日成材，各适实用，以仰副国家造就通才、慎防流弊之意”[①]。此立学宗旨显然是对洋务运动以来“中学为体，西学为用”思想的继承，又与日本的《教学大旨》和《幼学纲要》如出一辙。该宗旨在道德教育上仍然坚守中国的传统道德，在《奏定学堂章程》中，张百熙、荣庆、张之洞又特别强调“中国礼教政俗，本与各国不同，而少年初学之士，胸无定识，庞杂浮嚣，在所不免。此时学堂办法，规范不容不肃，稽察不容不严。兹特设立规条，申明禁令，编为《各学堂管理通则》一册。并将此时开办各项学堂设教之宗旨，立法之要义，总括发明，订为《学务纲要》一册”[②]。

在《学务纲要》中，张百熙明确而透彻地阐发了晚清新政时期的办学宗旨和应该遵循的道德精神。在对道德教育作用、地位的阐发上，《学务纲要》既继承了中国传统教育以道德为核心、道德至上的思想传统，同时又受西方重视道德教育的思想影响，极力强调道德教育，规定：“京外大小文武各学堂均应钦遵谕旨，以端正趋向，造就通才为宗旨，正合三代学校选举德行道艺四者并重之意。各省兴办学堂，宜深体此意。从

① 舒新城．中国近代教育史资料：上册．北京：人民教育出版社，1981：197.

② 同上书，198.

幼童入初等小学堂始，为教员者，于讲授功课时务须随时指导，晓之以尊亲之义，纳之于规矩之中。一切邪说诐词，严拒力斥；使学生他日成就，无论为士为农为工为商，均上知爱国，下足立身，始不负朝廷兴学之意。外国学堂于智育体育外，尤重德育，中外固无二理也。”[①] 同时，张百熙在《大学章程》中重申：“中国圣经垂训，以伦常道德为先，外国学堂于智育体育之外，尤重德育，中外立教本有相同之理。今无论京外大小学堂，于修身伦理一门视他学科更应注意，为培植人材之始基。”本着这样的办学宗旨，清政府明确表达了学制改革中必须遵循的道德教育理念：“以忠孝为敷教之本，以礼法为训俗之方，以练习艺能为致用治生之具。”[②]

为了贯彻上述教育宗旨，体现道德中心、伦理至上的教育理念，各级各类学校教育的内容皆突出了儒家经典之教育。比如《学务纲要》规定：“中小学堂宜注重读经以存圣教。外国学堂有宗教一门，中国之经书，即是中国之宗教。若学堂不读经书，则是尧舜禹汤文武周公孔子之道，所谓三纲五常者尽行废绝，中国必不能立国矣。学失其本则无学，政失其本则无政。其本既失，则爱国爱类之心亦随之改易矣。安有富强之望乎？故无论学生将来所执何业，在学堂时经书必宜诵读讲解，各学堂所读有多少，所讲有浅深，并非强归一致。极之由小学改业者，亦必须曾诵经书之要言，略闻圣教之要义，方足以定心性，正其本源。”

初等小学每周经学课计 12 小时（占总学时的 40%），“中学堂每星期以六点钟读经，以三点钟挑背讲解”，每周经学课有 9 小时。另“至温经一项，小学中学皆每日半点钟，归入自习时督课，不占讲堂时刻”，到“中学堂毕业，皆已读过《孝经》、《四书》、《易》、《书》、《诗》、《左传》及《礼记》、《周礼》、《仪礼》节本，共计读过十经（《四书》，内有《论语》、《孟子》两经），并通大义”。这样，经过癸卯学制的改革，不仅巩固了儒家经典在学校教育中的地位，而且规范了儒家经典教育的内容、

① 舒新城．中国近代教育史资料：上册．北京：人民教育出版社，1981：199．

② 同上书，200．

课时，张百熙称其课时与内容“较之向来书塾书院所读所解者已为加多”[①]，“高等学堂有讲经之课……专讲要义而不务奥博。大学堂、通儒院则以精深经学列为专科，听人自责，并非以此督责众人。”也就是说，在中小学加强经学课的教学，是一种打基础、普及性的教育，到了高等学校，经学课则带有专门研究的特点。为了加强中小学中的儒家伦理教育，《学务纲要》中规定“小学堂勿庸兼习洋文”，即外语，理由是“惟童子正在幼年，仍以圣经根柢为主，万不准减少读经讲经，及中国文字功课钟点”，为的是“养成国民忠国家尊圣教之心”。“中学堂以上各学堂必全勤习洋文”，而大学堂经学、理学、中国文学、史学各科，尤必深通洋文而后其用乃为最大。

《学务纲要》要求“中学堂以上各学堂全勤习洋文”是为了更全面更充分地理解西方的“政事法律”，而遏制维新派提倡的自由、平等、民权等资产阶级伦理思想的传播。这与日本《教学大旨》和《幼学纲要》，尤其是《教育敕语》颁布之后的情形是极其相似的。《学务纲要》称：“民权自由四字，乃外国政治、法律、学术中半面之词，而非政治法律之全体也。”并解说：“外国所谓民权者，与义务教育对待之名词也。所谓自由者，与法律对待之名词也。法律义务者，臣民当尽之职，权利自由者，臣民应享之福，不有法律义务，安得有权利自由?”而在“法律义务”与“权利自由”之间的关系中，《学务纲要》援引日本《宪法》第二章《臣民权利义务》中的第一条“凡为日本臣民之要件，当依从法律”，把自由、平等、权利、义务等资产阶级的天赋人权等思想皆规范在“法律”允许的范围之内。为此，《学务纲要》进一步援引了伊藤博文的解释，强调“法律”的至高无上：“伊藤博文解之曰：日本臣民各享有法律中之公权及私权，所以臣民要件，必以法律为定。夫言公权私权，而必本乎法律，可见悖乎法律者不得享有公权私权也。”[②]

由此可见，《学务纲要》在道德教育理念上接受日本近代道德教育理

---

① 舒新城．中国近代教育史资料：上册．北京：人民教育出版社，1981：202—204.

② 同上书，1981：207.

念的影响是多么直接而又简捷。在接受日本《教学大旨》、《教育敕语》等强调皇权、国家观念的同时，《学务纲要》把日本《宪法》中所强调的具有封建资本主义性质的政治伦理概念“权利”、“义务”等作了逐条解释。第二条为：“日本臣民凡合乎法律命令所定之资格者，可任为文武官。此盖谓能尽法律之义务，即有服官之权利矣。其义务之最重大而显著者，莫如当兵纳税。”“故第三条曰：日本臣民，依从法律，有服兵役之义务。第四条曰：日本臣民，依从法律，有纳税之义务。义务尽矣，则必有自由之权利。然使自由而不本乎法律，则人人皆处于化外而天下乱矣。所以第五条即曰：日本臣民于法律之范围内，有居住迁徙之自由。第十一条曰：日本臣民苟不害治安，不紊秩序，不背为臣民之义务者，有信教之自由。”[①] 张百熙等几乎是全盘不动地吸取了日本《宪法》中的某些内容，并作了高度的提炼和概括：“权利必本于义务，能尽应尽之义务，既能享应得之权利。自由必本乎法律，能守分内之法律，即能受分内之自由。”

中国和日本的统治集团在走向现代化的历史进程中，在吸收西方资产阶级的天赋人权，国家主义思想，权利、义务观念，自由平等学说的时候，把它们进行了大刀阔斧的取舍与改造，只选取了有利于加强“皇基”的部分，并将其改造变种为最适合于加强封建资本主义统治的“新思想”。他们舍弃了西方资产阶级的“公民”概念，依然进行封建的“臣民”教育，把公民在法律范围内应该享有的参政、议政、选举等民主权利只字不提，只强调“服官之权利”，即“做官”的权利，称公民应尽的“义务之最重而显著者，莫如当兵纳税”，把公民应享有的自由严格限定在“法律之范围内”，且只强调了“居住迁徙之自由”、“有信教之自由”、“有言论著作印行及集会结社之自由”。

《学务纲要》把日本《宪法》中所取舍的资产阶级政治道德概括为“权利必本乎义务，能尽应尽之义务，即能享应得之权利。自由必本乎法律，能守分内之法律，即能享分内之自由”。

---

① 舒新城．中国近代教育史资料：上册．北京：人民教育出版社，1981：207.

《奏定学堂章程·学务纲要》作为中国晚清政府颁布实施的第一个具有资产阶级性质的学制，所阐发的具有兼采中西道德伦理于德育内容之中的道德教育理念在中国近代教育史上具有十分重要的意义，它标志着自洋务运动以来中国洋务派思想家所强调的“中学为体，西学为用”的思想，在维新变法之后有了实质性的改进与扩充，这种实质性的改进与扩充表现为中国近代的道德教育理念在尊重传统儒家义理的同时，已经有限制地引进了经过日本明治维新改造了的西方国家主义道德。《学务纲要》所强调的“权利”、“义务”、“自由”、法律之间的关系的思想，深受日本明治维新后启蒙思想家福泽谕吉、伊藤博文等的影响，伊藤博文所阐释的“所谓法律中之自由，为臣民应有之权利，故自由于分定之内者，可勿庸多加钳制”的思想在客观上具有巨大的思想解放的意义。

虽然《学务纲要》反复重申对“乱党”，即康、梁等维新思想家所提倡的自由、平等、民主、民权等资产阶级道德要加以批判，但是，从《学务纲要》对上述问题的阐述中，我们又能看到晚清新政期间，迫于种种情势之压力，加上张百熙、荣庆、张之洞等思想家、政治家和教育家自身思想所发生的渐进性的变化，使得他们对《奏定学堂章程》的制定保持了比较折中、稳健的开放心态。在处理中西道德的关系时，在基础教育中，以儒家伦理道德教育为主，用“中学植其根柢”；到高等教育阶段，儒家经典可以作为与“西国政治、法律”相并而行的专门研究之内容，并且强调在高等学堂或大学堂研习“西国政法之书，固绝无破坏纲纪、教人犯上作乱之事”，批评了那种“谓学堂设政法一科恐启自由民权之渐”的担忧是“不睹西书之言，实为大谬”，从而肯定了“学堂内讲习政法之课程，乃是中西兼考，择善而从”。鼓励学堂在“中西兼考，择善而从”的过程中，“于中国有益者采之，于中国不相宜者置之”，认为这是“因时制宜之道”。这种“中西兼考，择善而从”的思想方法，确实体现了“取其精华、去其糟粕”，批判继承的成熟心态。它标志着张之洞等思想家、教育家文化、道德选择心态平和，标志着中国近代道德教育理念的成熟。

这样，1903 年颁布的《奏定学堂章程》之《学务纲要》就从道德教育的目的、地位、作用、德育内容、实施道德教育的原则、方法等方面系统地阐述了癸卯学制体系下各级各类学校应该遵循的道德教育指导思想，这意味着近代中国新道德教育理念的最终形成。其后，在1906年清学部成立后奏请制定的教育宗旨，是对《学务纲要》道德教育思想的进一步概括与总结，其内容表现出鲜明的接受日本《教育敕语》影响的特点。1906年，清学部成立后，在原有《奏定学堂章程》所阐发的教育宗旨的基础上，拟订了一个新的教育宗旨，由政府颁布全国各级各类学校遵行。"教育宗旨"再次模仿1872年日本《学制令》，提出普及教育的主张："今中国振兴国务，固宜注重普通之学，令全国之民无人不学。"但是在道德教育上，却仿效《教学大旨》和《教育敕语》提出了"忠君"、"尊孔""尚公"、"尚武"、"尚实"的教育宗旨。

所谓"忠君"，就是"崇敬国主以为政治之本"。"忠君"的目的在于"务使全国学生每饭不忘忠义，仰先烈而思天地高厚之恩，睹时局而深风雨飘摇之惧"，使"一切犯名干义之邪说皆无自萌"。

学部所强调的"忠君"之教育宗旨，取自德国的国家主义和日本的皇国主义教育理念。学部的"教育宗旨"称："近世崛起之国，德与日本称最矣。德之教育重在保帝国之统一。日本之教育所切实表章者，万世一系之皇统而已。"又说："日本之图强也，凡其国家安危所系之事，皆融会其意于小学读本中，先入为主，少成若性，故人人有急公义洗国耻之志，视君心之休戚为全国之荣辱，视全国之荣辱即一己之祸福，所谓君民一体者也。"①

由此可见，教育宗旨所强调的"忠君"是与爱国紧密地联系在一起的，而且是以德国和日本，尤其以日本为楷模，深受日本1878年天皇颁布的《教学圣旨》、《幼学纲要》，1889年颁布的《大日本帝国宪法》和1890年颁布的《教育敕语》的影响，清学部奏请宣示的教育宗旨与日本的《教学圣旨》、《幼学纲要》、《大日本帝国宪法》和《教育敕语》一样，

① 舒新城. 中国近代教育史资料：上册. 北京：人民教育出版社，1981：220—221.

亦成为中国各级各类学校教育对学生进行道德教育的指导性文件，而且直接引用，承认了《大日本帝国宪法》中“大日本帝国由万世一系的天皇统治之”，极力推崇《教育敕语》所宣传的君民一体，忠君爱国，“克忠克孝”的教育理念。

就清学部颁布的“教育宗旨”所强调的“忠君”之道德与日本《教育敕语》等所宣传的近代国家主义思想比较而言，皆具有把传统的道德义理与近代的国家、民族观嫁接融合的显著特点。但日本的天皇对日本人远比中国的君主对中国人有巨大的凝聚力和感召力，它被奉为万世一系的教主，是日本民族国家的象征，经过长期的历史推演和统治阶级的宣传教化、日本民族已经形成了对天皇的绝对忠诚与崇拜，形成了天皇即国家，忠于天皇即忠于日本国家的道德理念。而中国的君主却是可立可废的。虽然儒者董仲舒、朱熹神化了君权，但是近代以来“君权神授”的观念受到了广泛的批评，中国人所具有的忠君观念往往具有双重性，是有条件的。尤其是近代以来愚忠愚孝的旧理念随着自由、平等、民主等新观念的输入，已经受到了巨大的冲击，发生了根本的动摇。

所谓“尊孔”，就是形成对儒家伦理道德和对孔子的敬仰心理，使学生不敢“轻视圣教，夷弃伦纪”。“尊孔”的实质在于仿照西方的宗教，尤其是日本的神道教，把儒教立为国教，尊孔子为教主，仿效日本，用“吾国圣贤之名言至论，日进学生而训导之，以之砥砺志节，激发忠义”[①]，使“国教愈崇，斯民心愈固”，即达到控制人们的思想和精神，以抵制自由、平等、民主、博爱等新思想的传播流布。

所谓“尚公”，就是团结一致，“视人犹己，爱国如家”的集体主义、爱国主义精神。“教育宗旨”要求学校启迪学生“尚信义、重亲睦”，以养成“协同一致之性质”，要求学校把“爱国合义之理，早植基于蒙养之初”，改变中国人“群情隔阂，各为其私”、“支离涣散”不讲公益，不重公德的弊端。为贯彻“尚公”之宗旨，学部要求“必于各种教科之中，于公德之旨，团结之效，条分缕晰，辑为成书，总以尚公为一定不移之

① 舒新城. 中国近代教育史资料：上册. 北京：人民教育出版社，1981：221.

标准”[①]。在阐发“尚公”思想的同时，学部强调立国的根本在于“全国之民之心力如潮如海如雷霆而不可遏，相亲相恤相扶助而不可解耳”，类似于《教育敕语》中所谓“一旦危机，则义勇奉公”的道德教育理念。

所谓“尚武”，就是仿照“东西各国，全国皆兵”，进行军事体育教育。学部赞赏“东西各国，全国皆兵；自元首之子以至庶人，皆有当兵之义务”而形成的“上下同心”的平等、爱国之精神，要求各中小学校也能像日本与西方列国一样重视军事体育教育，在“学校隐寓军律”，使学生在“童稚之时已养成刚健耐苦之质地”。学部指出“尚武”欲在挽救我国臣民“饷糈之心厚而忠义之气薄，性命之虑重而国家之念轻”之弊端，以达到富国强兵。为了进行军事体育教育，培养造就学生的完全人格，学部要求：“凡中小学堂各种教科书，必寓军国民主义，俾儿童熟见而习闻之。”在“国文、历史、地理等科，宜详述海陆战争之事迹，绘画炮台兵舰旗帜之图形，叙列戍穷边使绝域之勋业；于音乐一科，则恭辑国朝之武功战事演为诗歌，其后先死绥诸臣尤宜鼓吹抗扬，以励其百折不回视死如归之志；体操一科，幼稚者以游戏体操发育其身体，稍长者以兵式体操严整其纪律，而尤时时以守秩序，养威重，以造成完全之人格”。学部以日本“小学校”和“师范学校”重视军事体育训练，“国家且宣法令以鼓励之”为例，要求我国学校也要“极力行之”，然后“日月渐染，习与性成”[②]，以满足“朝廷锐意武备，以练兵为第一要务”这一御侮图强的军事需要。

须要特别指出的是，清学部所强调的军事体育教育，旨在养成学生“完全之人格”，是为了民族独立而富国强兵。它从根本上区别于日本的旨在侵略扩张“扬军威于海外”的军国主义教育。

所谓“尚实”，即在于“能见诸实用”。学部推崇英国科学家培根所进行的实验科学研究“凡论断一事一物，必有实据以为征信”，肯定了实

① 舒新城. 中国近代教育史资料：上册. 北京：人民教育出版社，1981：222—223.

② 同上.

验科学为西方资本主义社会科学与自然科学、实验科学的发展所做出的巨大贡献。因此，要求我国在推行普通教育的过程中，“凡中小学堂所用之教科书，宜取浅近之理与切实可行之事以训谕生徒，修身、国文、算术等科皆举其易知易从者勖之以实行，课之以实用；其他格致、图画、手工皆视为重要科目，以期发达实科学派，教员于讲授之际，凡有事实之可指者，必示以实物标本，使学生知闻并进，且时导学生于近地游行以为实地研究之助”。这无意吸取了西方资本主义国家注重科学教育，强调科学实验的进步教育思想，就此点而言中日无异。“宗旨”，指出“方今环球各国”，“实利”主义教育，使“人人有可农可工可商之才”，从而达到“下益民生，上裨国计”的“富强之要图”。学部认为这是“教育中最有实益者也”①。

清学部所确立的教育宗旨系统地阐发了新政时期教育改革中所必须遵循的道德教育理念，它作为辛亥革命前重要的教育纲领不仅对新政时期各级各类学校的道德教育产生了直接而重要的影响，它是近代学制改革之后，各级各类学校进行道德教育的指导纲领，而且对蔡元培先生确立民国教育宗旨产生了直接而重要的影响。蔡元培继承和改造了“尚武”、“尚实”，把其发展为“军国民主义教育”和“实利主义教育”。就清学部所颁布的教育宗旨的历史地位来讲，应该与日本的《教学圣旨》和《教育敕语》居于同等的指导地位。但事实上，由于鸦片战争，尤其是太平天国和戊戌维新以后，内忧外患的严重，清王朝统治地位的动摇，皇权的受抨击以及中国社会整体教育水平的低下等等原因，使得它无法与后者的作用地位相比拟，日本的《教学圣旨》、《幼学纲要》和《教育敕语》构成了日本近代以国家主义教育为基本特征的道德教育体系，尤其是《教育敕语》，是日本一般教育和道德教育的“圣经”，居于绝对的不容置疑的至尊地位，是日本近代直至二战结束后，美国军事改造之前的“道德伦理的最高准则”，而且至今阴魂未散。而清学部的“教育宗旨”，从颁布之日起就遭到了广泛的社会批评，其所宣传的“忠君”、“尊

① 舒新城．中国近代教育史资料：上册．北京：人民教育出版社，1981：223—224.

孔”是中国鸦片战争之后受到最激烈抨击的封建礼教。因此，它作为国家以法令形式公布的道德教育和一般教育的指导性纲要，在贯彻实施时已经大打折扣。即辛亥革命后进行壬子一癸丑学制改革中，已经废除了“忠君”、“尊孔”之宗旨，剔除了学校教育中的经学课。

日本明治维新之后建立的学校系统，对中国近代教育的影响是巨大的，人们称中国近代的教育是“日本化”的，研究中日关系的著名学者阿部洋称：“独特的日本学校教育，以儒家道德为本的修身经验与近代诸学科结合起来，已成为中国的理想楷模”。任达先生在谈到新政时期中国教育系统的“日本化”时，得出结论：“从学校章程到章程下的教育纲要，从中央和省的行政框架到学校课程和教科书的内容。有意义的是，这个受日本影响的晚清系统沿用到1922年，除1912年废除儒学教义外，并没有重大的改变。”他认为在道德教育上，1890年强调中央集权和浸润了儒学的《教育敕语》不仅解决了日本在教育方面的“体用”难题，也为中国解决同一难题提供了公式，这实际上强调的就是《教育敕语》对中国晚清新政时期确立道德教育理念的影响。

综观日本明治维新时期道德教育纲领中所体现的道德教育理念与中国晚清新政时期教育宗旨中所体现的主体道德精神，确实表现了同质与异质的特点。

首先表现在对儒家传统道德的提倡上。两国皆希望在近代这一国家民族生存环境极为险恶的情况下，通过提倡传统道德来增强民族认同，增强民族凝聚力，以抵御来自西方社会的生存压力。

其次表现为强烈的爱国主义精神。中日近代道德教育的服务方向皆为富国强兵，但是日本的爱国主义是以皇国主义为核心的极端国家主义，表现为在已经摆脱了被沦为西方殖民地危险后的强烈的对外扩张，是为军国主义服务的，而中国近代所提倡的爱国主义，却仅限于摆脱殖民地命运而实现民族独立，不具有侵略性，扩张性。这是中日近代道德教育理念的最本质区别。

第六章

结　语

可以说，中日近代道德教育理念同质情愫的形成决定于多种原因，既有主观上的，也有客观上的；既有文化上的，更有政治、经济上的。从主观上来说，中日两国在西方列强兵临城下的情况下，其内部皆产生了强烈的御侮图强的民族意识，有高度的道德自觉；从客观上来说，这种高度的道德自觉来自于西方列强兵临城下所造成的外部高压；从文化上来说，现代化就必须一定程度地缩小封建文化与资本主义文化的文化差异，接受西方资本主义文明；从政治上来说，中日近代皆面临着由封建制度向资本主义制度的转折过渡；从经济上来说，皆由封建的自然经济向资本主义商品经济的发展转型，尤其是政治经济上的巨大变革必然要求思想观念上的更新，道德教育理念的变革归根结底是由社会的政治经济制度决定的，它是政治经济变革的必然要求。

由于中日近代社会转型期面临着上述共同问题，这就决定了在此基础上所形成、选择的道德教育理念具有诸多同质情愫。但是，由于中日在开始现代化的过程中，面对的内外因素又不尽相同，各自在政治、经济、文化、教育上亦存在着诸多差异，这就决定了二者在道德教育理念上的异质特征。这种异质特征的形成除我们着力分析的文化原因外，还有主观上的方向定位，客观上的国际环境。

比如，中国近代在西方列强侵略下，道德教育理念的主观定位是御侮图强，保国保种，实现民族独立。爱国主义是近代中国道德本质的核心，这种道德本质的特点是表面上已是外部世界——激烈对抗，但其实质是向内的，旨在唤起思维自觉；而日本则是“脱亚入欧”、“扬军威于海外”，表现为强烈的对外扩张。

从客观环境来说，帝国主义侵略掠夺的重点是中国而不是日本，中国在鸦片战争后沦为半殖民地半封建社会，而日本并未遭此厄运。还有政治经济上的原因，从政治经济制度变革的角度讲，日本的明治维新获得了成功，建立了以维新势力为核心的君主专制制度，并于1889年建立了君主立宪政体，迅速地完成了资本主义工业化；中国的洋务运动和戊戌维新运动皆遭到了失败，直到辛亥革命之前，中国在政治上，依然维系着摇摇欲坠的君主专制制度。这种君主专制制度成为中国社会一切改革的桎梏，在经济上，中国近代的工业化进程在帝国主义、封建主义的残酷掠夺、血腥盘剥下举步维艰。在文化教育上，日本在明治维新之前有洋学的基础，明治维新之后，迅速地实现了普及义务教育，1872年的《学制令》明确地提出了普及义务教育的主张，而中国直到1903年才建立起近代的学制体制，直到1912—1913年的壬子—癸丑学制改革，虽然提出了普及教育的主张，但由于政治、经济等一系列原因，普及教育的目标远没有实现，这些都决定了中日近代道德教育理念的异质特征。这种异质特征集中表现在“新武士道”与“新民德”上。

一、中日近代道德教育理念的同质情愫及成因

1. 发展类型相同

根据社会发展理论或现代化理论，现代化发展主要依据内部因素还是外部因素进行分类，有两种不同类型的现代化过程。罗荣渠教授在《现代化新论》中指出：“一类是内源的现代化（modernization from within），这是社会自身力量产生的内部创新，经历漫长过程的社会变革的道路，又称内源性变迁（endogenous change），其外来影响居于次要地位。一类是外源或外诱的现代化（modernization from without），这是在国际环境影响下，社会受外部冲击而引起内部的思想和政治变革并进

而推动经济变革的道路，又称外诱性变迁（exogenous change)，其内部创新居于次要地位。”①

从总体上说，中国与日本都属于外源现代化国家，其在现代化启动过程中所发生的社会变革主要是在外部冲击，接受外来影响的前提下与过程中进行的。中日在近代道德教育理念更新转换的过程中，都伴随着西方列强兵临城下、武装威逼、经济侵略、文化渗透等相同的外部环境，是在被迫的情况下展开的始为消极终为积极的应对，这就使得中日近代道德教育理念的形成都是以外源现代化为主，形成了外源发展与内源发展相结合的模式。

根据现代化理论，任何一种发展类型都不可能是纯之又纯的，而是具有兼容的特点。中日在传统道德教育理念向近代道德教育理念转换的过程中，从表现类型看是以外源发展为主。

影响中日传统道德教育理念变革的外部因素主要是西方道德的传入。

希尔斯在其《论传统》中指出：“当传统的拥护者被带到或来到其他传统的面前时，传统便发生了变化。外来传统支持者的经济、政治和军事力量，外来传统明显的方便性和有效性，以及在既有传统的假设之内的知识上的令人信服的优越性——所有这些都促使既有传统发生变迁。”② 这一浅显的说明确实蕴含了丰富的哲理，揭示了中日传统道德教育理念向近代道德教育理念转变的情势与内在机理。中国和日本传统道德教育理念就是在充分吸收西方资产阶级自由、平等、博爱，倡导科学民主的前提下进行的“道德革命”。但西方资产阶级道德的传入与吸收，进行本土化的改造，又是在中国与日本社会思想家、教育家的积极参与、推动下发生的，与中国、日本的特殊国情密切相联，为解决中日早期现代化过程中所遇到的特殊问题而展开并深入进行的，表现为内源发展与外源发展的结合。尽管这种结合远没达到尽善尽美的境界，甚至还留下了种种后患，但这确实是中日近代道德教育理念形成发展过程中所表现

① 罗荣渠．现代化新论．北京：北京大学出版社，1993：123．

② ［美］希尔斯．论传统．傅铿，吕乐译．上海：上海人民出版社，1991：321．

的共同特点。

2. 欲解决的核心问题相同

就现代化过程中精神层面的吐故纳新而言，道德教育理念的变革代表着、统领着精神领域变革的性质和方向，进而影响着现代化的进程和方向。中日近代道德教育理念形成与转换的过程中涉及的核心问题是如何实现中日以儒家思想为核心的传统道德与西方资本主义道德的有机结合。按照梁漱溟先生的观点，以儒家思想为核心的中国传统道德早在数千年前就用伦理道德代替了宗教，用礼俗代替了法律，用家族关系调和了西方社会固有的“个人与社会”，“社会与国家”的矛盾冲突。以儒家思想为精神支柱的中国人的精神意欲也不指向资本主义。中国人“志不在资本主义”。杜维明也指出，儒家思想只鼓励人们去“适应”现存的社会制度，而不是“改造”社会。因此，倘若没有西方资本主义的入侵，中国和日本可能继续保持它的传统社会制度，依循它已有的观念体系安身立命。这样，在中国与日本吸收西方道德理念，形成近代资本主义道德的过程中，必然出现传统道德与西方资本主义道德的冲突。这种冲突是两个不同阶段、不同精神气质的文化冲突的重要组成部分，解决冲突的最终目标是在如何充分保留传统的基础上，有效吸收、融合西方资本主义道德，建立适合中国与日本近代社会转型、发展的新道德体系，确立更容易被中国人与日本人接受的新的价值取向和道德标准，即建立以资本主义道德为主体特征的近代新道德。

这里有必要解读资本主义道德的基本抑或主体特征。资本主义道德是伴随着资本主义发展这一物质过程而渐进形成的精神过程，它是维系资本主义社会稳定发展的重要精神要素。按照马克斯·韦伯的观点，资本主义道德必须兼有自由和理性。哈耶克也以自由为道德核心诠释其自由秩序社会。

综合分析资本主义道德，它应该具备如下特征：

(1)“个人利益至上”为最基本的道德原则

“资本主义”社会是以资本获得剩余价值的社会，追求利润是资本主义的根本目的。从主观上来说，利润不是为全社会而是为资本家个人追求的。因此，只要不损坏他人的利益，个人利益的追求就是正当的、合理的。亚当·斯密曾明确指出："毫无疑问，每个人生来首先和主要关心自己；而且，因为他比任何人更适合关心自己，所以他这样做是恰当和正确的。"① 本杰明·富兰克林从极端功利主义角度解释资本主义道德，认为美德只是因为对个人有实际的用处，才得以成为美德，这被马克斯·韦伯称为"独特的资本主义精神"②。

(2)"个人的权利和自由"受到前所未有的重视

在资本主义社会，"个人权利"受到普遍的肯定与弘扬。同时，正像卡尔·马克思所概括的那样，在资本主义社会，雇佣和被雇佣关系是建立在个人可以自由出卖自己的劳动力的基础上的，个人自由就是个人可以自由地支配自己的财产、时间和行为方式。在保证个人自由的前提下，人们通过达成一系列有关权利与义务的契约关系，来支撑社会有机体的正常运转。

(3)平等、博爱是最基本的道德教育内容

中国与日本在告别封建传统，建设近代资本主义新道德的过程中，其努力实现的基本目标应该是一致的，也就是说，中日近代道德教育理念孕育、萌生的过程中，有相同的精神向度，这种相同的精神向度就是实现西方资本主义道德，使人们形成"独特的资本主义精神"，使人们摆脱封建道德的羁绊，只有自由、平等、权利、义务、博爱的。而这种相同的精神向度使得中日近代新道德教育理念表现出同质性。

3. 形成过程与发展形式相同

中国和日本作为非西方国家在探索自己应该走的现代化道路的时候，皆经历了一个普遍的阅历西洋文明的复杂过程。中日道德教育的近代转变同样阅历了如何接受西方资本主义道德影响的过程。日本教育的"西洋化"走过了"从模仿法国改为模仿美国、又从模仿美国改为模仿普鲁

① ［英］亚当·斯密，道德情操论. 蒋自强，等译. 北京：商务印书馆，1997：101—102.

② ［德］马克斯·韦伯. 新教伦理与资本主义精神. 于晓，陈维纲译. 北京：生活·读书·新知三联书店，1992：37.

士”的道路，正像永井道雄先生在其《近代化与教育》一书中所说的那样：“日本的教育并不像今天的美国式和苏联式的教育那样，在思想体系上有它们自己的明确的形式。日本是把几个国家的教育综合在一起加以模仿的。”①

在接受西方道德精神的影响时，中国和日本遇到了同样的困难。正像福泽谕吉在其《文明论概略》里所说的那样：“在文明中，有表露于外表的具体事物和存在于内部的精神这两样东西，二者是有区别的，外表的文明易于学到，而求得内在的文明则很困难。为谋求一国之文明，应先难后易。”福泽谕吉所说的“外表文明”主要指物质的，或作为社会客体的实在，即看得见的器物与制度文明，比如工具、机器、政治制度、法律制度、学术体系。而“内在的文明”主要指“工业化的过程、道德的价值、学术的精神、民族精神、社会风潮”等这些看不见的意识的东西。中国和日本进行道德教育理念这一主要体现为“内在文明”的变革时遇到了重重阻力，最大的阻力来自于根植于人们内心深处的文化情结和道德情愫。

日本自明治维新、中国自洋务运动开始，告别传统社会踏上了现代化的旅程。现代化是一场持续不断的社会变革。中国与日本在告别了中世纪的封建传统向近代国家蜕变、转化的过程中发生了深刻的变革。这种变革是在内外因素的交织作用下展开并进行的，但就总体进程而言，外部的冲击力强大而迅猛，成为一种不得不接受的主导的催生力量。而且进行的层次往往是由表及里的，由器物层面的变革到制度层面的更新，再到精神层面的吐故纳新。

在现代化的过程中，中日近代道德教育理念转换的过程是一个继承创新的过程。继承创新是中日近代道德教育理念转换过程中面临的共同问题。

道德教育理念继承的过程，不可能也不应该是传统道德文化质素的

① ［日］永井道雄．近代化与教育．王振宁，张葆春译．长春：吉林人民出版社，1984：45—46.

原封不动的延续承传的过程，而是传统的道德质素随着存在环境的变化而在形式或内容或功能上不断发生变化的过程，即传统的道德文化质素推陈出新的过程。道德教育理念继承的过程是一个主客观统一的过程。一方面，道德教育理念的继承具有客观必然性，每一社会的传统道德教育理念都必然地以一定的形式承传流布开来，它不是少数几个思想家、教育家可以随意取舍否定的。思想家、教育家乃至于政府可以通过创立全新的教育体制来彻底摧毁、替代传统的教育制度，但却不可能真正消灭传统的道德文化，不可能消灭根植于人们内心深处的道德思想与精神，传统的道德文化仍将深深地影响人们的道德观念与道德实践。同时，人们在尊重历史的客观必然性的基础上，可以自觉地对传统道德质素进行筛选、改造和转化。因此，中日近代道德教育理念继承转化的过程，又是一个对传统道德教育理念进行积极的主观选择和改造的过程。

但是，道德教育理念继承的功能是有一定限度的，当社会的发展与变革，尤其是这种发展与变革对教育，特别是道德教育提出新的、更高的要求，而传统道德既不能提供给人们解决问题的适当方案，给人们创造新事物，展开新生活的精神动力的时候，当它甚至已经成为人们创造新事物，开始新生活的阻力与桎梏的时候，需要对传统道德教育理念进行变革与废除的时候，道德教育理念的发展就不能仅靠道德继承作出合理的回应，而必须依靠创新。

所谓道德教育理念的创新是指适应社会的发展变化而在道德教育的过程中引进或创造新的道德教育文化质素，进行道德教育观念的适时变革。在道德教育过程中，引进或创造新的道德教育质素，进行道德教育理念的更新，就必然要同时破除与之相对立，或相冲突的道德教育质素，因此，道德教育理念的更新过程，必然是一个破旧立新、革故鼎新的过程。道德教育理念的创新是道德教育过程中处于指导、支配地位的道德教育观念的变革。

中日近代道德教育理念的创新对中日现代化进程产生了至关重要的影响。这种影响不仅体现在它引导着人们的人生观、世界观、人生定位、价值取向上的观念变革，而且表现在推动了近代以来的思想解放运动。

它给人们精神世界的彻底解放提供了广阔的空间，它引领着人们对新思想、新事物的探求，推动着整个社会的变革步伐。因此，中日近代道德教育理念的形成与发展过程，不仅反映了中日近代社会结构的发展变迁，也预示、代表了中日现代化的发展性质与方向。

道德教育理念创新的形式无外有两种：一种是原创性创新，一种是移植性创新。所谓原创性创新是指在道德教育理念形成的过程中人们依靠自己对道德教育问题的认知与感悟所进行的道德教育观念的变革。所谓移植性创新是指人们通过移植其他社会的道德文明成果而进行的观念变革。在中日现代化的过程中，作为后发型或称为外源型发展国家，原创性创新所占的比例越来越小，而移植性创新所占的比例越来越大，这是中日道德教育理念形成过程中所表现的共同特点。

作为道德教育理念发展的两种基本形式——继承与创新，既相互对立又相互依存，二者之间是辩证统一的关系。从相互对立的角度看，道德教育理念的继承意味着推陈出新，而道德教育理念的创新则意味着破旧立新；从彼此依存的角度看，道德教育理念的创新是以充分尊重、认真梳理、合理继承与充分利用传统道德教育理念中的合理因素为基础、为前提的。马克思曾经深刻地指出："人们自己创造自己的历史，但是他们并不是随心所欲地创造，并不是在他们自己选定的条件下创造，而是在直接碰到的、既定的、从过去继承下来的条件下创造。"① 另一方面，无论是从事哪一种创新的人，又总是在一定历史文化传统下生活、思考的具有传统属性的人，一定的历史文化传统无时不在影响着人们对事物的感知、理解、选择，制约着人们的道德教育理念的创新。当然继承本身在某种程度上也包括着创新的成分，继承与创新之间存在着彼此交融。

中日近代道德教育理念形成过程中涉及的最核心的问题就是如何处理继承与创新的关系问题。如何继承过去曾经长久地影响、支配中国人与日本人的道德教育理念，如何移植西方资产阶级的道德精神是中日近

---

① 马克思，恩格斯. 马克思恩格斯选集：第1卷. 北京：人民出版社，1957：603.

代道德教育理念形成中面对的共同课题。对这一重大课题，以及由此引申出来的“中”、“西”、“体”、“用”、“和魂洋才”、“士魂商才”等问题的研究与探讨成为近代道德教育理念转化中的轴心问题。对这些问题的解决所提出的思想、被选择的方案、所形成的共性与个性特点构成了中日近代道德教育理念的共相与殊相。中日近代道德教育理念实际上就是围绕着继承与创新等一系列核心问题展开与论证的。

继承与创新又是建立在否定与批判的基础上的。中日近代道德教育理念的孕育、形成与展开的每一个步骤都伴随着对传统道德的批判与反省。没有对传统道德的批判与反省也谈不上对旧道德的理性的继承与开新。道德开新的程度视其对传统的批判与反省的程度。对传统道德教育理念越能进行深刻的体认与反省，越能在更为科学、理性的基础上吸纳、摄取新思想、新观念进行民族精神的重铸。现代化的过程是一个全面的社会变革的过程。在这个过程中，思想道德领域的变革是最为复杂，也是最为艰难、痛苦的过程，它伴随着人们在观念形态上的脱胎换骨，伴随着人们在精神领域、在内心深处抽斩不断的情感纠葛。在这样抽斩不断的观念变更与情感纠葛中，必然涉及对统领人们精神世界的民族文化传统，尤其是道德传统的反观和重新评价。中国和日本在这点上是相同的，只不过在具体过程中中国所发生的冲突比日本更激烈，持续的时间更长，矛盾冲突更大，并在结果上也形成了各具民族性的异质特征。这从原因的分析上看，首先因为中国与日本的传统文化就其源流上来讲，皆源于中国的传统文化。中国是中日传统文化的诞生地，中国传统文化对中国人的民族心理、民族道德比对日本人的民族心理、民族道德的影响要大得多，这样，受传统文化影响越大的民族反对传统越困难，而接受新的道德文化的难度也就越大。要想彻底地清除传统文化的消极影响也就需要更为激烈的反抗。因为经过长期的历史积淀，某些传统文化的要素已经成为影响人们行为方式的DNA，是在短时间内断难彻底改变的。其次，从中日两国的文化特征上来看，日本文化是以学习移植性为主，学习外来文化历来为日本社会的发展、文明的进步带来了巨大的好处，所以日本人较中国人更乐于、易于接受异质的西方文化，以充实改良固有文化。而中国文化是原发创造性为主，在与其他民族文化的交往中，中国人历来感到的是自身的温文尔雅和文明先进，中国较少从外来文化中得到益处，所以，中国人较日本人更难和不乐意接受西洋文明。这种差异形成了中国人在接受外来文明中的孤傲自恃和消极怠惰，这就更易于引起那些具有敏锐观察力，对民族危机感触颇深，对西方文明深切了解的思想家们的忧愤，更易于在思想界掀起更加猛烈的对旧传统，尤其是对已经成为传统中惰性十足的封建道德的批判与清肃。在中国，这种批判和清肃在五四运动前后达到了高潮。

二、日本“新武士道”与中国“新民德”的异质特征及成因

日本明治时代道德教育的基本思想是《教育敕语》中所表述的“家族式的国家观”[①]。日本近代教育的特点是实行行政统治和政教合一的制度[②]。在这种制度下所进行的主要是忠君爱国的天皇是神、效忠天皇的教育，即以皇国主义为核心的极端国家主义教育。日本近代道德教育的定位出现了方向错误，日本学者把正确的道德教育理念称为“控制阀”。由于“明治时代的教育（主要指道德教育，本书作者注）没有起到控制阀的作用，反而使这架载着全体日本国民的飞机在起飞之后，一直沿着既定的路线向前飞去了。缺少有效控制的飞机，它就不可能在情况发生变化时，随时改变航向，巧妙而灵活地继续飞行，因而也就会发生坠落的危险”[③]。而中国在近代道德教育理念的孕育、形成与展开的过程中尽管纷繁复杂，维新与保守、进步与守旧之间的纷争不断，但各种争论却始终围绕着御侮图强、实现民族的独立与解放而展开，是以爱国主义为核心的，它从本质上区别于日本的国家主义。这就使得中国近代道德教

① 马克思，恩格斯．马克思恩格斯选集：第1卷．北京：人民出版社，1957：22．

② 同上书：24．

③ 同上．

育理念的方向定位没有出现偏差。这样，自戊戌维新到辛亥革命，直到五四运动，追求民主平等、自由独立逐渐代替了“忠君”、“尊孔”，成为中国近代道德教育的主导思想。

自《教学大旨》、《幼学纲要》、《大日本帝国宪法》和《教育敕语》颁布以后，日本近代的道德教育表现出了以复兴武士道为核心的“复古”主义的色彩。但是这种“复古”，实际上无论如何亦不是真正意义上的复古，而是在旧瓶中装上新药，即在日本传统的武士道的基础上，吸收了西方资产阶级，尤其是德国的国家主义观念，而成为一种具有日本特色的近代新道德——新武士道。这一新武士道在日本军国主义政治军事体制下，成为日本学校教育、社会教育乃至于家庭教育中必须严格贯彻的道德教育准则，成为日本近代居于绝对主导地位的核心价值理念。而明治维新以来提倡自由、平等、独立、民权的启蒙思想和民主主义思想已经在专制主义的国家道德的重压下变形或完结。正是在日本皇国主义观念恶性扩张的时候，中国的辛亥革命推翻帝制，之后资产阶级的自由、平等、博爱、民主、科学的道德理念在知识界以前所未有的态势流布传播，迎来了道德革命的第二个高潮。虽然在资产阶级的自由、平等、博爱、民主、科学的流布传播过程中也遇到了顽固派的顽强抵抗，在教育领域曾经出现了尊孔读经的逆流，但是，自由、民主、科学、平等、博爱的资产阶级新思想、新道德在中国宛如烈火点燃了干柴，火焰熊熊，势难扑灭。这样，在中国的辛亥革命之后，提倡自由、平等、博爱的资产阶级道德就成了思想界进行道德革命的主流，成为居主导地位的道德教育理念。这种起主导作用的道德教育理念对社会各阶层的影响、教育作用是巨大的，它起着一种宣传、规范和导向的作用，代表着新生的不可抗拒的力量。封建的伦理道德，尤其是作为其糟粕的封建礼教已是四面楚歌，难以支撑与维系。

由于经济发展的水平、政治体制，尤其是资产阶级思想启蒙的不够广泛彻底等一系列原因，使得中日的早期现代化皆出现了中断。早期现代化道德教育的目标亦远没有实现。但是发展趋势和后来的历史事实已经证明，日本在《大日本帝国宪法》和《教育敕语》颁布之后，以“忠君爱国”为核心的新武士道已经完全背弃了自由、平等、民主、博爱的资本主义精神。中日近代道德教育理念出现了巨大的反差。这种反差集中表现在日本近代所提倡的新武士道与中国资产阶级革命后所提倡的“新民德”上。

日本近代道德教育的主要目的是培养“和魂洋才”和“士魂商才”式的“新武士”。这种“和魂”、“士魂”是以武士道为核心的。武士道作为日本武士独有的道德规范和行为准则，不仅形成了中日在传统道德教育理念上的差异，而且明治维新之后形成的新武士道。作为“洋才”或“商才”的灵魂，更形成了中日近代道德教育理念的异质特征”，而且这种异质特征是中日近代道德教育理念的最本质差异。

日本的武士道源于日本固有的神道教，从中国传入的儒家思想、佛教思想。最初的武士道被称为粗陋的“武者之习”、“兵之道”或“弓矢之道”，在江户时期吸收了朱子学之后发展为精致的士道，被定名为“武士道”。“武士道是伴随武家社会的形成和发展而产生并发展起来的一种关于武士的观念，是支配武士的精神生活的原理。它是武士所遵循的伦理道德规范体系的总称，包含众多道德条目。”① 由于在日本封建社会“士农工商”四民之中，“士”为四民之首，这样作为武士的“士”所奉行的道德，即武士道便成了四民共同遵守的核心道德理念。因为在任何社会居于统治地位的阶级的思想就是社会的统治思想。到了明治维新以后，明治政府把武士道改造为帝国军人的精神信条。由于日本实行全民皆兵的兵役制，这样武士道便被巧妙地转变为全体国民必须遵守的道德规范和行为准则，具有了普遍的约束力。这种道德规范和行为准则虽然在某些语言表达上依然率由旧章，沿用儒家传统的道德术语，但是却与中国传统儒学中所强调的道德教育理念，与中国人所一贯奉行的“忠”、“孝”、“仁义道德”、“信义和平”、礼乐观念、“忠恕”、“和为贵”的思想大相径庭，表现为一种在“忠君爱国”思想掩饰下的尚武精神和强烈的嗜血成癖的侵略性、扩张性。

---

① 梁忠义主编. 日本教育. 长春：吉林教育出版社，2000：93.

经过吸收西方的国家主义思想，用西方伦理道德巧妙地改造日本的传统道德而形成的近代新武士道具有迥别于中国近代在争取民族独立，国家富强，崇尚自由、平等、民主、博爱、科学的新道德。日本近代道德教育中最具有军事封建性、侵略性、盲从性的道德理念就是武士道，尤其是武士道中所宣传的“忠君爱国”的思想。20世纪初，日本近代教育家、政治家新渡户稻用英语写成了《武士道》。此书出版后，曾引起西方世界的巨大反响。为此，梁启超写作了《中国之武士道》一书，蒋智由、杨度为其作序时指出，日本之崛起于世界，是由于日本帝国发扬了武士道精神，希望中国也能“以武士道之精神，兴四千年前之人物，先后相接而发大光明于世界”[①]，这证明日本之武士道为中国所没有。日本近代的武士道是融合了日本江户时代的武士道与西方近代的国家主义观念而形成的以“忠君爱国”为核心的新道德。“从1871年山县有朋发布军人守则《读法》七章、1878年发布《军人训诫》，到1882年明治天皇睦仁颁布《军人敕谕》、1890年颁布《教育敕语》，倡导‘忠君爱国’这确立了明治时代的新武士道。”[②]

日本近代的“新武士道”与中国近代所强调的“新民德”相比，具有如下特点：

1. 二者对待传统道德的态度与摄取的内容不同

日本明治维新时期的武士道继承了江户时代武士道尊崇儒家伦理道德的传统，比如《教育敕语》要求臣民“孝父母，友兄弟，夫妇相和，朋友相信”[③]，明治时代的武士道同样强调忠孝观念，而且这种观念受到天皇的高度重视。《军人敕谕》把天皇与军人的关系比喻为“头脑与肱股”之间的关系，强调天皇与军人之间上下一体，“其亲情至深”。《教育敕语》则把“臣民的克忠克孝”与“皇祖皇宗”的“肇国宏远”相提并论，称其为维护天皇制的“国体之精华”、“教育之渊源”。睦仁天皇把

① 梁启超．中国之武士道·序．北京：中华书局，1936：2.

② 汤重南，等．日本文化与现代化．沈阳：辽海出版社，1999：237.

③ 梁忠义主编．日本教育．长春：吉林教育出版社，2000：231.

“忠”、“孝”并提，要求臣民“克忠克孝”，而且是对“天皇”盲从的“愚忠愚孝”。

“奉公效忠”、“忠君爱国”是日本近代武士道德，也是日本近代伦理道德的核心。《读法》强调“诚心为本，尽忠节，勿为不忠不信之事”；《军人训诫》把“忠实”列为军人的第一大元行，并指出“忠实，即效忠我大元帅皇上，报效国家”，“自古以来，日本武士以忠勇为主”，“而今日的军人，纵然并非世袭，也与武士无异。故应遵循武门之习，以忠勇为主”。《军人敕谕》也强调“军人须尽忠节为本分”，“一心一意，恪守忠节”，《教育敕语》告诫学生也必须像武士一样“一旦有缓急，则应义勇奉公”。日本明治维新时期的武士道所强调的“效忠”对象已由江户时代武士各自效忠于自己的主君这种多元效忠转变为对天皇的一元效忠。明治维新之后“手握神权并操纵政权的天皇君临四民之上，成为举国唯一的效忠对象”①，此时的武士道以“忠君爱国”为核心，宣传天皇神圣的皇国主义观念。为此，《军人训诫》要求官兵“对圣上御事”，“不可松懈恭敬之意”，因为军人“自列入军籍之初，已宣誓拥戴皇上，忠于朝廷”，“尽忠节于国家”；《军人敕谕》宣称“日本军人世世代代由天皇统帅”，军人的使命就在于“保证国家，维护国权”；《教育敕语》要求学生“辅佐天壤无穷之皇运”。这样，明治时期日本政府所极力提倡的武士道就把儒家传统的“忠君”思想和从西方引进的“国家”观念巧妙地集中在天皇的身上，把天皇塑造成人们心中的“现人神”，并鼓吹天皇即国家，忠君即爱国，使日本近代道德教育具有强烈的封建色彩，渗透着强烈的宗教意识。《大日本帝国宪法》更从国家根本大法的角度规定日本由“万世一系”的天皇统治，这就更加强化了日本近代的“奉公效忠”、“忠君爱国”的道德教育信条，这与中国戊戌前后至辛亥革命时期激烈地抨击三纲，尤其是“君为臣纲”，极力提倡民权，建立民主共和的政治思想与道德理念形成了鲜明的对比。

---

① 汤重南，等．日本文化与现代化．沈阳：辽海出版社，1999：243.

中国近代所形成的"新道德"是在批判、否定、反省中国传统道德，尤其是在批判封建礼教，否定"愚忠愚孝"的基础上建立起来的。虽然在中国近代道德教育理念的发展嬗变过程中，始终存在着对传统道德的顽强提倡。保守派和洋务派，包括后来思想出现了倒退的维新派皆对中国以儒家思想为核心的传统道德表现了特殊的留恋与怀念，而且这种特殊的留恋与怀念甚至通过制订学制，颁布教育宗旨的方式来强力体现。但是，由于在传统道德理念束缚下的中国近代社会遭受的屈辱与不幸，使得人们对它的作用已经产生了巨大的怀疑，这种怀疑随着舆论界的宣传、鼓动转变为彻底的批判与否定。因此，中国近代的新民德，首先是从反对儒家所提倡的忠、孝等传统观念开始的，它反对日本式的具有强烈"愚忠愚孝"色彩的"克忠克孝"，而主张吸收传统儒学中的仁爱思想、体现自由平等精神的原始民主主义思想。

2. 二者在精神意欲上存在本质差异

日本近代的"新武士道"与中国近代的"新民德"在精神意欲上存在本质差异。日本近代新武士道崇尚武力，明显倾向于侵略扩张，而中国的"新民德"崇尚和平，明显倾向于"睦邻万邦"。

日本近代新武士道虽然主张文武双修，但有明显的"尚武"精神。

日本明治维新后，通过发展近代军事工业而实现了"富国强兵"，在走向"富国强兵"道路的同时，崇尚武力，极度扩张成为日本的"国质"，"尚武"亦成为近代武士道德的基本特质。反映近代武士道精神的《读法》要求士兵"尚胆勇"；《军人训诫》规定"勇敢，投入战门，敢冒风险以成功名"，是军人精神的"三大元行"之一；睦仁天皇在《军人敕谕》中规定，军人"必须尚武勇"，且宣称"武勇乃日本自古以来最尊贵的特色，身为日本人若无武勇，则愧为日本臣民"，由于日本近代实行的是举国皆兵之制，因此对军人的道德训练即为全体国民必须遵守的道德信条，即成为人们必须恪守的社会公德，武士道即成为日本的公共道德。日本天皇所宣传的"尚武"精神，不同于中国军人的保家卫国、御侮图强，而是具有强烈的扩张性、侵略性，是为酝酿中的中日甲午战争以及日俄战争等一系列侵略战争做着精神上的鼓动宣传。随着日本政府“与万国对峙”的近代国家最高目标的确定，这种尚武的宣传便具有了嗜血成性的血腥味，成了虐杀其他民族的禽兽道德。这种侵略扩张的军事霸权主义的强盗道德与中国近代仁人志士所强调的国家平等，追求和平，天下为公，理想大同的道德教育理念形成巨大反差，也不同于中国近代所强调的军事体育教育，即军国民主义教育。中国近代所强调的“军国民主义教育”，包括袁世凯所提倡的“尚武”，旨在御侮图强、保家卫国，而不具有侵略扩张、建立霸权的思想。比如蔡元培先生在《对于教育方针之意见》中谈到“军国民教育”的时候，还始终强调是由于我国处于“强邻交逼”的“不得已”的情况，才实行举国皆兵之制。蔡先生等强调“军国民教育”是为了民族独立和世界和平，而不是炫耀武力，发动战争，这是日本的武士道之“尚武”精神与中国近代“新民德”之“尚武”精神的本质区别。

3. 二者在培养目标上迥然不同

日本近代的“新武士道”与中国近代“新民德”的努力目标不同。日本强调义利结合，培养“士魂商才”。日本近代的武士道融合进资本主义的功利观念，强调义利两全，道德与经济合一。被誉为“日本近代企业之父”的涩泽荣一把这种主张概括为“《论语》加算盘”。

涩泽荣一强调在道义的原则下合理谋利。涩泽荣一强调“忠君爱国”是公义，是道德之本。他说：“谋求日本全国的公益，才是经商的根本要义”。他所倡导的义利双修，道德经济合一的观点对日本的工商企业界产生了持久而广泛的影响。而他所倡导的“士魂商才”也成为日本近代道德教育与实业教育的共同目标。涩泽荣一所强调的“士魂”即是以“奉公效忠”，“忠君爱国”为核心的武士道；所谓的“商才”就是指经营、管理资本主义工商业的能力。“士魂商才”成为日本近代教育的共同目标。

涩泽荣一所强调的“士魂商才”与康、梁、严复所要培养的具有资产阶级道德精神的“新民”显然是有巨大差别的。这种区别不仅表现在武士道为中国所未有，还表现在“新民”的道德精神是近代的国家观念，而不是“忠君”观念。“新民”是公民，而不是天皇制下的“臣民”。作为“新民”，梁启超、严复等要求其必须具备这样的品质，或者是道德精神：

（1）注重公德

强调培养公民具有“视国事如己事”，[①] 即讲究公德的品质。他在《新民说·论公德》中强调公德的基本准则是“利群”。梁启超说：“公德之大目的，即在利群，而万千条理即由是生焉。”他把“利群”称之为“一种新道德”。作为道德评价的标准，他所说的“利群”或“益群”，就是指“新民”必须具有的“爱群”、“爱国”、“爱真理”的“热诚之心”。他把“爱群、爱国、爱真理”作为道德评价的最高标准。这迥别于日本在“忠君爱国”旗帜下对天皇，乃至于所谓“国家利益”的愚忠与盲从。他用“爱群、爱国、爱真理”的资产阶级道德代替了具有浓厚封建色彩的封建道德。梁启超主张用“泰西新伦理”准则培养人们对群体、对国家的责任感、义务感，对正义、真理的探求，求真、求善，从而激发人们救亡图存、保国保种的热情。

（2）强调私德

梁启超强调“私德”是“公德”的基础和前提，他认为要新民德，培养国民的公德，必须首先从培养私德开始。没有私德，也不可能有公德。所谓“私德”就是“人人独善其身”。梁启超在《论公德》里写道：“道德之本体一而已，但其发表于外，则公私之名立焉。人人独善其身者谓之私德，人人相善其群者谓之公德，二者皆人生所不可缺之具也。无私德则不能立，合无数量卑污虚伪残忍愚懦之人，无以为国也。无公德则不能团，虽有无数量束身自好廉谨良愿之人，乃无以为国也。”所以，他主张“合公私而兼善之”。

（3）提倡树立独立、合群、自由之新道德

培养公民独立自主的精神，权利义务思想和“国家思想”。梁启超受

① 梁启超年谱长编．上海：上海人民出版社，1983：272.

卢梭的影响，提倡自由，提出“不自由，勿宁死”。严复也深受卢梭的影响，提倡自由平等，认为人只有得到自由、平等的权利，才能够真正萌生爱国主义的精神。

日本近代的武士道是日本近代最核心的价值体系，是日本天皇政府竭力提倡的核心道德教育理念。这种核心道德教育理念一经形成，既区别于中国的儒学、佛学，也决不同于西方天赋人权、社会契约论下的个人主义道德，更区别于中国近代所提倡的“自由、平等、博爱”和“天下为公”的新民德，而是集中表现为一种皇国主义的“忠君爱国”思想，具有强烈的封建性、欺骗性、侵略性，具有巨大的凝聚力和号召力。日本明治时期的武士道不仅是对军人的道德要求，而且是对全体国民的道德训诫，其发布规格已由江户时代的将军、大名上升为天皇。它与中国近代的“新民德”的同质性越来越少，而异质差异越来越多。

就总体而言，中国和日本近代道德教育理念形成于多种文化之间的碰撞与融合，形成于多种文化碰撞与融合过程中的中日道德教育理念，表现为异质吸收和多元并存的特点。这种异质吸收与多元并存的特点为1993年12月1日出版的《亚洲周刊》的专文“亚美洲！一个超级文明的出现（ASIAMERICA The dawning of a super civilization)”的观点提供了历史的雄辩依据：“一个新的文明正在产生，这好似是人类长久以来努力的结果——一种混合性的产物。从印度的雅利安到罗马帝国，从成吉思汗的北京到苏里曼王朝的君士坦丁堡，所有能旺盛多个世纪的文明都是由不同文化融合而成的。亚洲和美洲已为创造下一个世纪的和平与繁荣的大弧，融合了一个共同的目标和价值观。‘亚美洲’（ASIAMERICA）由今天的领袖，或是他们的继承人来形成并不重要。它是无法被阻止的。美洲已背向欧洲，转而投入久待的亚洲的怀抱。目前，亚洲正向着智力充沛的美洲开放。不论在政治上、经济上、商业上、社会上、文化上，太平洋地区正在蒸发着。”蒸发着的太平洋地区包括勤奋、睿智、与时俱进，承担道义的日本人与中国人的卓有成效的不懈努力，蕴涵着两国由于及时转换道德教育理念的过程中所培植的开放心态、乐观进取的人类精神。

1993 年 12 月 27 日，新加坡《海峡时报》生活版报道“下一世纪的超级文化”（SUPER——CULTURE for the next centure）中说，现在“在美洲为了重振其道德观而开始向亚洲学习的同时，亚洲也正在寻找能帮助它们发掘自己潜伏着的创造力的美洲价值观。亚洲和美洲极可能在下个世纪融合而形成一个超级的文化”。这个乐观的预测实际上是建立在 19 世纪中后期以来东西方文明的冲突与调和，来自于中国和日本对学习西方文明所作的积极努力，尽管这种努力伴随着中国所经历的艰难困苦和民族灾难，伴随着日本的野蛮侵略和可耻的失败，但在中日早期现代化的困苦与失败中以及为摆脱痛苦和挽救失败所作的努力，已经为在 21 世纪创造“一个超级的文化”奠定了良好的基础。

主要参考文献

中文部分

1. ［日］西田几多郎. 善的研究. 何倩译. 北京：商务印书馆，1965.

2. 联合国教科文组织国际教育发展委员会. 华东师范大学比较教育研究所译. 学会生存：教育世界的今天和明天. 上海：上海译文出版社，1979.

3. ［日］吉田茂. 激荡的百年史. 孔凡，张文译. 北京：世界知识出版社. 1980.

4. ［日］福泽谕吉. 福泽谕吉自传. 杨永良译. 北京：商务印书馆. 1980.

5. 胡绳. 从鸦片战争到五四运动. 北京：人民出版社. 1980.

6. 舒新城. 中国近代教育史资料：上册. 北京：人民教育出版社. 1981.

7. 胡绳. 从鸦片战争到五四运动. 北京：人民出版社. 1981.

8. ［日］小林哲也. 日本的教育. 徐锡龄，黄明皖译. 北京：人民教育出版社. 1981.

9. 南京大学历史系明清史研究室. 中国资本主义萌芽问题论文集. 南京：江苏人民出版社. 1983.

10. 白钢编著. 中国封建社会长期延续问题论战的由来与发展. 北京：中国社会科学出版社. 1984.

11. 张锡勤，饶良伦，杨忠文. 中国近现代伦理思想史. 哈尔滨：黑龙江人民出版社. 1984.

12. ［美］英格尔斯. 人的现代化：心理·思想·态度·行为. 殷陆君编译. 成都：四川人民出版社. 1985.

13. 龚书铎，方攸翰. 中国近代史纲. 北京：北京大学出版社. 1985.

14. 刘北鲁. 日本教育现状. 长沙：湖南教育出版社. 1985.

15. 瞿葆奎，钟启泉. 日本教育改革. 北京：人民教育出版社. 1987.

16. 汪向荣. 中国的近代化与日本. 长沙：湖南人民出版社. 1987.

17. ［德］胡格韦尔. 发展社会学. 白桦，丁一凡译. 成都：四川人民出版社. 1987.

18. 钱秉旦，陈意新. 走向现代国家之路. 成都：四川人民出版社. 1987.

19. [英] 弗兰克·帕金. 马克思·韦伯. 刘东，谢维和译. 成都：四川人民出版社. 1987.

20. [澳大利亚] 约翰·默逊. 中国的文化和科学. 庄锡昌，冒景佩译. 杭州：浙江人民出版社. 1988.

21. [日] 高桥幸八郎. 日本近现代史纲要. 谭秉顺译. 长春：吉林教育出版社. 1988.

22. [美] C.E. 布莱克. 现代化的动力. 段小光译. 成都：四川人民出版社. 1988.

23. 曹阴编译. 日本教育立法与日本近代教育法制史年表. 长春：吉林教育出版社. 1988.

24. 章开沅. 离异与回归：传统文化与近代化关系试析. 长沙：湖南人民出版社. 1988.

25. 梁忠义. 战后日本教育. 长春：吉林教育出版社. 1988.

26. 毛礼锐，沈灌群. 中国教育通史. 济南：山东教育出版社. 1988.

27. 吴文侃，杨汉清. 比较教育学. 北京：人民教育出版社. 1989.

28. [美] 克里斯托弗·道森. 宗教与西方文化的兴起. 长川某译. 成都：四川人民出版社. 1989.

29. 沈灌群，毛礼锐. 中国教育家评传. 上海：上海教育出版社. 1989.

30. 姜德昌，夏景才. 资本主义现代化比较研究. 长春：吉林人民出版社. 1989.

31. [美] 塞缪尔·亨廷顿. 变动社会中的政治秩序. 李盛平，杨玉生等译. 北京：三联书店. 1989.

32. [美] 吉尔伯特·罗兹曼，中国的现代化. 陶骅等译. 上海：上海人民出版社. 1989.

33. [美] 鲁思·本尼迪克特. 菊与刀：日本文化的类型. 吕万和，熊达云，王智新译. 北京：商务印书局. 1990.

34. [加] 许美德，[法] 巴斯蒂. 中外比较教育史. 中国文化史丛书编委会编译. 上海：上海人民出版社. 1990.

35. [日] 石田雄. 日本的政治文化. 储元熹，卞铁坚译. 长春：吉林人民出版社. 1990.

36. [日] 永井道雄. 现代化与教育. 王振宁，张葆春译. 长春：吉林人民出版版社．1990．

37．林存明，刘中建．中国之伦理精神．成都：四川人民出版社．1990．

38．万俊人．现代西方伦理学史（上、下册）．北京：北京大学出版社．1990．

39．王家骅．儒家思想与日本文化．杭州：浙江人民出版社．1990．

40．北京大学日本文化研究所．日本比较文化论集．长春：吉林教育出版社．1990．

41．罗荣渠．从“西化”到现代化：五四以来有关中国的文化趋向和发展道路争论文集．北京：北京大学出版社．1990．

42．金明善，徐平．日本·走向现代化．沈阳：辽宁大学出版社．1990．

43．中国儒学与法律文化研究会．儒学与法律文化．上海：复旦大学出版社．1991．

44．于民雄．道教文化概说．贵州：贵州人民出版社．1991．

45．钟启泉．日本教育改革．北京：人民教育出版社．1991．

46．黄伟合．欧洲传统伦理思想史．上海：华东师范大学出版社．1991．

47．［美］阿列克斯·英格尔斯，戴维·H·史密斯，从传统人到现代人：六个发展中国家中的个人变化．顾昕译．北京：中国人民大学出版社．1992．

48．［美］埃德温·奥·赖肖尔．当代日本人：传统与变革．陈文寿译．北京：商务印书馆．1992．

49．［德］马克斯·韦伯．新教伦理与资本主义精神．于晓，陈维纲译．北京：三联书店，1992．

50．［美］赖肖尔．近代日本新观．卞崇道译．北京：三联书店．1992．

51．［英］约翰·怀特．再论教育目的．李永宏等译．北京：教育科学出版社．1992．

52．［日］源了圆．日本文化与日本人性格的形成．郭连友，漆红译．北京：北京出版社．1992．

53．杜维明．儒家传统的现代转化．北京：中国广播电视出版社．1992．

54．饶从满等．当代日本小学教育．太原：山西教育出版社．1992．

55．成复旺．中国古代的人学与美学．北京：中国人民大学出版社．1992．

56．叶坦，赵光远．文明的运势．北京：人民出版社．1992．

57．章开沅，罗福惠．比较中的审视：中国早期现代化研究．杭州：浙江人民出版社．1993．

58．梁忠义．日本教育发展战略．长春：吉林教育出版社．1993．

59. ［美］塞缪尔·亨廷顿．现代化理论与历史经验的再探讨．罗荣渠译．上海：上海译文出版社．1993.

60. 罗荣渠．现代化新论．北京：北京大学出版社．1993.

61. ［日］生野重夫．现代日本经济历程．朱绍文等译．北京：中国金融出版社．1993.

62. 冯玮．日本的智慧：大“和”民族的乐章．杭州：浙江人民出版社．1993.

63. 张锡生．中国德育思想史．南京：江苏教育出版社．1993.

64. 王桂．中日教育关系史．济南：山东教育出版社．1993.

65. 徐远和．儒学与东方文化．北京：人民出版社．1994.

66. 林语堂．中国人．上海：学林出版社．1994.

67. 王中田．江户时代日本儒学研究．北京：中国社会科学出版社．1994.

68. 王炳照，阎国华．中国教育思想通史．长沙：湖南教育出版社．1994.

69. 胡维革．中国近代社会思潮研究．长春：东北师范大学出版社．1994.

70. 吴潜涛．日本伦理思想与日本现代化．北京：中国人民大学出版社．1994.

71. ［德］孙志文．现代人的焦虑和希望．陈永禹译．北京：三联书店．1994.

72. 中根千枝．纵向社会的人际关系．陈成译．北京：商务印书馆．1994.

73. 袁桂林．当代西方道德教育理论．福州：福建教育出版社，1995.

74. 顾明远，高益民．现代化与中国文化传统教育．北京师范大学学报（社科版）．1995（5）

75. 杨曾文．日本佛教史．杭州：浙江人民出版社．1995.

76. 盛邦和．东亚：走向近代的精神历程．杭州：浙江人民出版社．1995.

77. 黄济．关于传统教育现代化的几点思考．北京师范大学学报（社科版）．1995（5）．

78. 冯增俊．论中国教育现代化的基本任务和主要特征．中国教育学刊．1995（4）．

79. ［日］福泽谕吉．文明论概略．北京编译社译．北京：商务印书馆．1995.

80. ［日］稻盛和夫，梅原猛．回归哲学：探求资本主义新精神．卞立强译．上海：学林出版社．1996.

81. ［美］C. E. 布莱克．比较现代化．杨豫，张祖洲译．上海：上海译文出版社．1996.

82. ［韩］金泰昌．世纪大转换时期关于教育的思考（上、下）．何培忠译．国外社会科学．1996（1），（2）

83. 杨曾文. 日本近现代佛教史. 杭州：浙江人民出版社. 1996.

84. 王智新. 中日教育比较研究. 南京：江苏教育出版社. 1996.

85. 陈少峰. 中国伦理学史. 北京：北京大学出版社. 1996.

86. 王治心. 中国宗教思想史大纲. 北京：东方出版社. 1996.

87. 王金林. 古代日本文化与汉唐文化. 天津：天津人民出版社. 1996.

88. 鲁洁. 论教育之适应与超越. 教育研究. 1996（2）.

89. 中国孔子基金会. 儒学与廿一世纪. 北京：华夏出版社. 1996.

90. 蔡元培. 中国伦理学史. 北京：东方出版社. 1996.

91. 吴文侃. 比较教学论. 北京：人民教育出版社. 1996.

92. 王克非. 中日近代对西方政治哲学思想的摄取. 北京：中国社会科学出版社. 1996.

93. 罗荣渠. 现代化新论续篇. 北京：北京大学出版社. 1997.

94. 罗荣渠，董正华. 东亚现代化：新模式与新经验. 北京：北京大学出版社. 1997.

95. 吴廷. 日本近代化研究. 北京：商务印书馆. 1997.

96. ［日］依田熹家. 中日两国现代化比较研究. 卞立强译. 北京：北京大学出版社. 1997.

97. 武寅. 近代日本政治体制研究. 北京：中国社会科学出版社. 1997.

98. 尚会鹏. 认识日本人. 重庆：重庆出版社. 1997.

99. 李卓. 家族制度与日本的近代化. 北京：人民出版社. 1997.

100. ［美］约翰·惠特尼·霍尔. 日本：从史前到到现代. 邓懿，周一良译. 北京：商务印书馆. 1997.

101. ［美］托马斯·摩尔. 关注灵魂. 孙正洁，范瑞波译. 北京：华龄出版社. 1997.

102. ［加］克里夫·贝克. 学会过美好生活：人的价值世界. 詹万生等译. 北京：中央编译出版社. 1997.

103. ［日］内藤湖南. 日本文化史研究. 储元熹，卞铁坚译. 北京：商务出版社. 1997.

104. ［日］三宅正彦. 日本儒学思想史. 陈化北译. 济南：山东大学出版社. 1997.

105. 钱乘旦，杨豫，陈晓律. 世界现代化进程. 南京：南京大学出版社. 1997.

106. 龚书铎. 中国近代文化概论. 北京：中华书局. 1997.

107. 周昌忠. 生活圈伦理学. 上海：上海社会科学院出版社. 1997.

108. 孔令宏. 传统文化与现代化的共时性存在. 现代哲学. 1997 (2)

109. 戴荣光. 教育现代化的理念. 载国家教委教育管理信息中心编：教育参考资料. 1997 (9—10)

110. 龚群. 当代中国社会伦理生活. 成都：四川人民出版社. 1998.

111. 张立闻，李甦平. 中外儒学比较研究. 北京：东方出版社. 1998.

112. 周颂伦. 近代日本社会转型期研究. 长春：东北师范大学出版社. 1998.

113. 单纯，张合运. 中国精神百年回声. 深圳：海天出版社. 1998.

114. 邓云洲. 论教育现代化与人的现代化的双重意义. 中国教育学刊. 1998 (1)

115. 王凌皓，高英彤. 经济岛上的挑战：日本的政治大国情结. 长春：吉林人民出版社. 1998.

116. 姜林祥. 中国儒学史. 广州：广东教育出版社. 1998.

117. 胡维革. 中国近代化断代史. 长春：吉林教育出版社. 1998.

118. 朱永康. 中外学校道德教育比较研究. 福州：福建教育出版社. 1998.

119. 林尚立. 政党政治与现代化. 上海：上海人民出版社. 1998.

120. 柳海民. 教育原理. 长春：东北师范大学出版社. 1998.

121. 李卓，高宁. 日本文化研究. 北京：中国社会科学出版社. 1998.

122. ［美］贝拉. 德川宗教：现代日本的文化渊源. 王晓山，戴茸译. 北京：三联书店. 1998.

123. 黄建中. 比较伦理学. 济南：山东人民出版社. 1998.

124. 徐辉. 内源发展与中国教育现代化. 教育科学. 1998 (1)

125. 傅维利，张桂春. 中国教育现代化的文化负累. 教育理论与实践. 1998 (1)

126. 尚会鹏. 中国人与日本人. 北京：北京大学出版社. 1998.

127. 林尚立. 政党政治与现代化——日本的历史与现实. 上海：上海人民出版社. 1998.

128. 李萍. 东方伦理思想简史. 北京：中国人民大学出版社. 1998.

129. 罗炽，简宝玉，李太平，陈会林. 中国德育思想史纲. 武汉：湖北教育出版社. 1998.

130. 杨孔炽. 日本教育现代化的历史基础. 福州：福建教育出版社. 1998.

131. 唐凯麟，王泽应. 20 世纪中国伦理思潮问题. 长沙：湖南教育出版社．1998.

132．［美］任达．新政革命与日本：中国，1898—1912．李仲贤译．南京：江苏人民出版社．1998.

133．［美］明恩博．中国人的素质．秦悦译．上海：学林出版社．1999.

134．汤重南等．日本文化与现代化．沈阳：辽海出版社．1999.

135．郑彭年．日本中国文化摄取史．杭州：杭州大学出版社．1999.

136．唐凯麟，张怀承．成人与成圣：儒家伦理道德精粹．长沙：湖南大学出版社．1999.

137．叶渭渠．日本文化．北京：中国社会科学出版社．1999.

138．刘再复，林岗．传统与中国人．合肥：安徽文艺出版社．1999.

139．王月清．中国佛教伦理研究．南京：南京大学出版社．1999.

140．彭明，程歗．近代中国的思想历程．北京：中国人民大学出版社．1999.

141．苗力田．亚里士多德选集（伦理学卷）．北京：中国人民出版社．1999.

142．朱永新，王智新，尹艳秋．当代日本道德教育．太原：山西教育出版社．1999.

143．安卫，李东燕．十字路口上的世界．北京：中国人民大学出版社．2000.

144．祁志祥．佛学与中国文化．上海：学林出版社．2000.

145．高翔．近代的初曙．北京：社会科学文献出版社．2000.

146．黄德昌．中国之自由精神．成都：四川人民出版社．2000.

147．梁忠义．日本教育．长春：吉林教育出版社．2000.

148．孟庆枢，于长敏．日本：再寻坐标．长春：吉林摄影出版社．2000.

149．姚新中．道德研究与伦理比较．北京：教育科学出版社．2000.

150．王确．使命的自觉．长春：东北师范大学出版社．2000.

151．鞠曦．中国之科学精神．成都：四川人民出版社．2000.

152．张小平．中国之民主精神．成都：四川人民出版社．2000.

153．宋希仁．当代外国伦理思想．北京：中国人民大学出版社．2000.

154．张岂之，陈国庆．近代伦理思想的变迁．北京：中华书局．2000.

155．［美］列文森．儒教中国及其现代命运．郑大华，任菁译．北京：中国社会科学出版社．2000.

156．［美］哈特穆特·莱曼，京特·罗特．韦伯的新教伦理．周克文译．沈阳：辽宁教育出版社．2001.

157．刘金才．町人伦理思想研究．北京：北京大学出版社．2001.

158. 周建波. 洋务运动与中国早期现代化思想. 济南：山东人民出版社. 2001.

159. 魏英敏. 当代中国伦理与道德. 北京：昆仑出版社. 2001.

160. 刘智峰. 道德中国：当代中国道德伦理的深重忧思. 北京：中国社会科学出版社. 2001.

161. ［日］新渡户稻造. 武士道. 张俊彦译. 北京：商务印书馆. 2005.

日文部分

1. 坂田吉雄. 明治前半期的民族主义. 东京：未来社. 1958 年.

2. 全国教育研究所联盟. 关于道德教育的基础研究. 东京：东洋馆出版社. 1958.

3. 柳久雄. 川合章. 现代日本的教育思想（战后编）. 名古屋：黎明书房. 1962.

4. 稻富荣次郎. 道德教育论. 东京：福村书店. 1962.

5. 长谷川龟太郎. 道德教育研究法. 东京：理想社. 1964.

6. 稻富荣次郎. 日本的道德教育. 东京：第一法规. 1966.

7. 久保义三. 天皇制国家的教育政策. 东京：劲草书房. 1970.

8. 田浦武雄. 道德与教育. 东京：福村出版. 1975.

9. 水井完一. 政治教育、宗教教育. 东京：学阳书房. 1977.

10. 麻生诚. 现代化与教育. 东京：第一法规. 1982.

11. 梅溪升. 日本现代化的诸相. 京都：思文阁出版. 1984.

12. 加藤地三，中野新之柏. 读教育敕语. 东京：三修社. 1984.

13. 掘一郎. 日本的宗教. 东京：大明堂. 1985.

14. 清水义弘监修. 思考日本的教育（共 3 卷）. 东京：有信堂. 1985.

15. 川合章. 近代日本教育方法史. 东京：青木书店. 1985.

16. 佐藤英一郎. 日本的现代化与教育改革. 东京：金子书房. 1987.

17. 昆辉久. 天皇制国家与教育：近代日本教育思想史研究. 东京：青木书店，1987.

18. 村上重良. 日本的宗教. 东京：岩波书店. 1987.

19. 柴野昌山. 教育的社会学. 京都：世界思想社. 1989.

20. 高鹏伸欣. 教育敕语与学校教育. 东京：岩波书店. 1990.

21. 长尾彰夫，池田宽. 学校文化. 东京：东信堂. 1990.

22. 武藤孝典，本原孝博. 生活主义道德教育. 东京：明治图书. 1991.

23. 村田升编. 道德教育论. 京都：密涅瓦书房. 1992.

24. 掘尾辉久. 日本的教育. 东京：东京大学出版会. 1994.

25. 河原美耶子. 日本近代思想与教育. 东京：成文堂. 1994.

26. 尾关周二. 共生的理想. 东京：中央编译出版社. 1996

英文部分

1. Dore, R. R.. Education in Tokugawa Japan. Routledge and Kegal Paul, 1965.

2. Shively, D. H. (ed.). Tradition and Modernization in Japanese Culture. Prince University Press, 1971.

3. Beauchamp, E. R. (ed). Learning to Be Japanese: Selected Readings on Japanese Society and Education. Linet Books, 1978.

4. Shimahara, N. K.. Adaptation and Education in Japan. Praeger, 1979.

5. Burks, A. W.. Japan: A Postindustrial Power. Westview Press, 1984.

6. Cummings W. K.. Education and Equality in Japan. Princeton University Press, 1980.

7. Stevenson, H., Azuma, H. & Hakuta, K. (ed.). Child DevelOPment and Education in Japan. W. H. Freeman and Company, 1985.

8. Takafusa, N.. Lectures on Modern Japanese Economic History. LTCB International Library Foundation 1986.

9. International Society for Education Informtion. The Modernization Of Japanese Education (2. vols.), 1986.

10. Duke. B. The Japanese School: Lessons for industrial America. Praeger, 1986.

11. Cummings, W. K.. Gopinathan, S. & Tomoda, Y. (ed.). The Revival of Values Education in Asia and the West. Pergamon Press. 1988.

12. "ZI. Horio, T., Educational Thought and Ideology in Modern Japan: State Authority and intellectual Freedom, University of Tokyo Press, 1988.

13. International Society for Educational information, Inc., Moral Education in Japan (Understanding Japan No, 55), 1989.

14. Elias, J. Moral Education: Secular and Religious, Robert E. Krieger Pub-

lishing Company，1989.

15. Shields，Jr.，J. J. （ed.），Japanese Schooling：Patterns Of Socialization，Equality，and Political Control，The Pensylvania State University Press，1989.

16. Luhmer S J，K.，"Moral Education in Japan，" Journal Of Moral Education，Vol. 19，No. 3，1990.

17. Finkelstein，B.，Imamura，A. & Tobin，J. （ed.），Transcending Stereotypes：Discovering Japanese Culture and Education，Intercultural Press，Inc.，1991.

18. Schoppa，L. J.，Education Reform in Japan：A Case Of Immobilist Politics，Routledge，1991.

19. Beauchamp，E. R. （ed），Windows on Japanese Education，Greenwood Press 1991.

20. Wary，H.，"Change and Continuity in Modern Japanese Educational History：Allied Occupational Reforms Forty years Later，" Comparative Education Review，Vol. 35，No. 3，1991.

21. Feinberg，W.，Japan and Pursuit of a New American identity：Work and Education in a Multicultural Age，Routledge 1993.

22. Lincicome，M.，"Focus on internationalization of Japanese Education：Notionalism，Internationalization and the Dilema of Educational Reform in Japan，" Comparative Education Review，Vol. 37，No. 2，1993.

23. Tsuchimochi，G. H.，Education Reform in Postwar Japan：The 1946 U. S. Education Mission，University of Tokyo Press，1993.

24. Marshall，B. K.，Learning to Be Modern：Japanese POlitical Discourse on Education，Westview Press，1994.

25. Emiko，O，The Japanese Family System in Transition，LCTB International Library Foundation，1994.

26. MorrisP. & Sweeting，A. （ed.），Education and Dvevlopment in East Asia，Garland Publishing，Inc.，1995.

27. Lincicome，M. E.，Principle，Praxis，and the Politics of Educational Reform in Meji' Japan，University of Hawai'i Press. 1995.

28. Cummings，W. K. & Altbach，P. G. （ed.），The Challenge of Eastern Asian.

Education Implications for America. State University of New York Press，1997.

后　　记

六年前是梁忠义先生把我引入比较教育研究的神圣殿堂，使我有机会与导师共同徜徉在这个充满生机与活力的学术园林之中，接受先生在学术上的指导和人格上的感召。能够投师于梁先生是我今生今世的最大幸福，是我的骄傲与自豪。这种幸福、骄傲与自豪甚至使我产生了写作“后记”的“心理障碍”，因为千言万语无法表达我对我亲爱的导师人格上的景仰和学术上的钦佩。先生对我的影响不仅是学术上的，而且是全方位的：先生的博学、睿智，先生的仁爱、宽厚，先生的坚韧、执着，无时无刻不在影响着我。博士论文的杀青带给其他学子的是欣喜与愉悦，而带给我的却是不堪回首的往事……应该说该论文的写作充满着痛苦，是伴随着艰辛和曲折一路走过来的，若不是梁先生的激励和鞭策，论文真不知何时才能诞生。

忘不了电脑的突然“失忆”，使我半年多的工作成果化为乌有时，是您的激励与鞭策使心灰意冷、万念俱灰的我在痛苦一场后毅然前行……

忘不了父亲突然病逝，使我论文写作在关键时刻陷于停顿的时候，又是您的劝慰，让我难以平静的心情渐趋平静……

忘不了您对论文的悉心指导，字斟句酌，点石成金……

忘不了您的宽容大度……

忘不了您的严谨认真……

谢谢您，梁先生！

特别感谢敬爱的梁师母，您的聪明睿智、仁德宽厚不断给我勇气，给我智慧，给我前进的动力。您是我的榜样，是我心中永远耸立的丰碑！

特别感谢论文写作过程中，柳海民教授、袁桂林教授、孙启林教授、马云鹏教授、王长纯教授、傅维利教授给予的时语春风般的点化。

特别感谢我的师兄饶从满、张德伟、郑长利，师弟董玉琦的竭诚支持与鼎力相助。

特别感谢在本科学习和硕士研究生学习期间给予我悉心指导和无限关爱的王炳照老师、郭齐家老师、吴玉琦老师……

特别感谢在东北师范大学教科院工作的我的所有的同事们，感谢你们在我论文写作过程中给予的支持与鼓励；关爱与帮助……

特别感谢我的亲爱的学生们，是你们的支持、理解和鼓励使我能够在挫折与困苦中不断前进。

特别感谢在我成长发展的道路上给予我关心、支持和爱护的所有的亲人和朋友！

最后，也把这篇博士论文献给我的硕士研究生导师——已故的赵家骥先生和不久前刚刚病逝的我亲爱的父亲。当他们与我一道分享这份成功之时，相信他们一定会含笑九泉的。因为他们是我的至尊至爱，是我永远的思恋与怀念！